金融文化研究

（第三辑）

Financial Culture Research

长春金融高等专科学校
吉林省金融文化研究中心　编

中国财富出版社

图书在版编目（CIP）数据

金融文化研究．第3辑／长春金融高等专科学校，吉林省金融文化研究中心编．—北京：中国财富出版社，2015.12

ISBN 978-7-5047-5931-3

Ⅰ.①金… Ⅱ.①长…②吉… Ⅲ.①金融—文化研究—中国 Ⅳ.①F832

中国版本图书馆 CIP 数据核字（2015）第260624号

策划编辑 范虹轶　　责任编辑 邢有涛　单元花
责任印制 方朋远　　责任校对 饶莉莉　　责任发行 邢有涛

出版发行 中国财富出版社
社　　址 北京市丰台区南四环西路188号5区20楼　邮政编码 100070
电　　话 010-52227568（发行部）　010-52227588 转 307（总编室）
　　　　 010-68589540（读者服务部）　010-52227588 转 305（质检部）
网　　址 http：//www.cfpress.com.cn
经　　销 新华书店
印　　刷 北京京都六环印刷厂
书　　号 ISBN 978-7-5047-5931-3/F·2501
开　　本 710mm×1000mm　1/16　　版　　次 2015年12月第1版
印　　张 18　　印　　次 2015年12月第1次印刷
字　　数 323千字　　定　　价 38.00元

版权所有·侵权必究·印装差错·负责调换

编委会

顾　问：任玉珊

主　任：孙杰光

副主任：张晓晖　张炳钦　耿传辉

编　委：（按姓氏笔画排序）

于明霞　王　娇　尹海英　李　萍

吕鹰飞　任春玲　邱立军　张文娟　张贵明

柳明花　段迎春　施晓春　徐伟川　高同彪

韩国薇　程　未

主　编：孙杰光

副主编：张晓晖　李　萍　吕鹰飞

编　辑：施晓春　柳明花

目录

上篇　调查报告

中篇　研究报告

下篇　论　文

上篇　调查报告

发展普惠金融，实现社会公平正义

——基于辽源、通化、白山普惠金融发展情况的调研

项 目 负 责人：吕鹰飞
项目所在单位：长春金融高等专科学校
项目验收单位：吉林省金融办
项目验收时间：2014 年 12 月 *

* 项目组成员：施晓春、齐浩志、柳明花、徐伟川。

2005年，联合国提出“普惠金融”的概念，即让所有人都享受金融服务的实惠。普惠金融是联合国和世界银行近年来大力推行的一种理念，惠及了世界各地众多人群。全球金融危机以来，普惠金融更是被视为关系国家战略的包容性金融的重要内容。在联合国发布的“建设普惠金融体系”蓝皮书中明确了普惠金融的基本目标，是在健全的政策、法律和监管框架支持下，建立一整套关联的金融机构，共同为所有阶层人群提供合适的产品和服务。世界银行扶贫协商小组（CGAP）将普惠金融定义为能为绝大多数人口提供广泛的可持续性获得的金融服务，以满足他们需求的、具有包容性的金融体系。

2004年11月，“中国小额信贷联盟”的网站主页上提出其宗旨是“促进普惠金融体系，全面建设小康社会”，最早在国内引进“普惠金融”的概念。2006年3月，焦瑾璞在亚太地区小额信贷论坛上首次提出了“普惠制金融体系”的概念，认为普惠制金融是能以商业可持续的方式，为包括弱势群体在内的全体社会成员提供全面的金融服务，体现了一种金融公平。2012年6月，胡锦涛主席在二十国集团峰会上提出：“普惠金融问题本质上是发展问题，希望各国加强沟通和合作，提高各国消费者保护水平，共同建立一个惠及所有国家和民众的金融体系，确保各国特别是发展中国家民众享有现代、安全、便捷的金融服务。”这是中国国家领导人第一次在公开场合正式使用“普惠金融”概念。中国人民银行行长周小川将普惠金融定义为“通过完善金融基础设施，以可负担的成本将金融服务扩展到欠发达地区和社会低收入人群，向他们提供价格合理、方便快捷的金融服务，不断提高金融服务的可获得性。”

党的十八届三中全会通过的《中共中央关于全面深化改革若干重大问题的决定》中明确提出“发展普惠金融，鼓励金融创新，丰富金融市场层次和产品”，并将发展普惠金融列入今年重点工作，国务院也将普惠金融列入金融领域重点课题，并指定中国银监会为牵头单位，研究提出发展普惠金融规划。由于吉林省在农村金融工作方面的实践和取得的成效，银监会邀请吉林省作为银监会发起的普惠金融课题研究成员，参加国家发展普惠金融规划起草工作。

1 调研情况简介

1.1 调研的目的

为了深入了解吉林省普惠金融发展情况，总结吉林省在普惠金融创新实践方面的经验，为国务院制定发展普惠金融规划提供翔实的基础数据，长春金融高等专科学校调研团队，于2014年7月22—28日赴辽源、通化和白山开展调研和系列社会实践活动。通过调研了解吉林省东部地区普惠金融的发展情况，从基层实践角度出发，关注城市低收入群体和农民享受金融服务的情况，结合在小额信贷、残疾人、低收入人群等弱势群体金融服务方面的经验，总结目前吉林省普惠金融服务方面的情况、存在的问题，并提出有针对性的对策和建议。

1.2 调研团队构成

调研团队由33人组成，包括8名专业教师和20名学生，调研团队成员及分工见表1。

表1 调研团队成员及分工

团队成员	姓名	所在单位	任务分工
教师	吕鹰飞、施晓春、柳明花	金融系	组织调研活动，指导学生撰写调研报告
	李萍、齐浩志、沈家净、尹海英、徐伟川	金融系	组织学生问卷调研
学生	李　阳	金融管理与实务1301班	一组组长，组织团队成员完成问卷调研任务
	张　阳	投资与理财1302班	二组组长，组织团队成员完成问卷调研任务
	叶圣尧	国际金融1202班	三组组长，组织团队成员完成问卷调研任务
	王秋实	国际金融1306班	问卷调研，数据分析
	闫志磊	金融管理与实务1303班	问卷调研，数据分析

续　表

团队成员	姓名	所在单位	任务分工
学生	王　婵	金融管理与实务 1301 班	问卷调研，数据分析
	邵雨婷	金融管理与实务 1301 班	问卷调研，数据分析
	林　雯	国际金融 1307 班	问卷调研，数据分析
	杨吉祥	国际金融 1302 班	问卷调研，数据分析
	赵震霆	国际金融 1305 班	问卷调研，数据整理
	王家俊	金融管理与实务 1301 班	问卷调研，数据整理
	王　冲	金融管理与实务 1301 班	问卷调研，数据整理
	王海龙	国际金融 1303 班	问卷调研，数据整理
	李艾桐	国际金融 1206 班	问卷调研，数据整理
	张晓爽	证券投资 1201 班	问卷调研，数据整理
	崔振军	投资与理财 1201 班	问卷调研，数据整理
	李元洁	证券投资 1201 班	问卷调研，数据整理
	李俊艳	国际金融 1201 班	问卷调研，数据整理
	刘国成	网络 1302 班	问卷调研，数据整理
	李梦迪	会计 1306 班	问卷调研，数据整理

1.3　调研方法

调研团队采取与当地金融办及相关金融机构座谈、赴调研地点深入基层开展问卷调研等方式开展调研。

1.4　调研对象

普惠金融体系主张为弱势地区、弱势产业和弱势群体提供公平的金融服务

和权益，因此，本次调研对象选择城市低收入①和残疾人等弱势群体以及农村居民。调研团队在辽源、通化和白山分别选择3个社区和3个乡镇开展问卷调研（如图1所示），共发放调研问卷790份，收回有效问卷688份。

图1 问卷调研地

① 低收入标准的设定：目前我国没有统一的规定，各地确定标准的方法如下。

a. 按照上一年度城镇居民月人均可支配收入的比率设定。如广西壮族自治区，城市低收入家庭收入标准，按照统计部门公布的当地上年度城镇居民人月均可支配收入的40%～50%确定。

b. 参照当地居民最低生活保障标准设定。如长沙市低收入家庭具体标准为当地、当年城乡居民最低生活保障标准的2倍。

c. 按家庭比例确定，如《江苏省城市低收入家庭认定办法》规定，各地确定低收入家庭收入标准，原则上要覆盖20%以上的城市家庭。

d. 多项指标综合考虑。如《河南省城市低收入家庭认定办法》规定，城市低收入家庭收入标准的确定应当根据当地经济和社会发展水平，统筹考虑居民人均可支配收入、最低生活保障标准、最低工资标准以及住房保障和其他社会救助的关系，以满足城市居民基本生活需求为原则，按照不同救助项目需求和家庭支付能力确定。

本次调研问卷采用标准1。2013年，全国城镇居民全年人均可支配收入26955元，平均每月2246元，其40%～50%为：900～1100元，此处取1100元。

2　城市普惠金融发展情况

2.1　调研社区的基本情况

调研团队选择低收入群体较多的社区开展问卷调研，在辽源市的红城、裕明、鸿民3个社区开展问卷调研，共发放调研问卷150份，收回有效问卷139份。在通化市的清真、新风、一建3个社区共发放调研问卷120份，收回有效问卷104份。在白山市的红星、建设、宝山3个社区共发放调研问卷120份，收回有效问卷107份。3个城市累计收回有效问卷350份。

辽源红城社区素有“立起来的棚户区”之称，共计8000多户居民，其中2000多户是低保户。2005年建成至今，尚有40%～50%未装修居住毛坯房，外围全部由国家维护装饰。裕明社区位于辽源市西安区，辖区面积5平方千米，拥有居民5819户，14823人，进社区道路为土路面；社区内主干道均为未硬化的路面。鸿民社区地处辽源市边缘，地形情况复杂，人员流动性大，共有7个居民委、87个居民组，社区低保户、特困户和残疾人多，60岁以上老人占社区人口一半以上。

通化市的清真社区目前拥有居民3600户，近1万人口，其中低保户288户。通化市新风社区辖区面积约0.8平方千米，居民7508户，21524人。通化市一建社区位于城乡结合部，下岗工人多。

白山市浑江区的红星社区位于白山市中小地段，拥有居民2887户，7854人，其中中老年人口占比为40%，低保户数为305户。通沟街道宝山社区辖区面积9平方千米，有居民1943户，5257人，位于通沟街道最东端，属于城乡结合处，地理位置偏、面积大、工农混居。白山市建设社区拥有居民3500户，人口7260余人，下岗职工较多，收入水平低。

2.2　调研对象的基本情况

1. 您的性别　　　　A. 男　　　B. 女

2. 您的民族　　　　A. 汉族　　B. 少数民族

调研对象情况见表2。

表 2　　城市低收入群体调研对象基本情况表

调研地点	调研人数	性别		民族	
		男	女	汉	少数民族
辽源	139	43	96	131	8
通化	104	31	73	91	13
白山	107	27	80	106	1
合计	350	101	249	328	22

3. 您的年龄

A. 20 岁及以下　　B. 21 ~ 30 岁　　C. 31 ~ 40 岁

D. 41 ~ 50 岁　　E. 51 岁及以上

调研对象的年龄分布情况如图 2 所示。

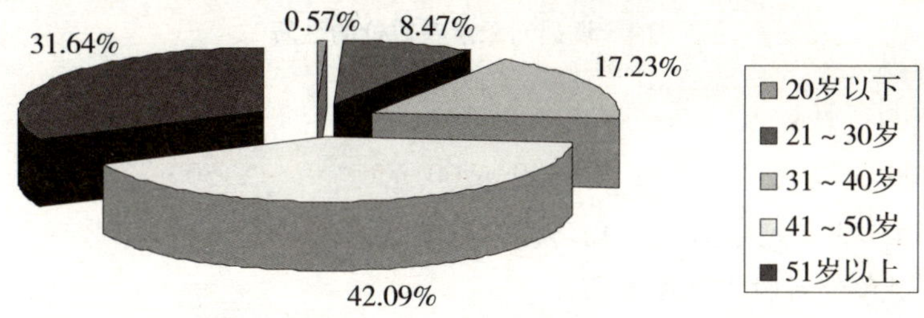

图 2　调研对象的年龄

4. 您的受教育程度

A. 不识字　　B. 小学、初中　　C. 高中、中专

D. 大专、本科　　E. 研究生

调研对象的受教育程度如图 3 所示。

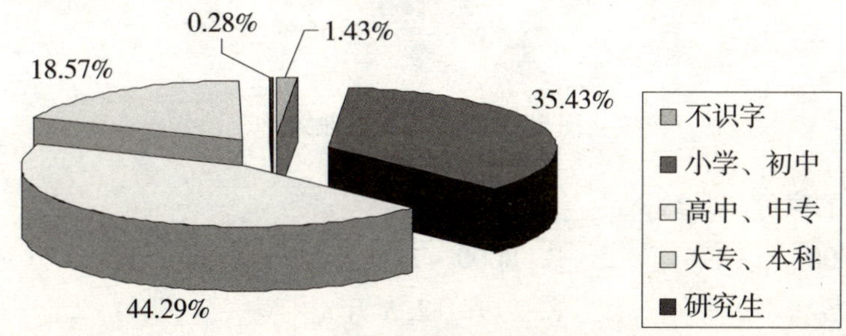

图 3　调研对象的受教育程度

5. 您工作单位的性质

A. 失业中　　B. 民营　　C. 街道/社区

D. 自谋　　E. 其他

调研对象所在单位的性质如图 4 所示。

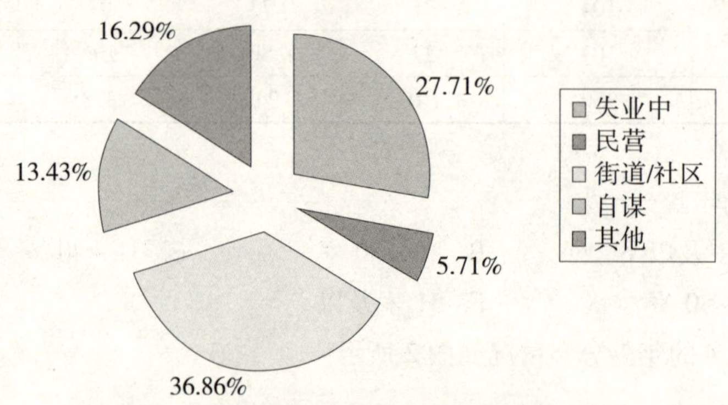

图 4　调研对象所在单位的性质

6. 您的每月收入

A. 300 元以下　　B. 300 ~ 500 元　　C. 500 ~ 700 元

D. 700 ~ 900 元　　E. 900 ~ 1100 元

调研对象的月收入如图 5 所示。

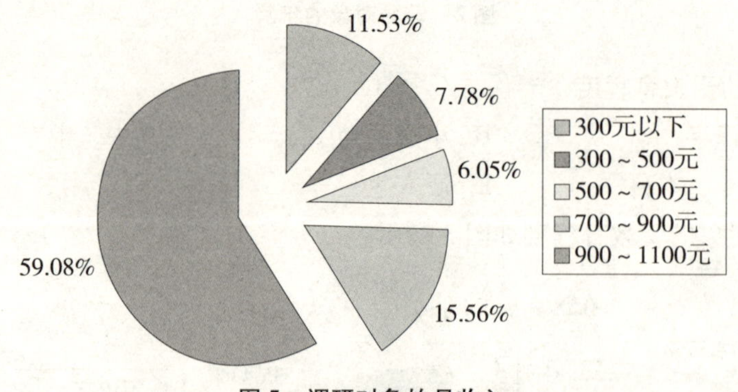

图 5　调研对象的月收入

7. 您的家庭年均收入

A. 8000 元以下　　B. 8000 ~ 1 万元　　C. 1 万 ~ 1.5 万元

D. 1.5 万 ~ 2 万元　　E. 2 万 ~ 2.5 万元

调研对象的家庭年均收入如图 6 所示。

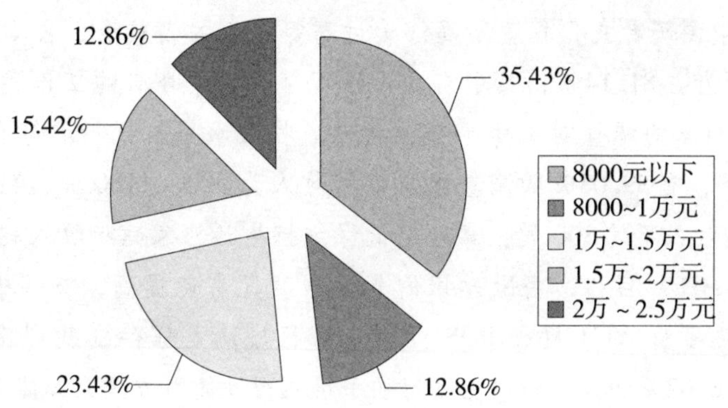

图 6　调研对象的家庭年均收入

8. 您掌握以下金融知识吗（可多选）

A. 存款利率、贷款利率的概念

B. 网上银行、手机银行的使用方法

C. ATM 机（自动柜员机）、POS 机（销售点情报管理系统）的使用程序

D. 到银行贷款的程序

E. 支付宝、余额宝、P2P（点对点网络借款）、众筹等互联网金融产品

调研对象对金融知识的掌握情况如图 7 所示。

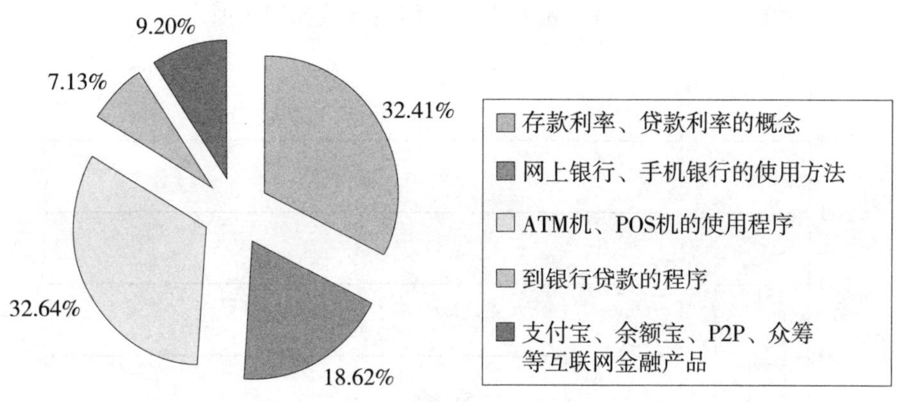

图 7　调研对象对金融知识的掌握情况

分析：被调查对象符合普惠金融调研的基本要求，均是低收入者和社会弱势群体（包括 25 名残疾人）。被调研的 350 名城市居民中，女性占 71%，其中 93.7% 为汉族。年龄结构比较合理，以中老年为主，其中，21～30 岁者占 8.47%，31～40 岁者占 17.23%，41～50 岁者占 42.66%，51 岁以上者占

31.64%。被调研者文化程度不高，受过高等教育的人较少，占18.86%，高中以下学历者占81.14%，其中有5人不识字。被调查者的工作稳定性较差，其中有27.71%的调查对象处于失业状态。收入水平较低，均符合月均收入1100元以下，有59.08%的调查对象每月收入为900~1100元，11.53%的调查对象月均收入不足300元，靠政府低保维持生活，家庭年收入在8000元以下的占35.43%。目前，金融知识的普及程度还有待提高，被调查对象中有32.64%的人了解ATM机和POS机的使用程序，了解存贷款利率概念的有32.41%，18.62%的人了解网上银行和手机银行的使用方法，知晓银行贷款程序的只有7.13%，了解互联网金融产品的占9.2%。

2.3 数据统计分析结果

9. 您的银行存折账户数

A. 没有　　B. 1个　　C. 2个　　D. 3个　　E. 3个以上

10. 您的银行卡数

A. 没有　　B. 1个　　C. 2个　　D. 3个　　E. 3个以上

11. 您的信用卡数

A. 没有　　B. 1个　　C. 2个　　D. 3个　　E. 3个以上

调研对象的银行存折数、银行卡数、信用卡数如图8所示。

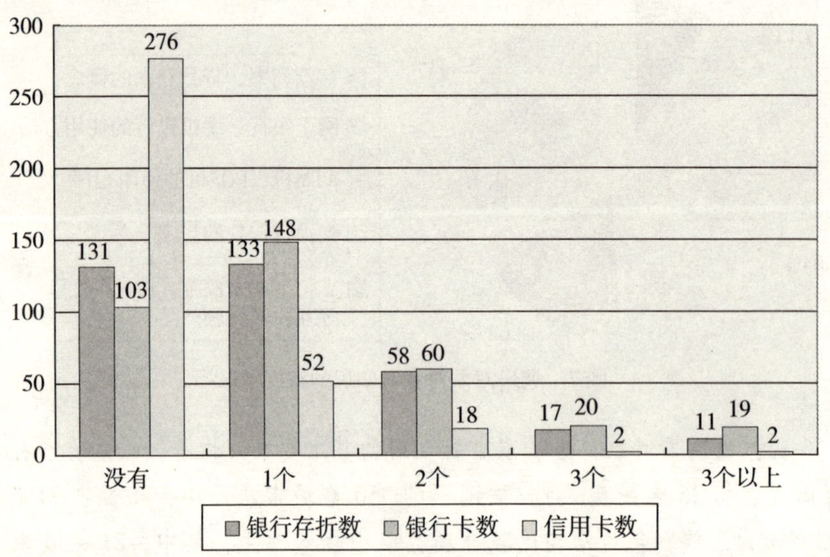

图8　调研对象的银行存折数、银行卡数、信用卡数

12. 您在购物时，是否经常使用银行卡

A. 经常　　B. 偶尔　　C. 从不

调研对象使用银行卡的次数如图 9 所示。

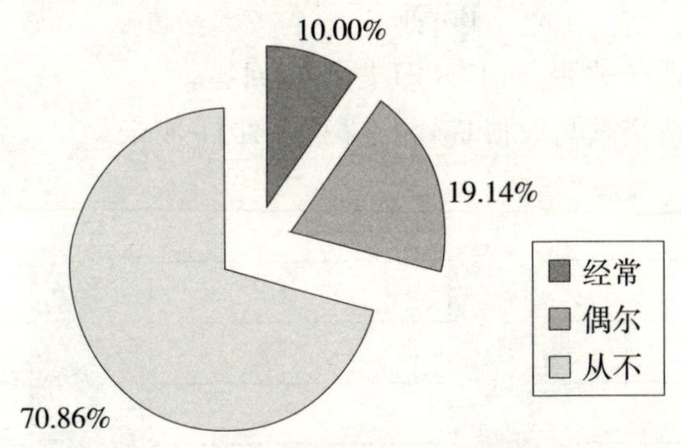

图 9　调研对象使用银行卡的次数

分析：被调查者中有 131 人没有银行存折，103 人没有银行卡，276 人没有信用卡，分别占 37.4%、29.4 和 78.9%。有 1 个存折、1 张银行卡和 1 张信用卡的分别占 38%、42.3% 和 14.9%。有 70.86% 的被调查者从不刷卡购物，经常刷卡购物的仅占 10%。

13. 如果您缺少资金时，主要考虑从哪里借款（可多选）

A. 亲朋好友　　B. 民间借贷　　C. 国有商业银行

D. 股份制商业银行、城市商业银行、农商行　　E. 小贷公司、担保公司

调研对象缺少资金时的借款方式如图 10 所示。

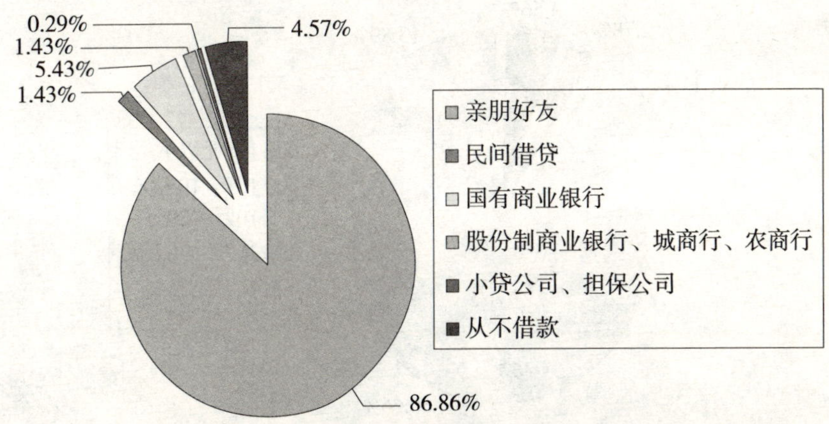

图 10　调研对象缺少资金时的借款方式

14. 您是否申请过贷款

A. 是　　　　　　　　B. 否

15. 您是否取得过贷款

A. 是　　　　　　　　B. 否

注：本题若选择“否”，17～21 题不用回答。

调研对象申请贷款与取得贷款的情况如图 11 所示。

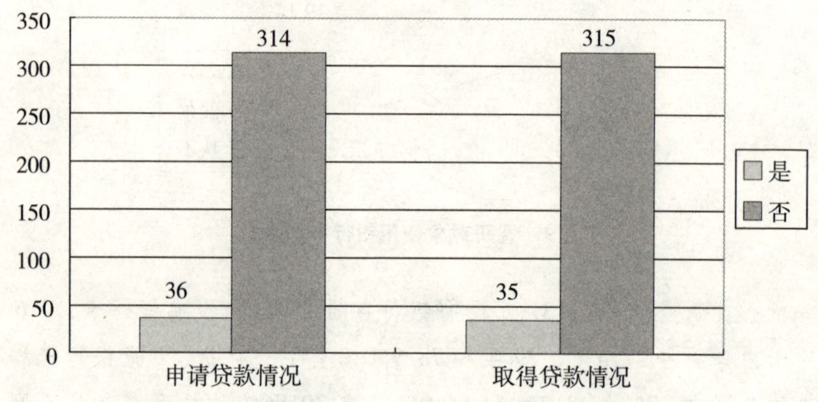

图 11　调研对象申请贷款与取得贷款情况

16. 您获得贷款的最大数量

A. 1 万元以下　　　　B. 1 万～10 万元　　　　C. 10 万～20 万元

D. 20 万～30 万元　　E. 30 万元以上

调研对象获得贷款数量的情况如图 12 所示。

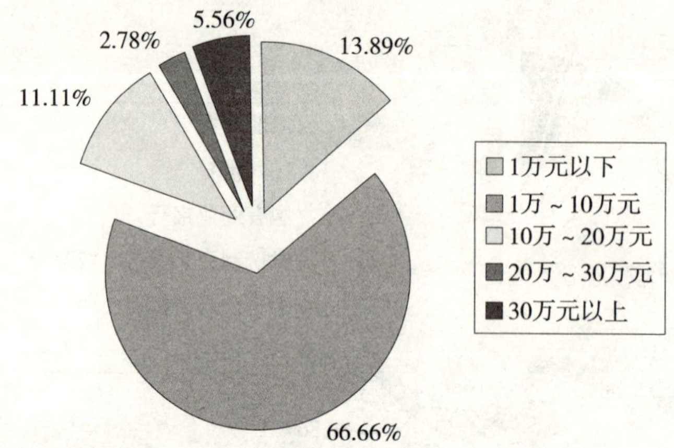

图 12　调研对象获得贷款数量的情况

17. 获得贷款的银行是（可多选）

A. 国有商业银行　　B. 股份制银行

C. 城市商业银行　　D. 农信社、农村合作银行、农商行

E. 小额贷款公司、担保公司

调研对象获得贷款的银行如图 13 所示。

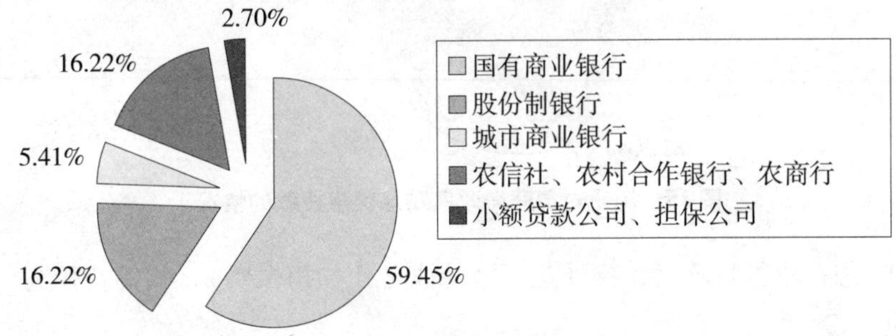

图 13　调研对象获得贷款的银行

18. 您获得贷款的方式为（可多选）

A. 信用贷款　　B. 找人担保　　C. 房产抵押

D. 政府性担保　　E. 其他

调研对象获得贷款的方式如图 14 所示。

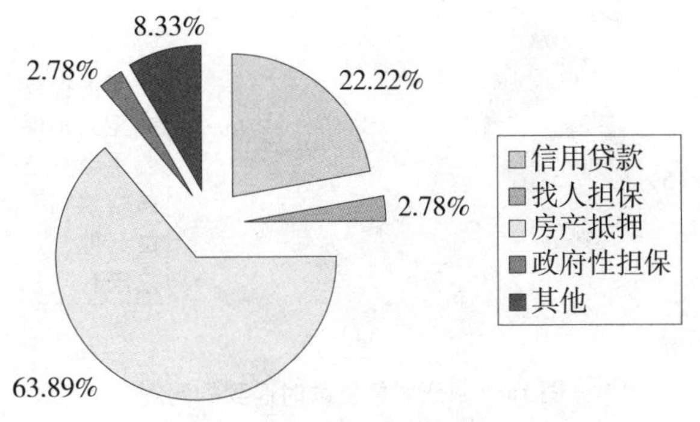

图 14　调研对象获得贷款的方式

19. 您获得贷款的利率一般是多少

6% ~12%

20. 您是否获得过政府贴息优惠贷款

A. 是　　B. 否

调研对象获得政府贴息优惠贷款的情况如图 15 所示。

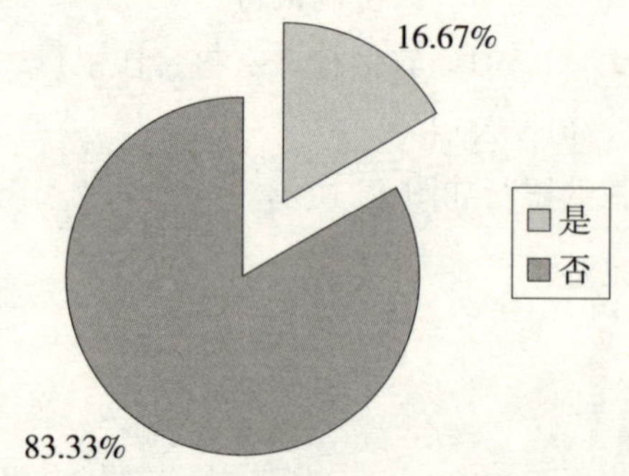

图 15　调研对象获得政府贴息优惠贷款的情况

21. 您在取得贷款时，额外花了多少钱（比如担保费），相关费用为<u>0 ~ 5000 元</u>

22. 您贷款时遇到的问题有（可多选）

A. 无抵押物　　B. 无人担保　　C. 手续复杂

D. 贷款利率高　　E. 其他

调研对象贷款时遇到的问题如图 16 所示。

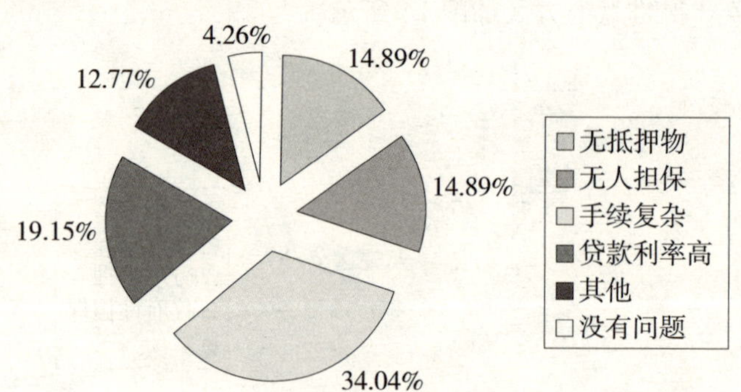

图 16　调研对象贷款时遇到的问题

分析：被调查者融资需求得不到满足，普遍存在融资困难的问题。当缺少资金时，有 86.86% 的受访者采取向亲戚朋友借款的方式，从不借款的占 4.57%，民间借贷占 1.43%，选择向银行申请借款的只有 6.86%。有 10.3% 的被调查者申请过贷款，有 10% 获得过银行贷款，其中获得 1 万元以下贷款的占 13.89%，1 万 ~10 万元贷款的占 66.67%。59.46% 的贷款来自国有商业银行，只有2.7%来自小贷公司和担保公司。贷款利率为6%～12%，只有16.67%获得过政府贴息优惠贷款，为取得贷款额外的花费在0～5000元之间。对于贷款时遇到的问题，有29.78%的受访者缺少抵押物和担保，34.04%的人认为贷款手续复杂，19.15%的人认为贷款利率高。

23. 一般通过什么渠道存取款或者汇款

A. 银行柜台　　B. 自动柜员机（ATM）

C. 网上、电话银行　　D. 手机银行　　E. 代办员、代理员

调研对象存取款或者汇款的渠道如图17所示。

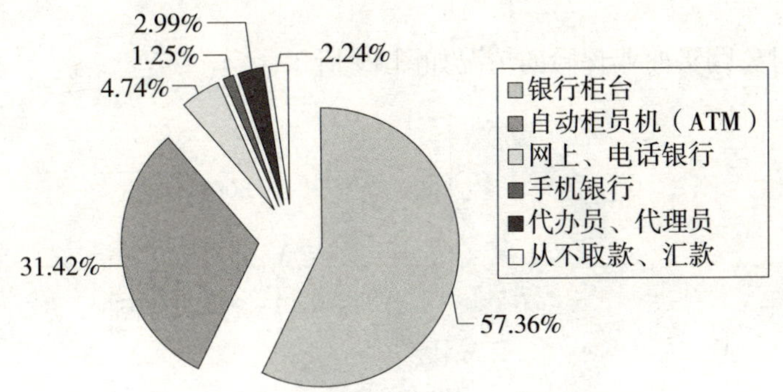

图17　调研对象存取款或者汇款的渠道

24. 您认为取款或汇款时下列问题是否存在（可多选）

A. 网点少　　B. 手续麻烦　　C. 等待时间长

D. 服务不专业　　E. 服务态度不好

调研对象取款或汇款时遇到的问题如图18所示。

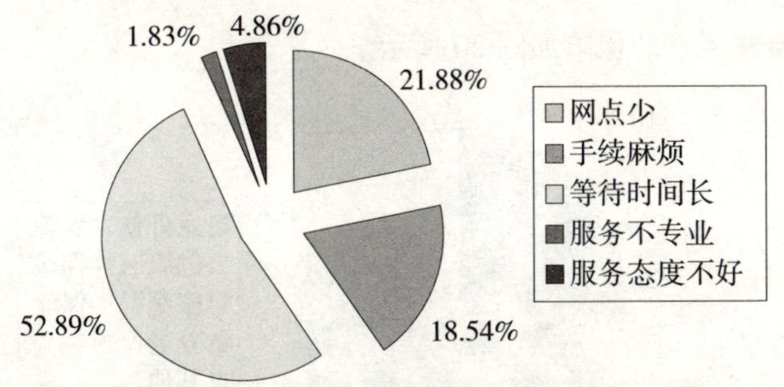

图18　调研对象取款或汇款时遇到的问题

分析：被调查者使用电子银行服务的较少，57.36%的人到银行柜台办理

存取款或汇款等业务，使用自动柜员机存取款的占31.42%，使用网上和电话银行转账的占4.74%，使用手机银行业务的仅占1.25%，通过代办员和代理员办理存取款或汇款业务的占2.99%，还有2.24%的受访者从没办理过此类业务。由于大多数人选择到银行网点办理业务，因此有21.88%的人认为银行网点少，52.89%的人认为办理业务等待的时间长，18.54%的人认为手续麻烦，4.86%的人认为银行服务态度不好，只有1.83%的人认为柜员服务不专业。

25. 您购买商业保险的具体情况

①您购买过商业保险吗

A. 是　　　　　　B. 否

调研对象购买商业保险的情况如图19所示。

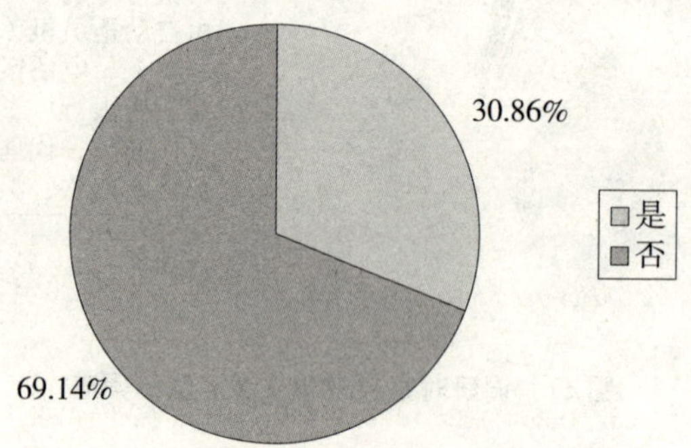

图19　调研对象购买商业保险的情况

②您购买过的保险有（可多选）

A. 意外伤亡保险　　B. 健康医疗保险　　C. 家庭财产保险

D. 养老保险　　　　E. 其他

调研对象购买过的保险如图20所示。

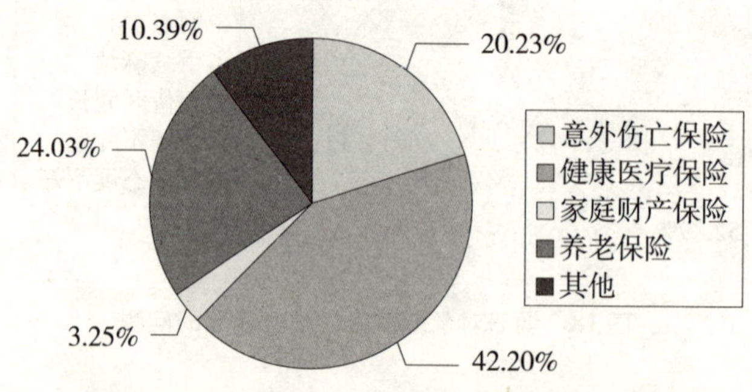

图20　调研对象购买过的保险

③近年来，您购买保险的花费

A. 没有　　B. 200 元以下　　C. 200～500 元

D. 500～1000 元　　E. 1000 元以上

调研对象购买保险的花费如图 21、图 22 所示。

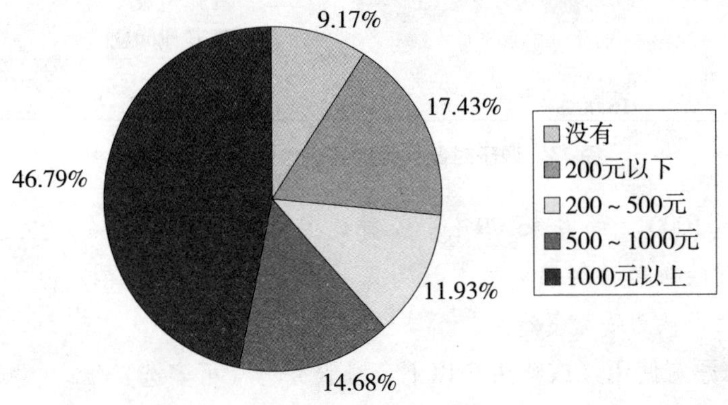

图 21　调研对象购买保险的花费

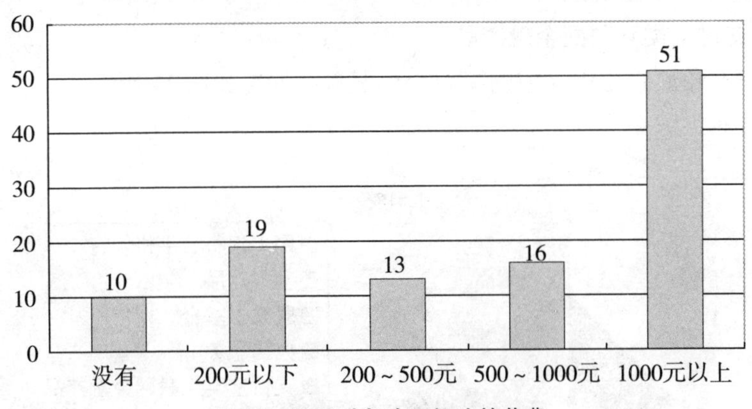

图 22　调研对象购买保险的花费

④您认为，购买保险时存在哪些问题（可多选）

A. 不了解保险条款　　B. 价格高　　C. 手续复杂

D. 赔付难　　E. 其他问题

调研对象认为购买保险时存在的问题如图 23 所示。

分析：被调查者中有 30.86% 的人购买了保险，其中购买健康医疗保险的占 42.21%，养老保险占 24.03%，家庭财产保险仅占 3.25%。近年来购买保

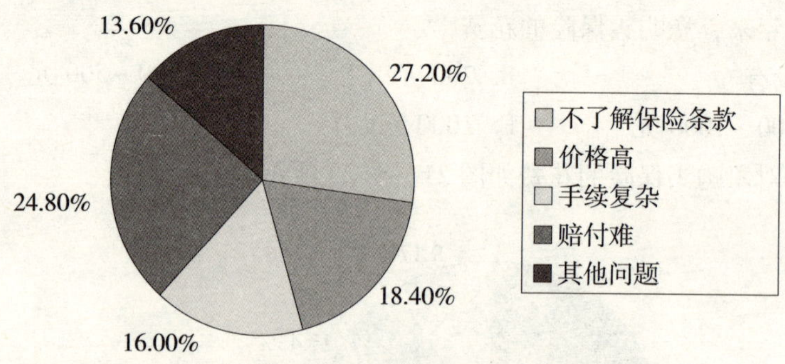

图 23　调研对象认为购买保险时存在的问题

险花费超过 1000 元的占 46.79%，没有购买保险的占 9.17%。27.2% 的受访者不了解保险条款，24.8% 的人认为保险赔付难，18.4% 的人认为保险价格高，16% 的人认为手续复杂。

26. 您愿意使用（或购买）以下金融服务吗（可多选）

A. 网上银行、手机银行　　B. 理财产品

C. 股票、基金、期货　　D. 典当服务

E. 支付宝类互联网金融产品

调研对象愿意使用（或购买）金融服务的情况如图 24 所示。

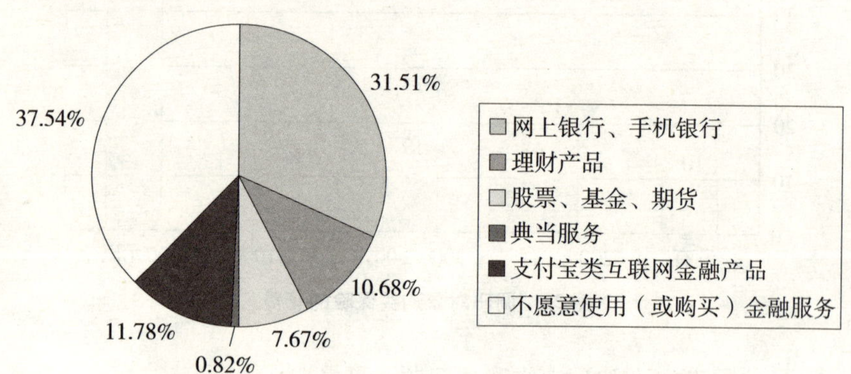

图 24　调研对象愿意使用（或购买）金融服务的情况

27. 您使用（或购买）过以下金融服务吗（可多选）

A. 网上银行、手机银行　　B. 理财产品

C. 股票、基金、期货　　D. 典当服务

E. 支付宝类互联网金融产品

调研对象使用（或购买）金融服务的情况如图25所示。

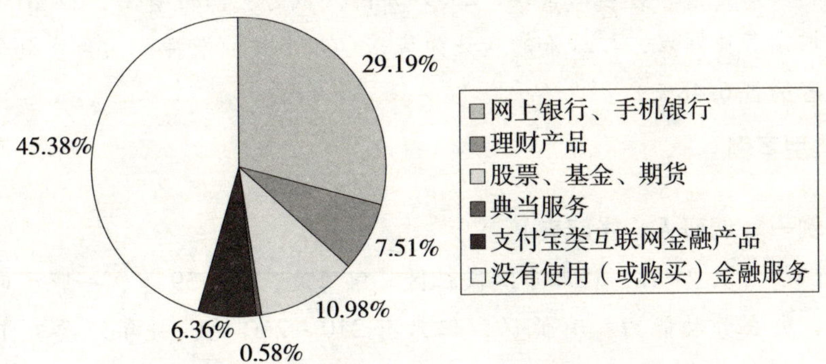

图25　调研对象使用（或购买）金融服务的情况

分析：对于使用（或购买）金融服务意愿的调研，31.51%的人愿意使用网上银行或手机银行，10.68%的人愿意购买理财产品，7.67%的人愿意投资股票等金融产品，有11.78%的人愿意使用支付宝类互联网金融产品，只有0.82%的人愿意使用典当服务，有37.53%的人不愿意使用（或购买）以上金融服务。受访者中有29.19%的人使用过网上银行或手机银行，10.98%的人投资过股票等金融产品，7.51%的人购买过理财产品，6.36%的人使用过支付宝类互联网金融产品，有0.58%的人使用过典当服务，没有使用（或购买）过以上金融服务的人高达45.38%。

28. 您希望金融机构在哪些方面进行改善（可多选）

A. 增设营业网点　　B. 简化手续　　C. 降低费用

D. 多形式的抵押　　E. 其他

调研对象希望金融机构改善的方面如图26所示。

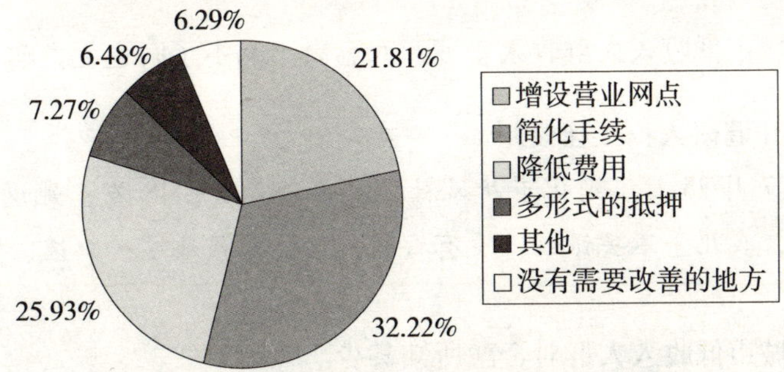

图26　调研对象希望金融机构改善的方面

分析：在征询关于金融机构改善的意见时，受访者中有32.22%的人认为金融机构应简化业务办理的手续，25.93%的人认为应降低费用，21.81%的人认为应增设营业网点，7.27%的人认为应采取多形式的抵押，认为在其他方面需要改善的占6.48%。

2.4 典型案例

案例一（调研人：张晓爽）

2014年7月23日，辽源市鸿民社区。宋海波，男，59岁，一眼失明，半腿残疾，失去劳动能力，有低保，但只有210～260元，每年还要交100元保障金，问及是否了解银行业务时，大爷说“我饭都要吃不饱了，哪还懂这些啊”。

体会：特殊群体基本保障低，建议对低收入群体增加低保金额。

案例二（调研人：李梦迪）

2014年7月23日，辽源市裕明社区。王玉芬，女，53岁。仅有小学文化的她一直失业在家。家庭收入少得只能维持全家的生活支出，并无剩余。所以她并没有很多机会去参与到金融服务，甚至不懂得怎么存钱和取钱。家庭情况致使她与金融世界完全脱轨。

体会：城市低收入群体生活困难，几乎没有使用过金融服务。

案例三（调研人：王婵）

2014年7月25日，通化市清真社区。郭克秋，女，35岁，患有腰椎间盘突出，爱人收入微薄。家中8岁大的孩子上学的费用都靠学校减免，生活很是拮据。收入维持家中正常支出都很难，更不用说是购买金融产品了！

体会：城市低收入人群收入微薄，对金融产品不了解也无力购买。

案例四（调研人：王佳俊）

2014年7月25日，通化市新风社区。徐静，女，48岁，她说：“家中的收入那么少，我几乎不去银行，没有存款，只能勉强地吃一口饭，拿什么去谈金融。”

体会：城市低收入人群对金融所知甚少。

案例五（调研人：刘国成）

2014 年 7 月 26 日，白山市通沟街道。肖德花，女，50 岁，丈夫几年前去世，家中现在就她一个人，她有一个已经成家的儿子。她连自己的名字都不会写，必须要他人指导才能写出来。

体会：文化程度很低的城市低保人群，对金融知识一无所知。

案例六（调研人：李艾桐）

2014 年 7 月 26 日，白山市红星社区。王福贵，男，40 岁。他有两个孩子，还都在上学，家里就靠那一个月几百块钱的补助生活，住的是公租房，问他为什么不自己贷款创业呢。他说，政府找过他，社区也跟他谈过，也有许多政策提供给他，但是他如果创业，就需要贷款，可是万一全赔进去，那么自己还要承担损失，到最后老了可能分到的公租房也会没了。所以他不敢去创业，也没想去做点什么。

体会：低收入群体对贷款创业存在心理障碍，政府应提供更多的创业机会和优惠的创业条件。

3 农村普惠金融发展情况

3.1 调研乡镇的基本情况

调研团队分别从白山、辽源、梅河口 3 个地区选择经济发展水平分别居于好、中、差的 9 个乡镇开展问卷调研，在辽源市的拉拉河、黄河、二龙 3 个乡镇开展问卷调研，共发放调研问卷 140 份，收回有效问卷 120 份。在白山市抚松县的松江河、新屯子、万福 3 个乡镇共发放调研问卷 130 份，收回有效问卷 108 份。在梅河口市的曙光、双兴、湾龙 3 个乡镇共发放调研问卷 130 份，收回有效问卷 111 份。3 个地区累计收回有效问卷 339 份。

3.1.1 辽源东丰县二龙乡

位于县境中部，距县城 15 千米，面积 127 平方千米，人口 1.5 万。以农业主产为主，乡镇企业有制砖厂、农用工具厂和采石场。

3.1.2 辽源东丰县黄河镇

耕地面积 6960 公顷，其中水田 2300 公顷；镇辖 21 个行政村，居民 6507 户，人口 24795 人，劳动力 11713 人，有剩余劳动力 6000 余人，居住满、汉、朝 3 个民族，小城镇人口 5000 人，工商业户达 500 余户。

3.1.3　辽源东丰县拉拉河镇

拉拉河镇位于东丰县城西10千米处，辖区面积103平方千米，其中耕地面积4075公顷，林地面积3592公顷，水域面积110公顷，下辖10个村88个生产小组，全镇农业户数3836户，农村人口12911人，是个五山半水四分田的农业乡镇。

3.1.4　梅河口市曙光镇曙光村

该村居住有3000多人，739户，年每户平均收入约2万元。村子人多地少，无养殖业，外出务工人员较多，周边大概30多家企业，多数都来此务工。村中无ATM机、POS机，全村贷款较多，贷款发放单位主要是农业银行、农村信用社。贷款主要用于购买种子、农机具，呈现出春贷秋还、循环往复的特点。

3.1.5　梅河口市湾龙乡福安村

该村有农户405户，年每户平均收入在2万~3万元（包含外出务工收入）。人均占有耕地2亩，水田多旱田少，水田收入较旱田低，仅有几家养殖专业户，外出务工人员较多。该村贷款需求较大，但银行仅能满足1/6的需求，主要提供贷款的是邮政储蓄和信用社，近几年农业贷款逐年减少，主要是直补保证贷款。

3.1.6　梅河口市双兴村

该村有水田1300亩，山林2300亩。全村年收入约100多万元，拥有小型水库塘坝8个，能够收取水面承包费来创收；拥有原材料基地，养殖法国进口长白肥鸭30万只，养殖大户每户拥有2万只以上，年收入5万~6万元。目前，没有大额贷款需求。

3.1.7　抚松新屯子镇新兴社区

新屯子镇有人口8000多人，每户占地为8~10亩，5%~6%的人口种植人参，全镇低保户约700户。其中，新兴社区人口3500人，1011户，低保500人，社区内多为退休人员，没有耕地，年轻人外出务工较多。附近只有农村信用社，没有贷款需求。

3.1.8　抚松县松江河镇站前社区

站前社区是松江河镇最大的社区，辖区面积为4.07平方千米，居民总户数3305户，总计10650人，驻有党政机关、学校、企事业单位19个，个体工商户247户，社区内60岁以上人口为1167人。站前社区内有银行类金融机构

建设银行、中国银行、工商银行、农业银行、农信社和邮政储蓄银行，有两家小额贷款公司。

3.1.9 抚松县万粮镇万福村

万福村位于万良镇内，现有农户 462 户，人口 1751 人，耕地面积 1032 亩。万良人参市场的建立给万福村村民带来了新的发展机遇，目前有民营企业 4 户，商标和品牌 6 个，从业人员 120 余人。目前人参加工是全村居民主要收入来源，人参加工实现全村总产值的 82%，占全村人均纯收入的 70%。

3.2 调研对象的基本情况

1. 您的性别

A. 男　　　　B. 女

2. 您的民族

A. 汉族　　　　B. 少数民族

调研对象的性别、民族情况如图 27 所示。

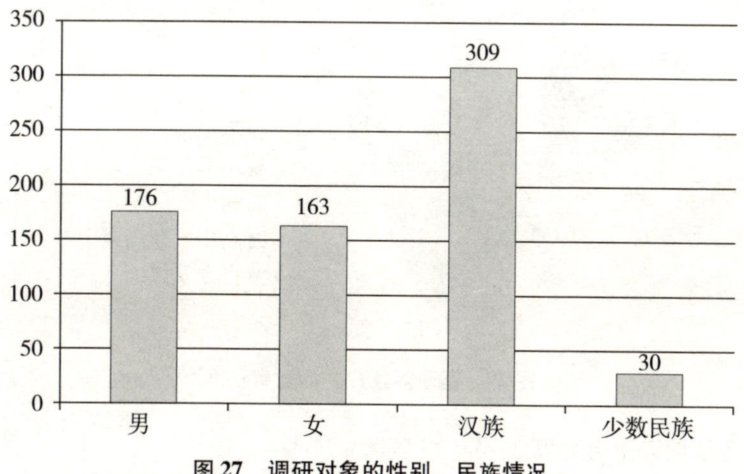

图 27　调研对象的性别、民族情况

3. 户主的年龄

A. 30 岁及以下　　B. 31 ~ 40 岁　　C. 41 ~ 50 岁

D. 51 ~ 60 岁　　E. 61 岁以上

调研对象户主的年龄如图 28 所示。

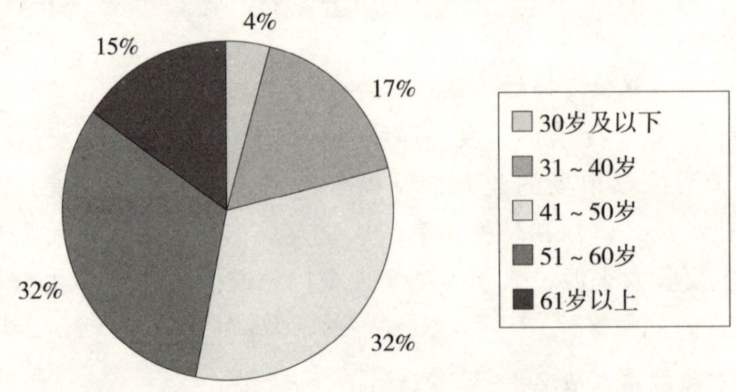

图 28　调研对象户主的年龄

4. 户主的教育程度

A. 不识字　　B. 小学　　C. 初中

D. 高中、职高或中专　　E. 大专及以上

调研对象户主的教育程度如图 29 所示。

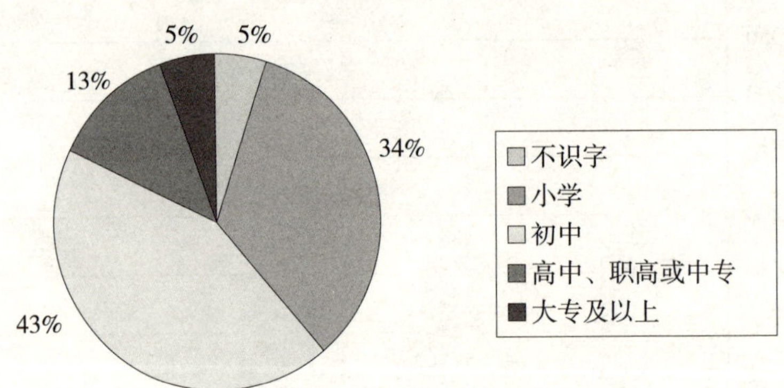

图 29　调研对象户主的教育程度

5. 您掌握以下金融知识吗（可多选）

A. 存款利率、贷款利率的概念

B. 网上银行、手机银行的使用方法

C. ATM 机、POS 机的使用程序

D. 到银行类机构贷款的程序

调研对象掌握的金融知识如图 30 所示。

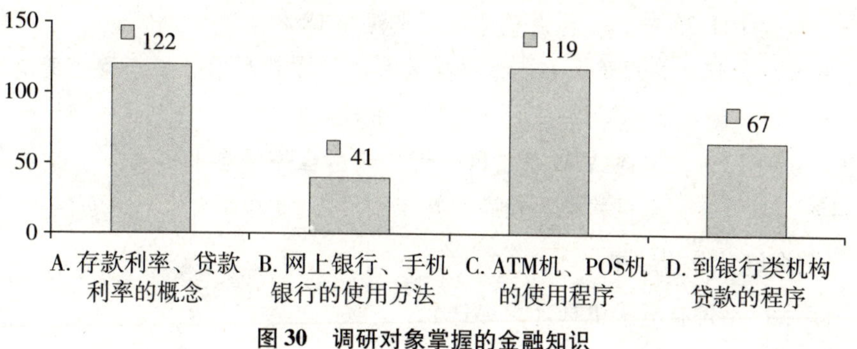

图 30　调研对象掌握的金融知识

6. 家庭的主要收入来源

A. 粮食种植______元　B. 养殖业______元　C. 经济作物______元

D. 外出务工______元　E. 其他______元　总计______元

调研对象家庭的主要收入来源如图 31 所示。

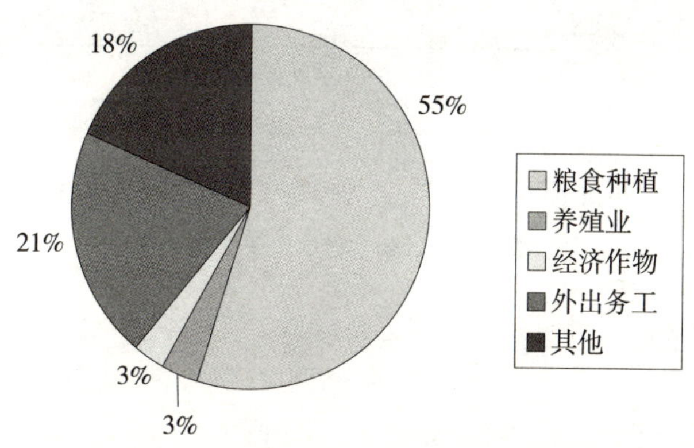

图 31　调研对象家庭的主要收入来源

分析：在调研收回的 339 份有效问卷中，调研对象的男女比例基本持平，年龄在 41 ~50 岁和 51 ~60 岁的居多，约占调研总体的 64%，其余依次为 31 ~40 岁、61 岁以上 31 岁以下，其中 31 岁以下为最少，约占 4%。从调研对象的文化程度上看，知识水平结构偏低，只具备初中文化水平的占 42%，小学文化程度的约占 34%，还有近 5% 的人不识字。具备大专及以上文化程度的只占 6%，从家庭收入的主要来源看，粮食种植收入为 307. 75 万元，约占整体收入来源的 55%，养殖业 18. 85 万元，约占整体收入来源的 3%，经济作物 16 万元，约占整体收入来源的 3%，外出务工 115. 85 万元，约占整体收入来源的

21%，其他104.35万元，约占整体收入来源的18%。

从金融知识的掌握情况看，掌握存款利率、贷款利率等基本概念的有122人，约占总人数的35%，掌握网上银行、手机银行的使用方法的有41人，约占总人数的12%，掌握ATM机、POS机的使用程序的有119人，约占总人数的34%，掌握银行类机构贷款程序的有67人，约占总人数的19%。

3.3 数据统计分析结果

1. 本村是否有电子机具（可多选）

A. 没有　　B. ATM机　　C. POS机

调研对象的村中电子机具情况如图32所示。

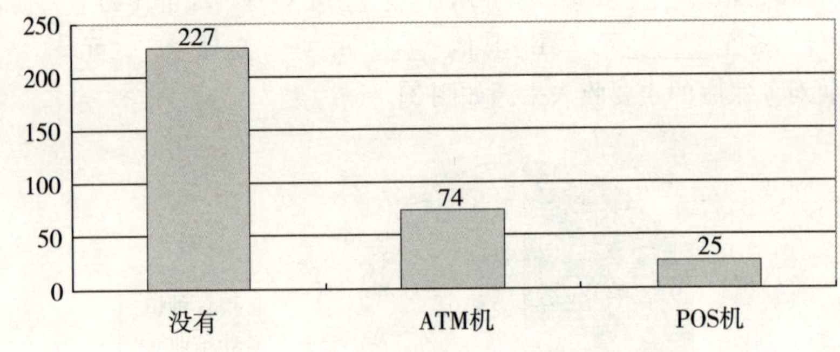

图32　调研对象的村中电子机具情况

2. 本村能做的金融业务（可多选）

A. 存款　　B. 取现　　C. 汇款　　D. 缴费

调研对象的村中能做的金融业务如图33所示。

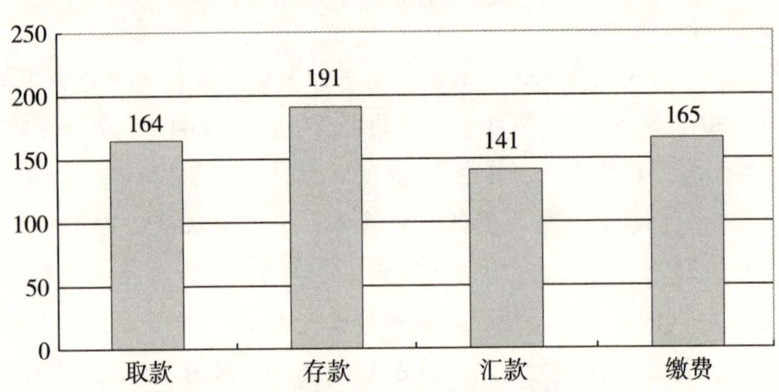

图33　调研对象的村中能做的金融业务

3. 若需要办理金融业务，最近的金融网点在哪里

A. 本镇（乡）里　　B. 其他镇（乡）　　C. 县城

离调研对象最近的金融网点如图 34 所示。

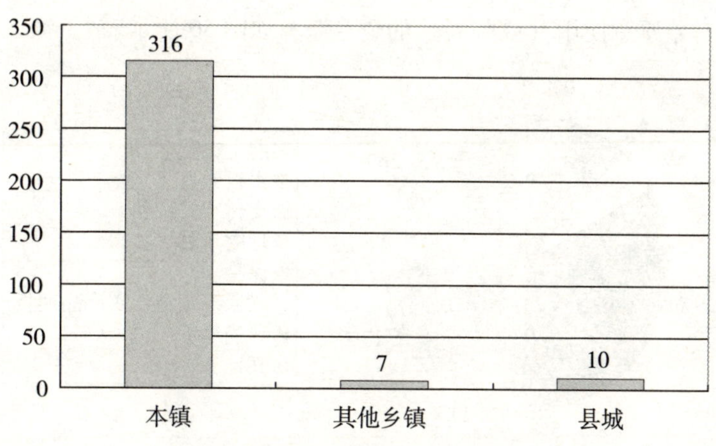

图 34　离调研对象最近的金融网点

4. 您所在的镇（乡），有哪些金融机构（可多选）

A. 农信社　　B. 农业银行　　C. 邮政储蓄银行

D. 村镇银行　　E. 其他

调研对象所在镇（乡）的金融机构如图 35 所示。

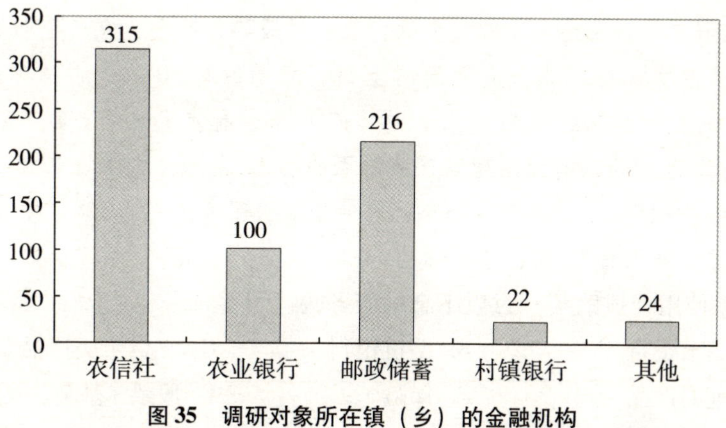

图 35　调研对象所在镇（乡）的金融机构

5. 您愿意使用（或购买）以下金融服务吗（可多选）

A. 网上银行　　B. 手机银行　　C. 支付宝类产品

D. 理财产品　　E. 保险　　F. 股票、基金、农产品期货

G. 典当服务　　H. 其他

调研对象愿意使用（或购买）的金融服务如图 36 所示。

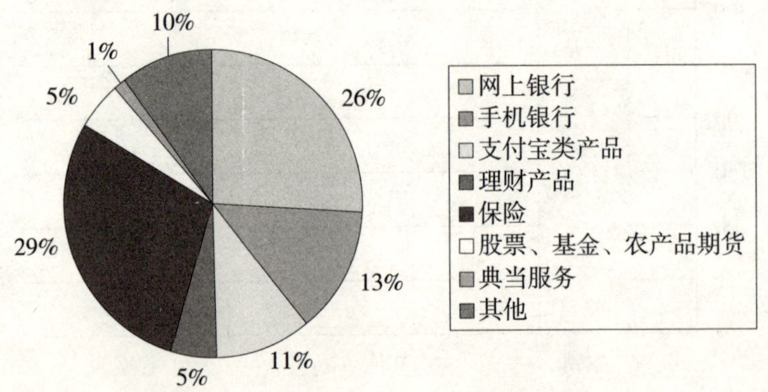

图 36　调研对象愿意使用（或购买）的金融服务

分析：从金融服务的可获得性来看，调研的 9 个乡镇均能办理存款、取现、汇款、缴费等业务，但多为去银行窗口办理，往返及等候占用调研对象较多时间，调研对象之所以选择到窗口办理，一方面是因为各村镇不具备 ATM 机、POS 机等电子机具，另一方面，调研对象对于电子机具操作不熟悉，操作方式不认可（年龄越大，此种情景越多）。但通过调研我们也发现，调研对象对于金融服务的需求还是比较旺盛的，有使用股票、基金、农产品期货意愿的有 89 人，占总体的 29%，有使用网上银行意愿的有 80 人，占总体的 26%，有使用手机银行意愿的有 41 人，占总体的 13%，有使用支付宝类产品的有 32 人，占总体的 13%，有使用理财产品意愿的有 32 人，占总体的 13%，有使用保险意愿的有 15 人，占总体的 5%，有使用典当服务意愿的有 4 人，占总体的 1%，有其他意愿的 32 人，占总体的 11%。

6. 您使用（或购买）过以下金融服务吗（可多选）

A. 网上银行　　B. 手机银行　　C. 支付宝类产品

D. 理财产品　　E. 保险　　F. 股票、基金、农产品期货

G. 典当服务　　H. 其他

调研对象使用（或购买）过的金融服务如图 37 所示。

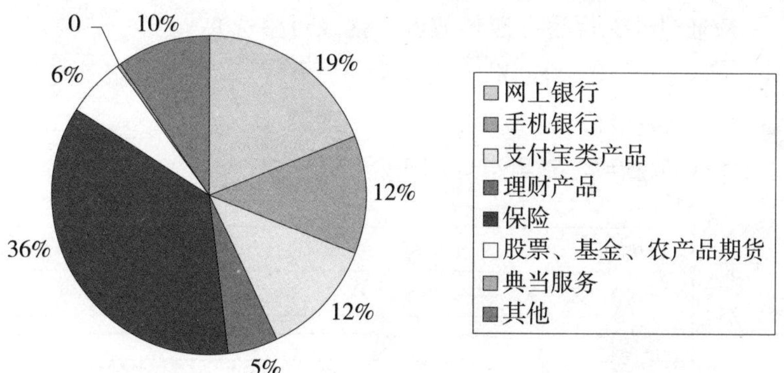

图 37　调研对象使用（或购买）过的金融服务

7. 您有银行存折账户数

A. 没有　　B. 1 个　　C. 2 个

D. 3 个　　E. 3 个以上

8. 您有银行卡数

A. 没有　　B. 1 个　　C. 2 个

D. 3 个　　E. 3 个以上

9. 您有信用卡（透支卡）数

A. 没有　　B. 1 个　　C. 2 个

D. 3 个　　E. 3 个以上

调研对象的信用卡数如图 38 所示。

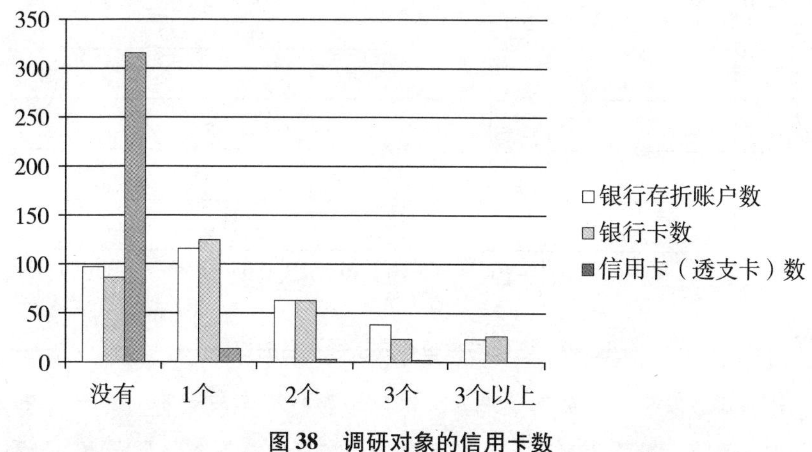

图 38　调研对象的信用卡数

10. 一般通过什么渠道存取款或者汇款（可多选）

A. 银行柜台　B. 自动柜员机（ATM）　C. 村助农服务点

D. 网上、电话银行　E. 代办员、代理员

调研对象存取款或汇款渠道如图 39 所示。

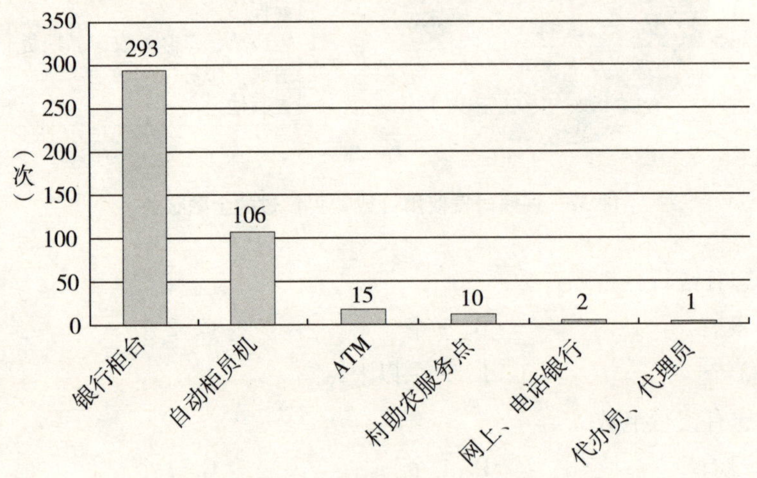

图 39　调研对象存取款或汇款渠道

11. 您每年去银行网点几次

A. 0　B. 1～10　C. 10～30

D. 30～50　E. 50 以上

调研对象每年去银行网点的次数如图 40 所示。

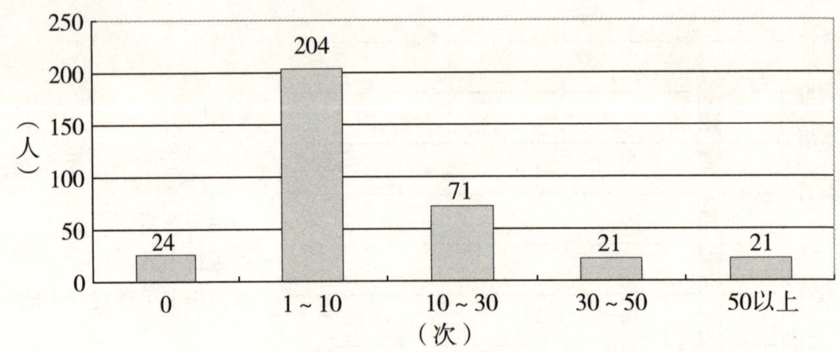

图 40　调研对象每年去银行网点的次数

分析：从金融服务的使用情况看，在网上银行、手机银行、支付宝类产品、理财产品、保险、股票、基金、农产品期货、典当服务等多种形式的金融服务方

式当中，约有36%的人使用手机银行，19%的人选择使用网上银行，选择支付宝和选择保险的人基本持平，均为12%左右。在对农户拥有银行存折及银行卡的统计数据显示，约有60%以上的农户家庭没有或只有一个银行卡（折），约占86%的农户还是选择到营业网点的柜面办理业务，31%的农户会选择去自动柜员机办理，对ATM、村助农服务网点、电话银行、代办员、代理员方式的运用只占极少数。而拥有信用卡的人数更是少之又少，93%的调研对象没有信用卡，可见提升农户整体信用水平，加强农村信用制度建设是发展普惠金融的一个主要方向。

12. 您是否想贷款

A. 是　　B. 否

13. 您是否申请过贷款

A. 是　　B. 否

注：本题若填“否”，则18~23题不用回答

14. 您最多获得过多少贷款

A. 没有　　B. 1万元以下　　C. 1万~3万元

D. 3万~10万元　　E. 10万元以上

调研对象获得贷款的情况如图41所示。

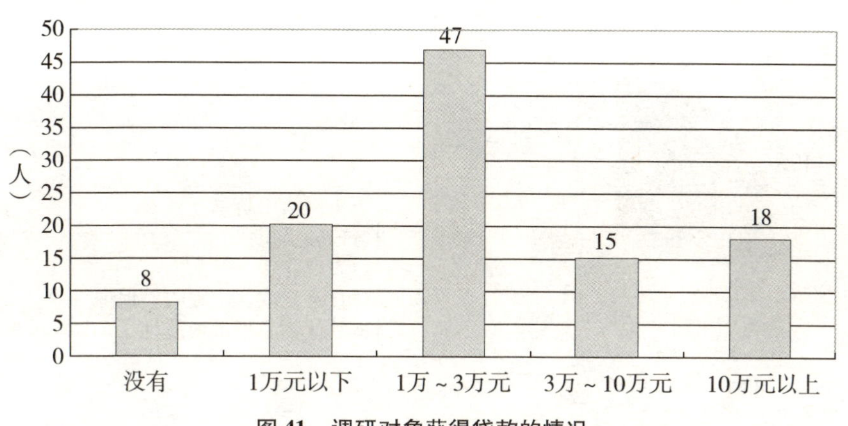

图41　调研对象获得贷款的情况

15. 向您提供贷款的银行（可多选）

A. 农业银行　　B. 农村信用社、农村合作银行、农村商业银行

C. 邮储银行　　D. 村镇银行/小贷公司/资金互助社

E. 其他

向调研对象提供贷款的银行如图42所示。

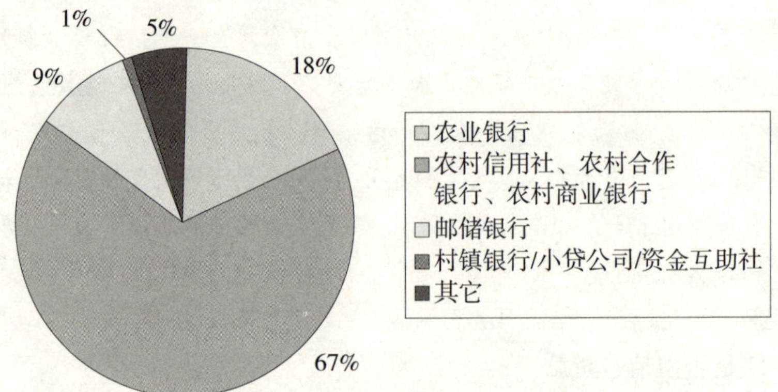

图42　向调研对象提供贷款的银行

16. 您获得贷款的方式为（可多选）

A. 小额信用贷款　　　　B. 公务员担保　　　　C. 农户联保

D. 直补贷款，土地收益保证贷款

D. 其他物品抵押或质押　　　　　　　　　　E. 其他

调研对象获得贷款的方式如图43所示。

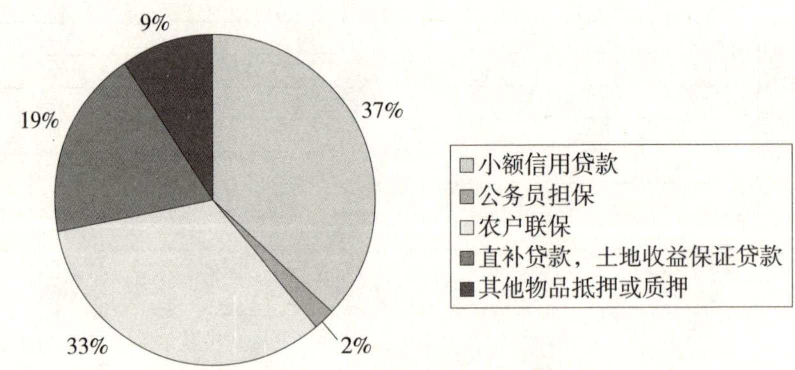

图43　调研对象获得贷款的方式

17. 您从申请到获得贷款，一般需要多少天 30～90 天

18. 您获得贷款的利率一般是多少 6%～20%

19. 您在取得贷款时，额外花了多少钱（比如担保费），相关费用多少元

20. 您认为造成目前贷款难的主要原因是（可多选）

A. 抵押物不足　　B. 无人担保　　C. 手续复杂

D. 贷款利率高　　E. 其他

调研对象认为造成贷款难的主要原因如图 44 所示。

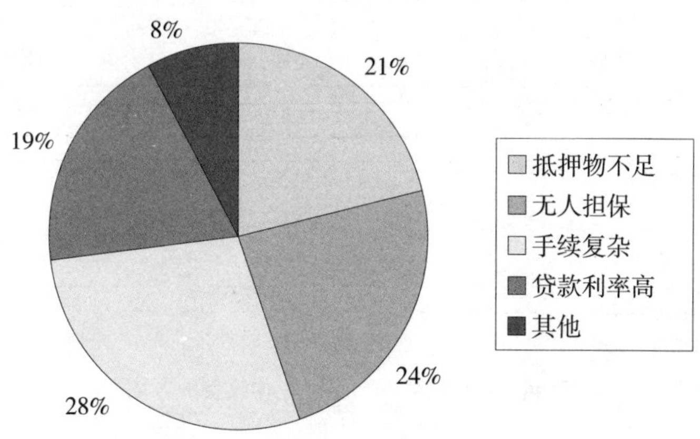

图 44　调研对象认为造成贷款难的主要原因

21. 近年来，您通过民间融资获得了多少资金

A. 没有　　B. 1 万元以下　　C. 1 万 ~ 3 万元

D. 3 万 ~ 10 万元　　E. 10 万元以上

调研对象通过民间融资获得的资金如图 45 所示。

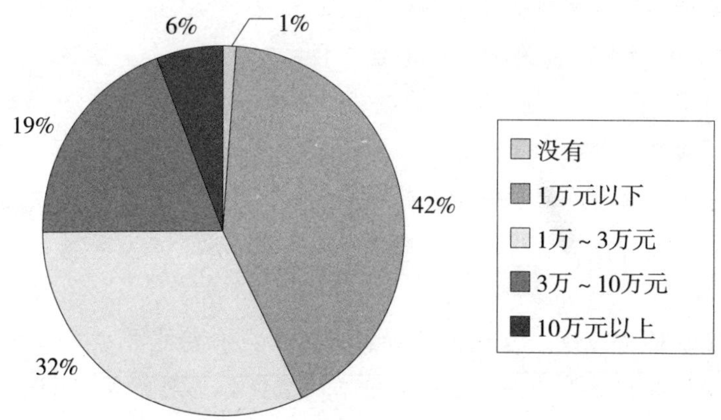

图 45　调研对象通过民间融资获得的资金

22. 您获得民间融资的利率一般是多少 10% ~20%

23. 您希望金融机构在哪些方面进行改善（可多选）

A. 增设营业网点　　B. 简化手续　　C. 降低费用

D. 增加抵押品的种类　　E. 其他

调研对象希望金融机构改善的方面如图46所示。

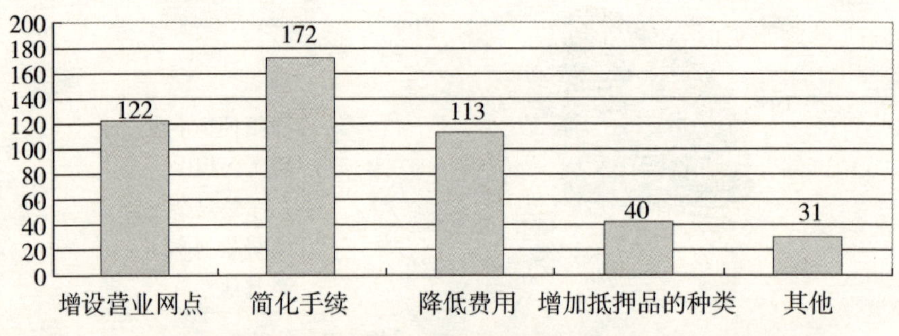

图46　调研对象希望金融机构改善的方面

分析：从金融需求意愿的角度看，农户对贷款的需求意愿不强，在339份调研对象中，约有2/3的人不愿意贷款，对于少数申请过贷款的人，获得贷款额度多在1万~3万元，贷款资金多来源于农村信用社，约占68%，其次来源于农业银行、邮储银行、村镇银行，占比分别为18%、9%、1%；从贷款的方式来看，小额信用贷款、农户联保依然是贷款的主要形式，约占37%，其次为直补贷款，约占33%。

贷款申请期限的调研情况看，申请期限长短不等，最短为1天，最长可达3个月，有的贷款利率高达15%，除正常利率外，还会有一些额外的费用，农户普遍感觉负担较重，且贷款申请较难，成功率不高，分析贷款难的原因，29%的人认为手续复杂，24%的人认为无人担保，21%的人认为抵押物不足，19%的人认为贷款利率高。基于贷款难的现状，亦有农户选择通过民间融资形式获得资金，此种方式获得资金的额度多为3万元以下的小额融资，融资利率略高于银行。

对于金融机构的改进建议，多数农户认为应在简化手续费、增设营业网点、降低费用等方面下功夫。而认为应增加抵押品种类的只有43人，约占整体人数的13%，这说明金融机构应在切实为老百姓提供优质高效的金融服务上下功夫，更多地让利百姓及弱势群体。

24. 您参与农业保险的具体情况

①您购买过农业保险吗

A. 是　　B. 否

②您购买的农业保险有

A. 粮食保险　　B. 经济作物保险　　C. 森林保险

D. 猪、牛等畜牧业保险　　E. 其他

调研对象购买的农业保险如图 47 所示。

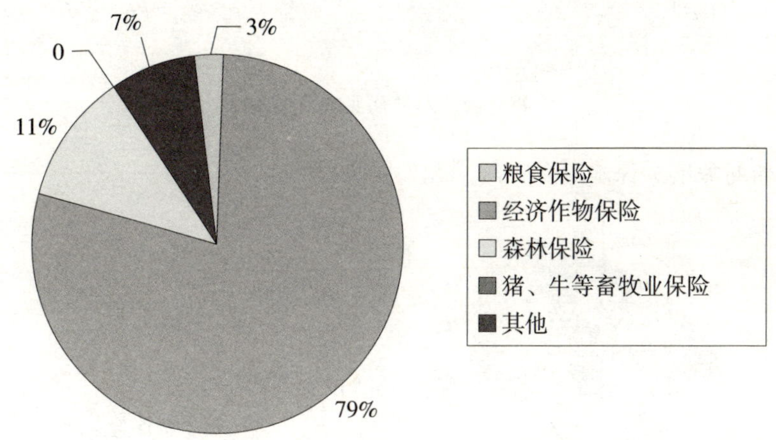

图 47　调研对象购买的农业保险

③您近 5 年花了多少钱购买农业保险______元

25. 您参与商业保险的具体情况

①您购买过商业保险吗

A. 是　　B. 否

②您购买的商业保险有

A. 健康医疗保险　　B. 意外保险　　C. 财产保险

D. 万能险　　E. 其他

调研对象购买的商业保险如图 48 所示。

③您近 5 年花了多少钱购买商业保险______元

26. 您认为，购买保险时是否存在下列问题（可多选）

A. 不了解保险条款　　B. 价格高　　C. 手续复杂

D. 得不到赔付　　E. 其他

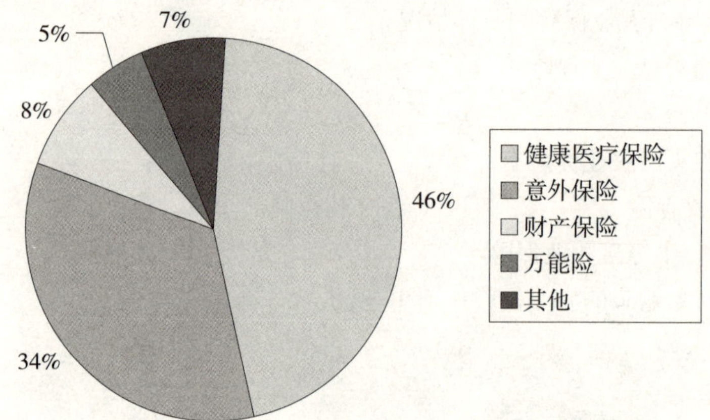

图 48　调研对象购买的商业保险

调研对象购买保险时存在的问题如图 49 所示。

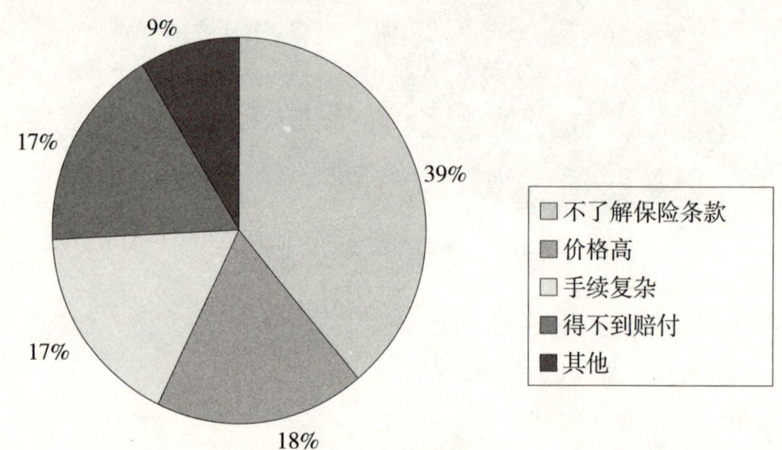

图 49　调研对象购买保险时存在的问题

分析：从参与农业保险的调研情况看，约有 47% 的农户选择投保粮食保险，年均投保金额为 94.48 元，约有 38% 的人购买商业保险，险种多为健康险、意外保险，年均保费为 749.07 元。

3.4　典型案例

案例一（调研人：刘国成）

2014 年 7 月 23 日，东丰县拉拉河镇福安村。张波，女，45 岁，小学文

化。对于金融知识了解很少，对理财产品和网络金融等一点都不知情，每一次到银行只会进行简单的存取款，其他的金融业务根本不会，也没有人对她进行过一些金融知识的普及和指导。

体会：农民金融知识的普及程度较低，应该加强宣讲力度。

案例二（调研人：赵朕霆）

2014 年 7 月 24 日，梅河口曙光镇，李淑琴，女，45 岁，没有上过学，家里以种田为生，丈夫摔坏了腰，家庭收入很低，她说："家里每年只收入 2000 多元，家里收入基本都年吃年用，还得给丈夫看病，没有余下的钱存银行。"我说了几个金融名词问阿姨了解么，她说："你说的这些我都没听过，更不用说了解了。我也不想了解这些，这些对我来说也没什么用，我不识字，我也不存钱，我也不取钱。又不贷款，缺钱时都去亲戚家借，再说我文化程度低，你给我解释这些名词我也听不懂。我也没有想过买保险，我现在连最基本的生活都不能保障，还哪有钱去用来买保险啊！"

体会：农村贫困人群生活拮据，对金融知识了解很少，几乎不使用金融服务。

案例三（调研人：张晓爽）

2014 年 7 月 24 日。梅河口双兴镇，于贵成，55 岁。问及是否贷款时，他说，银行不给贷，原因是 6 年前把户口本借给朋友用于贷款，结果朋友未归还，导致其不能贷款。

体会：金融知识普及不到位，老百姓不了解给别人提供担保的责任和义务，建议银行多下乡发宣传手册，把金融知识普及做到实处。

案例四（调研人：王海龙）

2014 年 7 月 24 日，梅河口市湾龙乡福安村，陆长发，男，54 岁。他曾经申请过贷款，但由于条件不足，并没有如愿。他说："越是穷的人越是贷不下来款，现在农民贷款实在是太难了！"他认为，农民贷款难的原因是没有抵押物也没有担保人。很多担保公司都不想去接受担保，因为怕其不能还贷。

体会：农民融资难的问题还是得不到有效解决，缺少抵押和担保是问题的关键。

案例五（调研人：王冲）

2014 年 7 月 27 日，万良镇仁义村，王玉福，男 51 岁，以种植人参为生，需要经常贷款，最多获得贷款 3 万～10 万元，获得贷款的方式是公务员担保，认为造成目前贷款难的主要原因是抵押物不足，因此希望增加抵押物种类。

体会：对于有经营性项目的农民，应给予贷款便利并适当放宽抵押物类型。

4 思考与总结

通过座谈和问卷调研，我们了解到辽源、通化和白山等地区政府和人民银行等金融机构经过几年的改革实践，普惠金融取得了长足发展，金融业总体服务能力大大增强，居民金融服务的可获得性大幅提高。但是普惠金融发展中还存在以下主要问题：一是城乡二元金融结构没有得到实质性解决，金融服务体系的结构和层次仍存在不平衡，偏远农村的金融基础弱，金融机构网点少，金融服务覆盖面和渗透率还不高。二是由于偏远地区通信设施欠缺致使支付结算网络建设不完善，各地征信系统还没有建立起来，缺少适应当地经济和民风特点的小型社区类金融机构。三是金融创新的力度不够，不能满足城乡居民多元化的金融需求。四是普惠金融发展的体制机制不健全，各地还没有形成普惠金融发展规划。五是缺少相关立法，对金融消费者的合法权益保护力度不够。六是中小企业和农民融资难、融资贵的问题依然突出。

发展普惠金融是实现社会公平正义的需要，金融要普惠所有人群，强调公平合理的金融权并强调可持续发展。为了推动普惠金融的迅速发展，提高地区经济、金融的整体实力，需要继续完善以下几个方面的问题。

4.1 不断扩大金融服务的覆盖面

近几年，各地金融服务的覆盖面不断扩大，几乎达到城乡金融机构物理网点的全覆盖，但是由于偏远山村的通信设施缺失，造成金融助农服务点不能达到全覆盖，并且金融服务的广度和深度还不够。为了增强金融服务的力度，一是亟须政府出台一系列扶持政策，如完善通信等基础设施建设，给予助农金融服务财政补贴等措施，加大金融对农村边远地区、小微企业和民生等经济社会薄弱环节的支持力度。二是鼓励金融机构要以“三农”、小微企业和城乡中低收入居民为重点，不断提高金融服务的深度和广度，增强金融服务实体经济的

能力，降低服务费用，以可负担的成本将金融服务扩展到欠发达地区和社会低收入人群。三是推动金融机构利用技术手段和便捷方式解决好银行的基础服务和特殊群体服务，简化服务程序，优化银行卡助农取款服务，对残疾人和行动不便的老年人可以推出上门服务等惠民服务手段。四是大力推进金融服务均等化和全覆盖，引导银行业金融机构通过增设网点、布设机具、增加流动服务点等多种方式逐步实现金融服务空白乡镇的全覆盖。

4.2 完善金融基础设施建设

《中共中央关于全面深化改革若干重大问题的决定》中对新一轮经济社会发展改革做出了全面部署，并从战略高度对金融基础设施建设提出更高要求。因此，适应国家改革开放和吉林省“三化统筹”发展的需要，推动普惠金融发展需要进一步加强和完善金融基础设施建设。一是继续推动政策性银行、商业银行和农村信用社深化改革，增强金融支农力度。二是需要形成竞争性的金融市场。党的十八届三中全会提出“扩大金融业对内对外开放，在加强监管前提下，允许具备条件的民间资本依法发起设立中小型银行等金融机构”。因此，吉林省应进一步放宽市场准入，鼓励大银行设立中小企业服务部，支持小型金融机构和非金融机构发展，积极组建贴近基层的社区金融机构和新型农村金融机构。美国 8000 家左右服务小企业的银行业机构中，有 6000 多家是社区银行，主要为当地居民和小企业服务。三是科学布局营业网点。吉林省是农业大省，乡镇覆盖面大，应引导金融机构在现有网点基础上兼顾县域和农村经济的发展，设置适应当地经济发展和地域特点的物理网点、自助设备和助农服务点等多种机构。

4.3 加快征信体系建设

目前，吉林省征信发展滞后于银行业的发展，而征信系统不健全是困扰城乡居民贷款难的关键原因，加快普惠金融的发展需要创造良好信用环境。一是地方政府应推动成立征信管理机构，建立健全征信管理制度，配合人民银行推进中小企业和农村征信体系建设。二是提高征信系统的使用效率，要将征信系统应用于全部金融业务中。搭建统一的智能化征信平台，实现征信信息全省城乡互通共享。三是加快推进社会征信法律法规建设，规范发展征信市场。四是加强征信宣传工作。利用金融机构网点、网站、媒体等多种渠道宣传征信知识，组织开展征信知识宣讲，提升社会诚信意识。

4.4 提供多元化的金融服务

引导金融机构能够针对城乡经济特点和居民的金融需求，提供更加多元化的金融产品和服务，帮助金融消费者实现更加有效的财富管理。

一是需要进一步加大金融创新，运用新型技术手段解决普惠金融的网络和通道问题。二是大力发展消费金融，满足城乡居民不同消费需求，促进城乡居民消费升级。三是积极推动支付结算网络建设，不断扩大支付结算网络覆盖面。紧密配合人民银行第二代支付系统，构建以银行为主体的跨城乡、跨机构、跨市场的支付结算网络，积极推动“三农”发展和新农村建设，以及新型城镇化建设要求，加强对县域和城镇基层的服务渗透，构建电子银行、自助设备和综合网点“三位一体”的服务渠道网络。四是升级传统支付工具的同时加强支付结算工具创新，大力发展手机银行、电话银行、善融商务等新型支付工具和服务网络。五是努力提升金融服务质量。各金融机构应始终把提升客户服务质量作为发展战略的重要部分。针对民众反映突出的排队等候时间长、服务不专业等问题，金融机构要加强内部管理，推动文明规范服务，加强员工培训和金融产品开发，努力推进信息科技系统建设，加强网点改造，加大自助机具布设，让广大金融消费者享受更加便利、快捷、安全的金融服务。

4.5 健全普惠金融发展体制机制

普惠金融是指以丰富的形式，为广泛的对象提供的金融支持服务，尤其关注处于弱势地位的金融服务需求者（如贫困人口、偏远地区居民、小微企业等）能否从正规渠道公平地获得所需的金融产品或服务；是一个能有效和全方位为社会所有阶层和群体，尤其是贫困和低收入人口提供金融服务的体系。普惠金融致力于建立一个完整体系，让穷人和一定扶贫性质的金融机构不再被边缘化。一是深化城市弱势群体金融服务机制建设。建立个性化服务机制，让城市低收入和残疾人能够方便、快捷的金融服务。二是深化农村金融体制改革。建立服务可得、价格合理、竞争适度、发展持续、惠及广大农民群众的农村普惠金融体系。三是深化小微企业金融服务机制建设，创新金融产品，加大信贷倾斜，提高金融服务能力。人民银行会同有关金融监管部门出台支持中小企业发展的政策措施，进一步引导金融机构改进和加强中小企业金融服务，为解决中小微企业融资难、融资贵问题，金融机构应在遵循传统的典型担保方式进行融资的同时，不断尝试和创设新型的非典型担保方式，例如让与担保、商

铺租赁权担保、出租车经营权担保、银行理财产品担保、保理、抵押贷款资产证券化等。四是建立健全审批权限下放制度。设置风险防控指标体系，在风险可控的前提下，鼓励金融机构审批权限下放，使县域和农村金融机构能够自主提供适应地方发展的金融产品，提高金融服务的效率和普惠民众的水平。

4.6 强化金融消费者权益保护

随着居民金融产品不断创新，金融消费的规模日益扩大，金融服务领域出现的纠纷也不断增加。长期以来，金融服务信息不对称，金融机构享有各项服务条款的解释权，消费者处于被动接受地位，如何有效保护金融消费者的合法权益，是当前亟待解决的一个问题。一是需要进一步加强相关立法，建立健全消费者权益保护工作机制，提高对金融消费者权益的保护力度。二是注重提高金融消费者对合法权益的保护意识，推动银行业金融机构加强金融消费者教育，人民银行等监管机构应对市民和农村居民定期组织开展金融消费维权宣传，开展金融消费知识宣讲会，向社会公众普及金融知识，宣传科学金融理念，构建和谐金融环境。三是应由政府推动各地建立金融消费维权法律服务站，倾听民众的诉求，为金融消费者免费提供金融消费维权法律解答。四是银监会要加强信用卡、服务价格收费、按揭贷款、银行理财产品等与居民密切相关的银行业务的监管，切实维护消费者的合法权益。五是建立存款保险制度，防范金融机构的经营风险，保护存款人的根本利益。

中篇　研究报告

吉林省中小银行企业文化建设研究报告

项 目 负 责 人：李萍

项目所在院校：长春金融高等专科学校

项目验收单位：吉林省教育厅

验 收 时 间：2013 年 12 月 1 日 *

---

* 项目组成员：张晓晖、耿传辉、吕鹰飞、施晓春、柳明花、刘静、胡茵、尹海鹰、王帅、魏思淼、刘洋、王娇。

1 研究的背景及意义

当今社会已经形成经济一体化和信息全球化，企业之间的竞争不仅仅是产品和市场的竞争，已经转变为经营理念和文化的竞争，吉林省各家地方银行要想争取更多优质客户、拓展服务领域，就要以文化为支撑，打造一种不易被竞争对手仿效、又能为银行带来超额利润的独特能力即核心竞争力，只有这样才能保证企业在日趋激烈的市场竞争中立于不败之地。因为企业文化和精神是一种以人为中心的理论，是提升企业竞争力的无形力量，它强调的是企业管理中的软要素，是一种差别化战略和特色战略，与众不同的企业文化使企业具有核心竞争力，每一个企业都有它鲜明的个性特征，而不是套用固定的模式。培育企业文化，其实就是在打造其他企业模仿不了、不可替代的一种核心竞争力。

企业文化是一个企业在其长期生产经营过程中所形成的，具有本企业独特性，并能够被企业的全体员工普遍认同和遵从的行为准则。商业银行企业文化是企业文化的一个分支，是商业银行在长期为客户提供金融服务过程中形成的并得到全体成员信奉和遵守的具有自身特色的，由价值观念、行为规范和道德规范等内容组成的有机整体。从根本上来说，商业银行企业文化是一种以人为中心、以人为本的管理文化。

1.1 吉林省中小银行提升企业文化的背景

1.1.1 吉林省宏观经济形势分析

第一，吉林省经济发展面临的机遇。在国家政策层面，加大振兴东北的力度，长吉图开发开放先导区的建设工作得到了全面的推进，同时，东北亚区域国际合作也表现出了较快的发展态势，这些外部环境的利好都十分有利于我省的金融行业的发展。同时，吉林省目前正处于工业化转型阶段，产业结构的调整以及城镇化进程的推进都为吉林省银行业的发展提供了良好的机遇。

第二，吉林省经济发展面临的挑战。吉林省的老工业基地所存在的一些问题仍然存在，体制性及结构性的问题会长期影响经济的发展。吉林省作为农业

大省，农业基础设施薄弱，科技创新能力相对其他省份较差。不论是工业还是农业的问题都是吉林省经济发展的巨大挑战。

总体上来说，吉林省在“十二五”期间处于调整经济结构，积极转变发展方式，推动工业化、城镇化、农业现代化互动发展的时期，通过一系列破除机制深层次矛盾的做法，可以形成经济发展的内生动力，因此，在“十二五”期间，吉林省的宏观经济形势是机遇与挑战并存的时期。

1.1.2 吉林省金融业竞争日趋激烈

第一，网点争夺。2010 年年末，省内银行业金融机构营业网点总数达到 4854 个，重点城市（如长春市）的银行营业网点已经较为密集，随着域外机构的不断进入，营业网点密度将继续加大，竞争形势将日趋激烈。另外，吉林省内的多家股份制银行正在向长春以外的省内其他地市布局，这必然会对中小银行的业务市场占比产生较大威胁。

第二，队伍争夺。2010 年年末，省内银行业金融机构共有从业人员 87 596 人。陆续进入的股份制商业银行纷纷实施人员本地化战略，通过灵活的机制、优厚的待遇抢夺原有机构的优秀人才，导致人才竞争不断加剧，员工队伍流动加剧。

第三，资源争夺。2010 年年末，全省境内金融机构本外币存款余额 9 702.55 亿元，全省金融机构本外币贷款余额 7 279.62 亿元。相比有限的金融资源，金融机构数量不断增加。2010 年年末，省内共有商业银行 15 家（不含农村金融机构 67 家与财务公司 2 家），未来，省内同业机构数量还将不断增加。同时，一些具备较强实力的大企业如某些金融控股集团，也一直希望通过兼并重组一些中小金融机构进入省内金融服务领域，未来省内金融资源的争夺将逐渐白热化。

总之，未来将有更多的金融机构与中小银行展开竞争，尤其是在中小企业服务领域，竞争将更为激烈。未来，中小银行的生存发展压力将更大，危机感、紧迫感也将更强。

1.2 吉林省地方银行企业文化建设的意义

任何一个企业要想不断地发展壮大，就必须要拥有自己的优秀的企业文化。随着我国金融体制改革的不断深入，为适应吉林省地方经济发展，吉林省在 2007 年后相继成立了吉林银行、长春农商行、九台农商行、舒兰农商行、延边农商行等多家地方银行。这些地方银行的诞生和运营，对我省地区经济的发展起到了很好的推动作用。但近几年我国股份制银行及外资银行加快了进入我省的步伐，使得我省金融市场竞争更为激烈，地方银行要想在激烈的市场竞争中发展壮大，仅仅依靠银行产品、营销手段的增加是远远不够的，必须要在服务观念的增强、人才素质的提高上下功夫，而这恰恰是企业文化的重要部分。一家金融机构建设其优秀的企业文化，对内能把企业的精神力量凝聚起来，对外又能在社会公众面前塑造良好的银行形象，这样会不断推动银行经营业务的发展，使企业不断壮大，从而增强银行自身的竞争力。因此，加强企业文化建设，已经成为吉林省地方银行的当务之急，是非常重要的。

1.2.1 企业文化建设是树立企业自身形象的需要

众所周知，诚信是银行的金字招牌，服务水平又是银行综合实力的具体体现。一个企业其诚信的最大体现是产品的质量，而服务是产品质量的延伸。国外企业文化研究中首先使用了“服务增值”的概念。因为同样质量的产品，可以因服务好而“增值”，也可以因服务差而“减值”。质量概念，不仅包括产品质量，也包括服务质量，企业形象从根本上说是表现在产品质量和服务质量上的。我们践行企业精神，目的就是使干部、员工都能发扬人性的闪光点，用自身的实际行动带动身边的人，促使单位乃至社会风气的好转，自觉向那些对人民有益的人学习。

1.2.2 企业文化建设能促使银行自身快速发展

吉林省各家地方银行在激烈的市场竞争情况下，要想使其自身实力不断加强，呈现出跨越式发展的良好态势，就要解决员工思想观念保守、素质低下等问题。而企业文化的建设则能够提高人的思想觉悟、更新观念、调动积极性、调整利益关系，为企业的进一步发展提供强大的内在动力；会使客户更加信赖银行，势必会对银行存款数量的增加、更好地发展其他业务形成积极的影响，从而带动吉林省地方银行的快速发展。

举一个企业文化兴盛的例子。

> “海尔文化”人人知晓，海尔集团作为我国优秀企业文化的典型代表，许多优秀的企业积极地学习其管理经验，海尔的企业文化也已经成为大中专院校企业文化方面的典型案例。海尔集团的发展历程更让国人领略到了现代企业文化建设所带来的成就：1984 年，海尔集团创业开始还是一个濒临破产的集体所有制小企业，800 多名员工、亏空 147 万元，而到了 2009 年，该企业已创建成为跨国公司，在全球拥有员工超过 5 万多人，

实现产品销售额1180亿元，海尔在全球30多个国家建立本土化的设计中心、制造基地和贸易公司，海尔品牌价值高达786亿元，已发展成为大规模的跨国企业集团，经过20多年的发展，海尔发生了一个翻天覆地的变化。时任山东省省委书记的吴官正到海尔视察后这样形容："海尔之所以能发展得这么快，是因为它有一个创新的企业文化和一个团结的领导班子。"张瑞敏总裁也多次谈道："在海尔，我主要是做两件事：第一，我是一个设计师；第二，我是一个牧师。牧师的责任就是传经说道，我要传播企业文化。"

在企业与政府之间有几点共识：海尔之所以发展这么快，是因为它有一个创新的企业文化。

1.2.3 企业文化建设是银行之间竞争的需要

在当前世界金融环境发展不利的市场状态下，许多金融机构遇到了前所未有的困境，客户手中的资金在各家银行之间如何进行选择是完全自由的，这就使得各家银行之间的竞争变得非常激烈。对于吉林省地方银行而言，在硬件上跟其他商业银行相比不具备优势，要想使自己快速发展，只有以优质服务才能满意顾客的需求，这就要求用企业文化来指导和强化服务，赢得客户的信赖，树立银行在客户心中的的企业形象。因此，银行企业文化建设的状况如何，决定着银行在激烈的市场竞争中的成败。

1.2.4 企业文化建设是防范和化解风险的需要

金融是经济的核心，防范和化解风险是所有金融机构面临的重大课题。养成良好的职业道德，强化依法合规经营和风险防范意识，对于吉林省各地方银行引导员工正确处理利益冲突、进一步加强内部管理有着积极促进作用，只有在员工中开展企业文化建设，才能使员工形成良好的职业道德风范，才能让员工尽职尽责，遵纪守法，保证各项工作的顺利开展，安全稳健经营，不断扩大自身资产和业务规模。

2 国内外研究状况

企业文化理论孕育于20世纪70年代末，形成于20世纪80年代。这一管理理论是由美国管理学家通过比较美日两国经营管理理念提出来的。一经提出，就受到学术界、企业界的高度重视，很快在美国和全球兴起并带来一场企业管理的革命，对当代企业管理产生了深刻的影响。金融企业文化和核心竞争力，作为相对独立的理论，其研究经过长期的发展，已经进入了比较成熟的阶段。近年来，越来越多的人开始关注金融企业文化与核心竞争力的关系，使得两方面的理论研究开始融合起来。

2.1 国内研究状况

我国理论界最初在金融企业领域来研究企业文化的时候，仅是将金融的内涵移植到企业文化理论中去，从而分析金融企业文化的一般内涵、价值观等问题；1998 年李玉清等人的研究开始关注以商业银行为代表的金融企业的特殊性，并将金融文化进行不同的分类、考察，侧重讲述了“是什么”“怎么做”的问题；之后的研究在理论上逐渐深入：如认为企业文化是国内金融企业与外资金融企业相抗衡的武器，金融企业具有资源配置的作用，市场运转中的一切行为都是信用的体现，并提出良好的诚信文化是维系社会经济关系的基本要素和重要的生产力。诚信是企业精神的内核，是企业核心竞争力的一个组成部分。在对银行领域的企业文化研究中，许多学者在分析了我国国有商行核心竞争力现状之后，从创新、人力资源、内控制度等方面提出了强化国有商业银行核心竞争力的具体策略。

张维迎（2002）、潘辛平（2002）认识到企业竞争力不是人力资本而是吸引力，信誉才是企业竞争的关键；唐骏（2003）指出核心竞争力是一个综合体，除了技术的核心竞争力、品牌的竞争力、市场的竞争力、资本的竞争力外，管理也是企业的核心竞争力。提高企业的核心竞争力，也就是通过信息化管理手段、管理工具来改变企业的整体管理水平。蒙宇（2003）在分析金融企业特殊性和企业文化构成的基础上，提出了金融企业文化是金融企业核心竞争力的关键所在；张德（2004）在对世界 500 强企业进行调查研究后，也认为企业的核心竞争力主要是企业文化；郭友（2006）指出，企业文化是企业核心专长与技能的源泉，是企业可持续发展的基本驱动力；周士元（2009）认为，企业文化是企业在生产经营实践中逐步形成的为全体员工所认同并遵守的、带有本组织特点的使命、愿景、宗旨、精神、价值观和经营理念以及这些理念在生产经营实践、管理制度、员工行为方式与企业对外形象的体现的总和。

2.2 国外研究状况

国外对企业文化的研究要比国内早，美国和日本这两个发达国家最先界定了企业文化的概念，并且非常重视企业文化的建设。如科特和赫斯克特的研究表明，企业文化对企业长期经营业绩有着重要的作用，尽管企业文化不容易改变，但它们完全可以转化为有利于企业经营业绩增长的企业文化。从目前掌握的资料来看，美国著名管理学家沙因（1997）是第一个明确提出企业文化是核心竞争力的学者。他在《企业文化生存指南》中提出："大量案例证明，在企业发展的不同阶段，企业文化再造是推动企业前进的原动力，企业文化是核心竞争力。"特雷斯·迪尔和阿伦·肯尼认为，企业文化是为一个企业所信奉的主要价值观，由价值观、神话、英雄和象征凝聚而成，这些价值观、神话、英雄和象征对公司的员工具有重大意义。帕斯卡·赫阿尔斯认为，企业文化是指导企业制定员工和顾客政策的宗旨。美国翰威特顾问咨询公司对涉及300万名员工的"亚太地区最佳雇主"的调查显示，"建设型"企业文化的企业实现业绩682%增长时，"防御型"企业文化的企业只实现166%的增长；前者净收益增长达到756%时，后者只增长了1%。

综合考察现有的文献，很少有人从一般意义上概括出金融企业核心竞争力是什么，也鲜有从理论高度分析金融企业文化的实质，寻找金融企业文化与核心竞争力的内在联系。同时，更少有人将金融企业文化落实到具体制度和可操作层面进行研究和剖析。

3 项目研究的理论依据

3.1 企业文化的理论研究

3.1.1 企业文化的提出

企业文化指的是一个企业的行为规范和共同的价值观念。行为规范是指通常的或普通的行为方式，它存在于企业中而且很普通，因为企业的成员倾向于以这种方式来处事；共同的价值观念是指企业中大多数人共同关心的重要问题和目标，它们决定着企业成员的行为方式，甚至在企业成员的构成发生重大变化时也常常能保持很长时间。20世纪80年代初，美国哈佛大学教育研究院教授泰伦斯·迪尔和麦肯锡咨询公司顾问艾伦·肯尼迪在长期的企业管理研究中积累了丰富的资料，集中对80家企业进行了详尽的调查，于1981年7月出版

了《企业文化——企业生存的习俗和礼仪》一书。该书被评为20世纪80年代最有影响的10本管理学专著之一，成为论述企业文化的经典之作。它用丰富的例证指出：杰出而成功的企业都有强有力的企业文化，即为全体员工共同遵守，但往往是自然约定俗成的而非书面的行为规范；并有各种各样用来宣传、强化这些价值观念的仪式和习俗。正是企业文化这一非技术、非经济的因素，导致了这些决策的产生、企业中的人事任免，小至员工们的行为举止、衣着爱好、生活习惯。在两个其他条件都相差无几的企业中，由于其文化的强弱，对企业发展所产生的效果就完全不同。

3.1.2 企业文化的要素

迪尔和肯尼迪把企业文化整个理论系统概述为5个要素，即企业环境、价值观、英雄人物、文化仪式和文化网络。

（1）企业环境

企业环境是指企业的性质、经营方向、外部环境、社会形象、与外界的联系等方面。它往往决定企业的行为。

（2）价值观

价值观是指企业内成员对某个事件或某种行为好与坏、善与恶、正确与错误、是否值得仿效的一致认识。价值观是企业文化的核心，统一的价值观使企业内成员在判断自己行为时具有统一的标准，并以此来选择自己的行为。

（3）英雄人物

英雄人物是指企业文化的核心人物或企业文化的人格化，其作用在于作为一种活的样板，给企业中其他员工提供可供仿效的榜样，对企业文化的形成和强化起着极为重要的作用。

（4）文化仪式

文化仪式是指企业内的各种表彰、奖励活动、聚会以及文娱活动等，它可以把企业中发生的某些事情戏剧化和形象化，来生动地宣传和体现本企业的价值观，使人们通过这些生动活泼的活动来领会企业文化的内涵，使企业文化“寓教于乐”之中。

（5）文化网络

文化网络是指非正式的信息传递渠道，主要是传播文化信息。它是由某种非正式的组织和人群，以及某一特定场合所组成的，它所传递出的信息往往能反映出职工的愿望和心态。

3.1.3 企业文化的内容

根据企业文化的定义，其内容是十分广泛的，但其中最主要的应包括如下几点。

(1) 经营哲学

经营哲学也称企业哲学，是一个企业特有的从事生产经营和管理活动的方法论原则。它是指导企业行为的基础。一个企业在激烈的市场竞争环境中，面临着各种矛盾和多种选择，要求企业有一个科学的方法论来指导，有一套逻辑思维的程序来决定自己的行为，这就是经营哲学。

(2) 价值观念

所谓价值观念，是人们基于某种功利性或道义性的追求而对人们（个人、组织）本身的存在、行为和行为结果进行评价的基本观点。可以说，人生就是为了价值的追求，价值观念决定着人生追求行为。价值观不是人们在一时一事上的体现，而是在长期实践活动中形成的关于价值的观念体系。企业的价值观，是指企业职工对企业存在的意义、经营目的、经营宗旨的价值评价和为之追求的整体化、个异化的群体意识，是企业全体职工共同的价值准则。只有在共同的价值准则基础上才能产生企业正确的价值目标。有了正确的价值目标才会有奋力追求价值目标的行为，企业才有希望。因此，企业价值观决定着职工行为的取向，关系企业的生死存亡。只顾企业自身经济效益的价值观，就会偏离社会主义方向，不仅会损害国家和人民的利益，还会影响企业形象；只顾眼前利益的价值观，就会急功近利，搞短期行为，使企业失去后劲，导致灭亡。

(3) 企业精神

企业精神是指企业基于自身特定的性质、任务、宗旨、时代要求和发展方向，并经过精心培养而形成的企业成员群体的精神风貌。企业精神要通过企业全体职工有意识的实践活动体现出来。因此，它又是企业职工观念意识和进取心理的外化。企业精神是企业文化的核心，在整个企业文化中起着支配的地位。企业精神以价值观念为基础，以价值目标为动力，对企业经营哲学、管理制度、道德风尚、团体意识和企业形象起着决定性的作用。可以说，企业精神是企业的灵魂。企业精神通常用一些既富于哲理，又简洁明快的语言予以表达，便于职工铭记在心，时刻用于激励自己；也便于对外宣传，容易在人们脑海里形成印象，从而在社会上形成个性鲜明的企业形象。

（4）企业道德

企业道德是指调整本企业与其他企业之间、企业与顾客之间、企业内部职工之间关系的行为规范的总和。它是从伦理关系的角度，以善与恶、公与私、荣与辱、诚实与虚伪等道德范畴为标准来评价和规范企业的。企业道德与法律规范和制度规范不同，不具有强制性和约束力，但具有积极的示范效应和强烈的感染力，当被人们认可和接受后具有自我约束的力量。因此，它具有更广泛的适应性，是约束企业和职工行为的重要手段。

（5）团体意识

团体即组织，团体意识是指组织成员的集体观念。团体意识是企业内部凝聚力形成的重要心理因素。企业团体意识的形成使企业的每个职工把自己的工作和行为都看成是实现企业目标的一个组成部分，使他们对自己作为企业的成员而感到自豪，对企业的成就产生荣誉感，从而把企业看成是自己利益的共同体和归属。因此，他们就会为实现企业的目标而努力奋斗，自觉地克服与实现企业目标不一致的行为。

（6）企业形象

企业形象是企业通过外部特征和经营实力表现出来的，被消费者和公众所认同的企业总体印象。由外部特征表现出来的企业形象称表层形象，如招牌、门面、徽标、广告、商标、服饰、营业环境等，这些都给人以直观的感觉，容易形成印象；通过经营实力表现出来的形象称深层形象，它是企业内部要素的集中体现，如人员素质、生产经营能力、管理水平、资本实力、产品质量等。表层形象是以深层形象为基础的，没有深层形象这个基础，表层形象就是虚假的，也不能长久地保持。流通企业由于主要经营商品和提供服务，与顾客接触较多，所以表层形象显得格外重要，但这绝不是说深层形象可以放在次要的位置。

（7）企业制度

企业制度是在生产经营实践活动中所形成的，对人的行为带有强制性，并能保障一定权利的各种规定。从企业文化的层次结构看，企业制度属中间层次，它是精神文化的表现形式，是物质文化实现的保证。企业制度作为职工行为规范的模式，使个人的活动得以合理进行，内外人际关系得以协调，员工的共同利益受到保护，从而使企业有序地组织起来为实现企业目标而努力。

3.1.4 企业文化的功能

（1）企业文化的导向功能

所谓导向功能就是通过它对企业的领导者和职工起引导作用。企业文化的导向功能主要体现在以下两个方面。

①经营哲学和价值观念的指导。经营哲学决定了企业经营的思维方式和处理问题的法则，这些方式和法则指导经营者进行正确的决策，指导员工采用科学的方法从事生产经营活动。企业共同的价值观念规定了企业的价值取向，使员工对事物的评判达成共识，有着共同的价值目标，企业的领导和员工为着他们所认定的价值目标去行动。美国学者托马斯·彼得斯和小罗伯特·沃特曼在《追求卓越》一书中指出："我们研究的所有优秀公司都很清楚他们的主张是什么，并认真建立和形成了公司的价值准则。事实上，一个公司缺乏明确的价值准则或价值观念不正确，我们则怀疑它是否有可能获得经营上的成功。"

②企业目标的指引。企业目标代表着企业发展的方向，没有正确的目标就等于迷失了方向。完美的企业文化会从实际出发，以科学的态度去制订企业的发展目标，这种目标一定具有可行性和科学性。企业员工就是在这一目标的指导下从事生产经营活动的。

（2）企业文化的约束功能

企业文化的约束功能主要是通过有效规章制度和道德规范来实现的。

①有效规章制度的约束。企业制度是企业文化的内容之一。企业制度是企业内部的法规，企业的领导者和企业职工必须遵守和执行，从而形成约束力。

②道德规范的约束。道德规范是从伦理关系的角度来约束企业领导者和职工的行为。如果人们违背了道德规范的要求，就会受到舆论的谴责，心理上会感到内疚。

（3）企业文化的凝聚功能

企业文化以人为本，尊重人的感情，从而在企业中形成了一种团结友爱、相互信任的和睦气氛，强化了团体意识，使企业职工之间形成强大的凝聚力和向心力。共同的价值观念形成了共同的目标和理想，职工把企业看成是一个命运共同体，把本职工作看成是实现共同目标的重要组成部分，整个企业步调一致，形成统一的整体。这时，"企业兴我荣，企业衰我耻"成为职工发自内心的真挚感情，"爱企业如家"就会变成他们的实际行动。

（4）企业文化的激励功能

共同的价值观念使每个职工都感到自己存在和行为的价值，自我价值的实现是人的最高精神需求的一种满足，这种满足必将形成强大的激励。在以人为本的企业文化氛围中，领导与职工、职工与职工之间互相关心，互相支持。特别是领导对职工的关心，职工会感到受人尊重，自然会振奋精神，努力工作。另外，企业精神和企业形象对职工有着极大的鼓舞作用，特别是企业文化建设取得成功，在社会上产生影响时，职工会产生强烈的荣誉感和自豪感，他们会加倍努力，用自己的实际行动去维护企业的荣誉和形象。

（5）企业文化的调适功能

调适就是调整和适应。企业各部门之间、职工之间，由于各种原因难免会产生一些矛盾，解决这些矛盾需要各自进行自我调节；企业与环境、与顾客、与企业、与国家、与社会之间都会存在不协调、不适应之处，这也需要进行调整和适应。企业哲学和企业道德规范使经营者和普通员工能科学地处理这些矛盾，自觉地约束自己。完美的企业形象就是进行这些调适的结果。调适功能实际也是企业能动作用的一种表现。

（6）企业文化的辐射功能

文化力不止在企业起作用，它也能通过各种渠道对社会产生影响。文化力辐射的渠道很多，主要包括传播媒体、公共关系活动等。

现代企业热衷于企业文化建设是成功企业的经验启发，失败企业的经验教训。沃尔玛的创始人山姆·沃尔顿说，沃尔玛成功的奥秘“是企业文化，它是其所有战略得以成功实施的土壤，没有这些，沃尔玛的奇迹就不可能发生”。被誉为世界第一CEO（首席执行官）的美国通用电气前董事长杰克·韦尔奇认为，通用电气的旗帜百年不倒，“企业文化是企业战无不胜的动力之源”。可见，企业文化是现代管理的成功之道。

3.2 商业银行企业文化的理论研究

3.2.1 内涵

商业银行企业文化内涵主要包括银行的宗旨、价值观、经营理念以及业务原则等，其中银行价值观是银行文化的核心，是银行业能否繁荣昌盛并持续发展的一个关键因素，在银行发展中发挥着核心作用。因此，明确商业银行企业文化内涵的关键是确立银行价值观，体现银行及其员工的共同信念，从而使银行对员工产生巨大的感召力，让员工切身感受到银行的人文环境。

3.2.2 特征

我们通常所说的商业银行企业文化，是社会文化同商业银行经营活动相结合的实践产物，商业银行所具有的企业性质促使商业银行文化的形成必然是一种企业文化，并且具备一般企业文化所拥有的基本特点。可是，商业银行因其行业特殊性质，又促成了商业银行的企业文化拥有如下特殊性：

（1）服务特征。商业银行作为一种服务性行业，其经营与发展的本质是给经济社会发展提供金融产品服务、满足客户的金融需求的过程。

（2）诚信特征。商业银行作为经营讲诚信的企业，它不但是社会讲诚信的象征，而且还是社会讲诚信的保卫者。

（3）风险管理特征。商业银行作为一种风险性很高的行业，其本身是管理风险的操手，即承担、转移风险并且在管理风险过程中取得效益是商业银行的根本职能与生存的基本前提。

3.2.3 作用

商业银行企业文化的作用具体体现在三个方面：

（1）激励作用。是指企业文化通过其内在机制满足商业银行员工的精神需求，使员工产生强烈的荣誉感、成就感，激发出员工的积极性和创造性。

（2）凝聚作用。优秀的企业文化如同连接员工心灵的桥梁，通过共同的信念和价值观来沟通员工的思想，引导员工产生共同的归属感，把广大员工团结在一起。

（3）约束作用。企业文化的约束作用表现为“刚性约束”和“柔性约束”两个方面。包含在企业文化中的规章制度用外在的形式和力量约束着员工的行为，是一种带有强制性的刚性约束。企业文化通过提高员工的自觉性、自律性、责任感，把外在的制度约束化为员工自觉的行为所表现出的就是一种软性的约束。

3.2.4 商业银行企业文化建设的原则

商业银行企业文化建设，应坚持以下原则：

①服务于商业银行改革发展的原则。切实把增强核心竞争力、促进可持续发展作为企业文化建设的出发点和落脚点，充分发挥先进文化凝聚人心、引领发展、塑造形象的重要作用，为商业银行又好又快发展提供强大的思想保障和精神动力。

②统一规范的原则。商业银行要坚持企业文化核心理念的统一规范、品牌

和企业形象识别标志的统一规范，形成鲜明、生动的市场整体形象。

③知行合一的原则。努力使理念成为自觉的职业行为，切忌将企业文化理念标语化、口号话。

④以人为本的原则。要关注了解员工诉求和意愿，充分调动员工参与文化建设的积极性和自觉性，促使员工将银行理念和规章制度转化为行为准则；要深化人力资源改革，规范管人用人机制和激励约束机制，积极拓展员工成长空间和创新发展能力，实现员工与银行的共同发展。

3.2.5 建设商业银行企业文化的有效途径

（1）与创新工作相结合

商业银行企业文化是银行在为社会提供高品质的金融服务中提炼而成的精神产品。商业银行应意识到创新是金融企业激发需求、开拓市场的有效手段，也是促进金融市场充满活力和争取更大发展空间的有效途径，是商业银行企业文化的灵魂。金融创新主要体现在两个方面：一方面，在金融产品、金融服务、金融运作等方面进行创新，不断寻求新的发展空间；另一方面，加大对自身的技术更新和网络建设，构筑高科技平台。商业银行要围绕这两个方面加强企业文化建设，使广大员工积极向上、敬业爱岗、激情工作、奋发有为、勇于创新、力创佳绩。

（2）与内控建设相结合

商业银行坚持企业文化建设与内控建设同步推进。要用内控制度为企业文化建设提供保障，提高企业文化建设在商业银行内控管理中的地位和作用，发挥企业文化的渗透作用，做到以企业文化引导内控建设。要找准二者的结合点：一要着力构建“从严治行”的管理文化，坚持严格监管，不断健全和落实各项内控制度；二要通过内控建设将商业银行的核心价值理念充分体现出来，使之成为行为规范，形成激励和约束机制，实现企业文化的制度化；三要将强化风险管理、控制经营风险纳入企业文化建设的范畴，加强合规文化教育。

（3）与打造执行力相结合

商业银行在培育和打造执行力的进程中，一要发挥和调动员工的积极性、创造性，为员工构建价值实现平台。从机制改革到绩效考核，从渠道建设到业务流程重组，从凝聚力工程到企业核心竞争力课题研究，每一环节都应始终把员工与银行的共同成长紧紧连在一起，最终形成强大的执行力。二要完善执行

力考核机制，推进精细化管理，努力营造目标明确、简洁高效、监督有力、注重实效的团队执行文化。三要树立员工执行意识，增强执行能力。在员工中树立“执行力就是竞争力”的意识，为各项目标实现提供有力保障。

(4) 与创建学习型组织相结合

商业银行要创造条件，培育和发展自觉学习、善于学习，而且自觉交流、善于共享，时刻关注世界知识前沿及其发展趋势、锐意改革、大胆创新的银行员工，为他们的成长创造学习氛围和条件。

因此，我们认为，商业银行企业文化指的就是在一定的社会和经济条件下，商业银行利用持续运行的经营管理实践活动所形成的并且被全体员工认可遵守的企业精神、价值理念、企业经营道德观以及行为规范准则的总和，其是商业银行通过长期金融服务实践活动中所形成的以服务、诚信、风险等文化为核心思想的文化管理形式，也是商业银行提高市场核心竞争能力的管理资源系统理论。

“三流企业靠产品，二流企业靠管理，一流企业靠文化”这个规律对商业银行也同样适用。银行业是金融行业的主体，对国民经济的健康、稳定、持续发展起着举足轻重的作用，所以，商业银行企业文化是企业文化的一个特殊的组成部分。一流的商业银行应该做到让客户满意、使员工快乐、尽社会责任。让客户满意就是要视客户为“上帝”，抱以诚恳的服务态度，运用娴熟的服务技能，采用灵活的服务方式和先进的服务方法，提供最为优质的金融服务；同时，不断推出新的金融产品，满足不同客户的不同需求。使员工快乐就是要以人为本，做到重视人才、培养人才、提拔人才，尽可能地激发员工的积极性和创造性，营造和谐环境；同时关爱员工，造福员工，使员工轻松工作、快乐生活，实现个人与银行的共同成长。尽社会责任，就是要立足本职，服务社会，在社会公众面前树立对经济、社会和环境负责任，对利益相关人负责任的行业形象，以诚实守信的职业操守取信社会，以热忱参与社会公益事业的行动奉献社会，为国富民强、社会和谐做出贡献。

3.3 商业银行核心竞争力的理论研究

“核心竞争力”的概念是美国普拉哈拉德和哈默尔在1990年《哈佛商业评论》上发表的《公司的核心竞争力》一文中提出来的，后来成为“核心竞争力战略”的理论基础。“核心竞争力”理论一经提出，立即得到学术界和企业界的广泛认同，成为企业战略理论划时代的文献。他们把核心竞争力定义为

“组织中的积累性学识”，特别是关于怎样协调各种生产技能和整合各种技术的学识。可以说，核心竞争力是包含在企业内部，与组织融为一体的文化、技术与技能的组合。核心竞争力的本质是一种超越竞争对手的内在能力，是企业独有的、比竞争对手强大的、对手不能模仿的、具有持久力的某种优势。国内很多学者也是根据普拉哈拉德和哈默尔的观点不断发展这一思想，并促进了这一理论的发展。

“能力整合论”认为商业银行核心竞争力是一种技能的整合，是多方面的技能、互补性资源和运行机制的有机融合。“组合论”认为商业银行核心竞争力是在一定历史时空条件下获得的高于竞争对手的有利于可持续发展的资源能力、整合能力与创造盈余能力的优势集合体，即“核心竞争力 = 资源能力势差 + 整合能力势差 + 创造盈余能力势差”。“构成要素论”认为商业银行核心竞争力由技术、产品、人才、服务、流程、银行文化、价值观、机制、管理、业务经营能力、金融创新能力、人力资源管理能力和内部控制能力等要素构成。“能力论”认为商业银行核心竞争力是与商业银行的组织结构、人力资源、管理模式、企业文化等要素高度融合的能力。

在我国，商业银行竞争力研究领域较有代表性的成果主要有：焦瑾璞（2001）建立了一个包含现实竞争力、潜在竞争力和环境竞争力 3 个方面若干个具体指标的中国银行业竞争力指标体系；李俊凯（2002）把商业银行竞争力评价指标体系分成 9 个板块：市场占有能力指标、赢利性指标、安全性指标、流动性指标、经营能力指标、收入结构指标、管理水平、金融创新能力、基础设施，分别研究每个板块银行的竞争力，再综合评价每个银行的竞争力；中国人民银行营业管理部课题组（2004）以首都地区中外资银行的经营机构为样本，通过外部环境因素、银行经营状况、市场拓展能力、创新能力和组织管理能力 5 个方面比较其竞争力情况，发现中外资银行的综合竞争力悬殊。

但目前对于商业银行核心竞争力的研究还比较少且分散，没有形成系统的理论。马长有（2003）从商业银行的经济实力、管理竞争力、科技竞争力、员工素质竞争力、环境竞争力五个方面建立了商业银行核心竞争力的综合评价指标，并介绍了基于最大隶属度的模糊数学评价方法。温彬（2004）认为商业银行核心竞争力是个不断发现、识别培育和提升的过程。银行核心竞争力的基础是金融技术，制度保障是组织结构，载体是人力资源，三者相互作用，共同反映银行业的本质：以人为本，通过产品和服务创新，满足客户的个性化需

要，最终实现银行赢利。

商业银行的核心竞争力，实质是一种独特的竞争优势，是商业银行不断创造优势、实现可持续发展的能力。企业文化是商业银行在长期为客户提供金融服务的过程中逐步形成，并得到全体成员认可的具有自身特色的价值观念、行为规范和道德规范等内容组成的有机整体，是塑造核心竞争力的重要因素。一家银行拥有了优秀的企业文化，它就拥有了最难以模仿和最强的竞争力，它才能获得可持续发展的原动力。现代银行的核心竞争力基本涵盖了核心业务、核心客户和核心人才三大层面。如何提高核心竞争力，实质上就是如何提高技术创新能力与效率的问题。核心竞争力决定了一个企业的命运，而打造培育现代商业银行核心竞争力是一项系统工程，也是一项长期而艰巨的任务。

3.4 分层理论

分层理论，强调的是通过市场竞争逐渐淘汰掉落后的银行，突出优秀的中小型银行，这样的方式有利于改善银行体系竞争的有效性，优化了金融体系尤其是银行体系的社会效率。通过改善中小银行生存的社会环境，使得中小银行同大型银行在不同的细分市场上进行经营，在一定程度上可以降低市场的整体风险。同样，在中小银行体系内部，如果进一步进行区分，通过采取不同的经营机制以及不同的市场定位等都可以有效地区分市场，通过这样的方式可以减少产品同质化带来的市场恶性竞争，从而放慢或者减少金融风险的冲击。

4 项目研究的目标、思路、方法

4.1 研究目标

相对于外资银行以及国有大银行来说，地方性中小银行在抗风险能力、产品创新能力以及外在形象等方面毫无优势。企业文化处于起步阶段，无论是理论研究还是银行员工自身的理解都还比较肤浅，企业文化的实践也缺乏自觉性、整体性和统一性。如何做到既保证业务的顺利转型，尽快找准市场定位，又在困难中保持快速发展，以应对市场竞争的压力和所面临的挑战，保持相当的竞争力，建立起优秀的企业文化，保持旺盛的生命力势在必行。本课题研究对于我省中小银行自身发展意义重大。它是对中小银行企业文化现状的全面评估及系统性总结，通过中小银行企业文化建设与本地市场发展和整个市场环境相适应，形成自己的特色文化，并为全体员工所接受，可以增强全体员工的凝聚力，提高核心竞争力，内强素质，外塑形象，以此提高经营绩效。

通过对吉林省地方银行机构企业文化建设研究，希望提供一套具有实际操作性、指导性的企业文化建设方案，为吉林省中小银行机构高层决策提供参考，从而实施增强企业内部全体员工的凝聚力，在全行创造一种和谐发展的良好氛围，最大限度地激发员工的积极性和创新性，从而提高核心竞争力，增强绩效，使企业朝着健康的方向发展。同时希望对类似的其他金融机构企业文化创建也起到一定的借鉴意义。

4.2 研究思路

本课题首先研究金融企业文化理论和商业银行核心竞争力的特殊性，在此基础上分析金融企业文化与商业银行核心竞争力的内在联系。其次，对我国的商业银行企业文化的特征进行总结，对国外一些优秀的金融企业文化进行案例分析，归纳总结经验，以期给人启发；对吉林省中小银行文化的发展现状和存在的问题进行剖析，其中以吉林银行为例分析跨区域经营背景下中小银行企业文化建设情况；选择中小银行中的城市商业银行的创新文化进行研究。最后，本课题针对以上中小银行企业文化分析提出建议。

4.3 研究方法

本课题采用理论分析与实证分析相结合的研究方法，借助目前已有的理论研究成果，并及时进行实际调查获取最新数据，力求得出可靠的结论。另外运用辩证的思维方法加以分析思考以及实验观察的方法，到吉林省的部分商业银行进行实地考察，与工作人员就相关问题进行交流等。

5 项目研究的主要内容

5.1 商业银行企业文化与核心竞争力的关系

商业银行应该逐步树立企业文化是企业核心竞争力的观念。现代社会正在从经济型社会向文化型社会过渡，文化在社会生活中的比重越来越大。企业文化是企业生存、竞争和发展的灵魂，是现代企业竞争取胜的立足点。企业文化是商业银行核心竞争力的基础和推动力量。

5.1.1 企业文化决定商业银行凝聚力，内部凝聚力是银行核心竞争力发挥的基础

银行内部凝聚力指用共同的价值观与共同的信念使企业上下团结一致，众志成城，是决定银行经营成败的重要因素。商业银行企业文化是在商业银行长期经营活动中逐步形成的，是有着共同价值观、共同理想、共同行为准则、共同价值取向的一种微观文化体系。它使商业银行成为全体员工的利益共同体，使员工在日常经营活动中，很自然地用共同行为准则约束自己的行为，并以此调节人与人之间的关系。企业文化能增强员工的自我约束力，促进人与人之间关系的融洽，使人们为了共同的目标而互相尊重、互相学习。这种凝聚力的产生，使得银行上下团结一致，为实现目标而努力奋斗。

5.1.2 企业文化决定商业银行创新力，创新力是银行核心竞争力发挥的关键

创新力是商业银行发展的一个重要因素，在金融业竞争日益激烈的今天，商业银行要想获得先机，就要有一种开阔的视野、一种创新的意识。只有不断创新，才能满足不同客户的需求，赢得更多的客户，提升银行的核心竞争力。银行应努力通过营造创新氛围、培育创新思维、鼓励创新行为、奖励创新成果、容忍创新失败等措施，使创新的发展为银行提供源源不断的动力。另外，银行的创新离不开创新主体企业员工，注重员工创造潜力的发掘，调动银行员工的创新激情，为银行创新机制注入活力，从而为银行的发展提供有力的平台支持。

创新是许多银行制胜的法宝，花旗银行企业文化最大的特点之一就是鼓励创新，确信转变性与大胆性的决策是企业突破性发展的关键，相信如果能预见未来，就将拥有未来。创新要永无止境，从不间断。招商银行在 20 多年长期的经营管理中，始终强调以市场需求为导向，不断地进行产品和服务创新，提出“因您而变，因势而变”的经营理念。

5.1.3 企业文化决定商业银行控制力，控制力是银行核心竞争力发挥的保证

企业管理离不开规章制度，制度管理是企业管理的底线，但任何制度都不可能完美。因为社会和企业都在不断地发展，企业在发展中会有许多不确定性。但是，制度的不完美可以通过优秀的企业文化来补充，因为文化不仅是一种规则，也是一种习惯，同样规范着人们的行为。而文化一旦形成，必然会简化制度管理的界面，节约管理成本，为商业银行核心竞争力的发挥提供有力的保证。

5.1.4 企业文化决定商业银行影响力，影响力为银行核心竞争力发挥提供有力支持

国家富强在于经济，经济繁荣在于企业，企业兴旺在于管理，管理优劣在于文化。企业文化是企业的软实力，软实力往往决定硬实力。卓越的企业文化能够提升企业的竞争力，提升经营业绩，帮助企业发展壮大。银行是提供金融服务的行业，所以必须注重社会形象的树立。良好的社会形象有利于商业银行赢得社会的广泛认同，提高声誉，为银行业的发展创造良好的社会环境和舆论氛围；有利于培育员工的忠诚度，发挥员工的积极性和创造性，从基础上提升银行的核心竞争力，促进整个行业的可持续发展。

银行社会形象的外在表现形式即为银行的品牌，银行品牌的打造、宣传和应用的过程就是企业文化渗透的过程。通过企业文化建设，使银行提供个性化的有差别服务，赢得稳定的客户群，提高银行的知名度，为银行核心竞争力的发挥提供有力支持。

5.2 我国商业银行企业文化特征

有特色的企业文化才是有生命力的企业文化。正在经历体制变革的国有商业银行建设健康的企业文化，必须深入研究其文化特征，以培育一种与其背景及独特内涵相符的、有自己特色的金融精神，其文化特征包括中国特色、国企特色、行业特色。

5.2.1 中国特色

改制后的国有商业银行要建设有特色的企业文化，首先要注意中国特色的建设，其关键在于必须在大力弘扬民族精神、发扬优良传统的基础上，形成真正适合本企业的本土化的金融文化。众所周知，企业文化产生于美国，普及应用在日本，但由于东西方文化的差异以及经济历史的不同，造成了美日两国企业文化内涵的巨大差异。例如，美国人大多数是欧洲移民，多具有冒险精神和个人奋斗意识，在思想上信仰个人主义和自由主义。美国有许多成功的企业，经过多年培育形成了别具一格的企业文化，它们的企业文化有许多相似之处，如都是以人为中心，注重培养职工，尊重顾客；强调产品质量与优质服务；鼓励发明创造，不断向市场投放新产品；领导者身体力行，带领公司职工坚持公司的价值观和哲学信念；它们都有明确的目标和各自的行为准则，全体职工共同为之奋斗。日本现代企业文化的建立同日本传统文化、风格相结合，取得了世人公认的成就，被国际经济界称为“神奇的日本经营艺术”，并为战后日本

经济的复苏起了巨大的推动作用。历史的传统一般来说可归为两类，一是封建性的糟粕，二是具有民族特点的精华。日本通过解散财阀等改革，以及引进欧美的先进思想和体制，抛弃了封建性的糟粕，在建立有自己特色的企业文化中保留了民族的特点。和美国相比，日本人乡土观念较强，家族式的集团意识较为明显；在思想渊源上，日本人受东方特别是儒家思想影响较深，对“和为贵”“仁义礼智信”尤为推崇。这种组织上的集团意识和思想上的“和”“忍”“信”等观念，经过几百年的世事沧桑和社会变革的冲刷，在日本企业中得到了科学的继承。具体表现在日本企业文化十分注重培养职工忠于企业的观念，树立集团主义精神；每个企业都形成和建立自己的工作道德观念，并以此作为全体职工都遵循的行为准则。

我国有五千年源远流长的民族文化，历来重视对人的精神素质的研究和培养。古代许多思想家如孔子、孟子、荀子、孙子等对我们民族的文化、社会风俗、行为规范等做过大量观察，并提出许多很有价值的观点和理论。如《孙子兵法》一开头就讲了决定战争胜负的“五事”，即“道、天、地、将、兵”，而把“道”放在首位。并明确指出“道者，令民与上同意也，故可以与之死，可以与之生，而不畏危。”（《孙子兵法·计篇》）这就是说，所谓“道”，是指民众与国君的意愿相一致。这样，民众就可以为之出生入死而无所畏惧。对企业来说，这种统一大家意志的“道”即企业精神。孙子还在《谋功篇》中讲到五种情况可以预知战争能否取得胜利，其中有一条“上下同欲者胜”，孟子在《公孙王·下篇》中也提出“天时不如地利，地利不如人和”。这些见解说明只有上下齐心协力，思想一致，有共同目标，才能取得胜利，而企业精神正是要达到“人和”，促使“上下同欲”去争取企业经营胜利。孔子也说：“为政以德，譬如北辰，居其所而众星拱之。”（《论语·为政》）即如能“为政以德”，就能形成一股凝聚力，使大家围绕一个共同目标奋斗，上至国家，下至企业，都是这个道理。从我国几大国有商业银行的许多企业精神中都可以找到这种思想渊源。

我国还有优良的革命传统。早在抗日战争的艰苦年代里，我们就提倡过以艰苦奋斗为特征的“延安精神”，它以当时的延安温家沟农具厂先进工人代表赵占魁的“吃苦耐劳，爱厂如家，遵守纪律，爱护公物，坚守岗位”的主人翁精神为标志，在各解放区又形成了晋冀鲁豫的“甄荣典精神”、晋绥的“张秋凤精神”等。在延安精神的鼓舞下，又陆续产生了20世纪50年代鞍山钢铁

厂以“艰苦创业”为标志的孟泰精神，20世纪60年代大庆油田的“王铁人精神”“一厘钱精神”以及后来的“李双良精神”。这些以艰苦创业为代表的革命传统，曾鼓舞我国人民战胜了一个又一个困难，同样，它也应该对我国国有商业银行的企业文化建设具有不可忽视的启迪作用。

总之，中华民族在几千年的风雨中，形成了自己独特而伟大的民族精神。改制中的国有商业银行只有建设注入了中华民族精神的企业文化，才有生命力。我国许多其他行业的成功的企业文化建设，充分证实了这一点。

5.2.2　国企特色

作为大型的国有企业，改制前的我国几大国有商业银行像我国其他大型国企一样，其企业文化的建设有着鲜明的国企特点，这必将对改制后的国有商业银行建设有自己特色的现代金融精神产生深远的影响。

我国过去是高度集中的计划经济体制，十分强调在企业中加强思想政治工作。思想政治工作，就我国社会主义现代企业这一特定组织来说，就是在党和国家的路线方针的指导下，围绕企业的目标，对本组织成员施加意识形态和心理的影响，以期转变其思想政治品德，引导其行为的工作。自1921年7月中国共产党成立至今，党的思想政治工作在90多年的发展过程中形成了一套成功的理论体系和工作方法。它的表现形式很多，包括晓之以理、明之以义、动之以情、恤之以利、示之以范、约之以纪等。虽然在解放初期和十年动乱期间曾经走过弯路，但它在历史上发挥的重大作用是不可磨灭的，特别是十一届三中全会以后，思想政治工作在正确路线指导下，在为宣传党的思想路线、政治路线和组织路线服务、帮助人们解放思想、拨乱反正以及转变过时观念等方面，尤其是在坚持四项基本原则、坚持改革开放方面都发挥了重要作用。思想政治工作是以人的立场、观点、品德和态度为对象的工作。严格地来说，企业文化的建设和企业形象的树立是思想政治工作的一部分。所以我国国有商业银行在思想政治工作中的丰富经验以及工作方法，为其企业文化建设奠定了稳固的基础。但是，企业文化建设必定不能等同于思想政治工作，所以，作为老牌国企，发挥思想政治工作的作用固然重要，理清企业文化与思想政治工作的区别和联系也是其企业文化建设的一项重要内容。

5.2.3　行业特色

商业银行不同于一般的物质生产、流通、服务性企业，是经营货币的特殊

行业。银行企业文化具有以下特征：

（1）现代经济核心承载的宏观经济文化

金融是现代经济的核心。随着改革开放的逐步深入，我国社会主义市场经济的不断发展，金融活动日益渗透到社会经济生活的各个方面。金融资源的合理配置和金融的安全、高效、稳健运行，事关中国特色社会主义的经济、政治大局。处于现代经济核心地位的商业银行不同于其他相对独立的企业或产业，它与整个社会的经济融为一体、息息相关，必须把促进国家经济建设和谋求自身发展有机地统一起来。这决定了商业银行的企业文化建设在本质上是宏观的，应以邓小平理论和“三个代表”重要思想为指导，密切关注国家的经济全局和经济政策，充分体现社会主义的价值观和经济原则，与社会主义市场经济相适应，着眼于社会主义现代化建设事业和金融业的和谐发展。融入主流文化，又相对地具有自身特征。

（2）经营货币的信用文化

作为以信贷为主营业务的经营货币的特殊行业，商业银行的企业文化具有典型的信用文化的特征。商业银行必须着力于储蓄的吸纳和储蓄存款对投资的转化。通过信贷营销，扩大增量，盘活存量，优化资产结构，实现最终的商业利润。在信贷营销中，由于制度上、道德上和经营上的原因，会存在程度不同的风险，实现货币经营的安全性和稳定性，是商业银行企业管理的基本要求。高效营销和风险防控，即是商业银行信用文化建设要围绕的中心内容。

（3）直接面向群众的服务文化

商业银行是“窗口”行业，每一个服务点是“窗口”，全体员工都是“窗口”。通过“窗口”，服务者的服务态度、服务方式、服务手段、服务质量都将展示无遗。而服务质量和水平，又事关顾客的取舍，影响到市场份额。尤其是加入 WTO（世贸组织），随着外资银行的进入，我国商业银行将失去其垄断优势，在平等竞争中，既看实力，更看服务。简捷、优质、高效服务，是商业银行的业务工作要求，也是商业银行企业文化建设的特征和目标。服务文化，要求的是员工的整体高素质和制度设施的优化和完善。

（4）目标意志高度统一的团队文化

我国商业银行，特别是几大国有商业银行，有着众多的分支机构和千千万万的服务网点，其触角伸到了四面八方、边边角角。但是，商业银行作为一级法人，经营着同一资源，必须保持目标和意志上的高度统一。这既要求整个团队保持核心经营理念、经营目标、经营规则上的一致，又要求整个员工队伍具有强烈的协同奋斗精神。统一法人意志，使各分支机构、全体员工对企业法人目标意志充分认同和自觉遵从，是商业银行企业文化建设的又一重要特征和繁重任务。

（5）面对深化改革和激烈竞争的创新文化

国家正推出一系列重大金融改革措施，力求把国有银行办成真正企业化的现代商业银行，这将使国有商业银行面临体制、机制上的重大变革。随着加入WTO外资银行在我国获得“国民待遇”后，我国商业银行将面临市场业务和人才上的激烈竞争。要在竞争中取胜，在改革中发展，出路在创新。观念、体制、经营、管理、技术创新，这些都是商业银行企业文化建设要着力围绕的生动内容。

5.3 国际大银行及国内大银行企业文化建设的经验借鉴

5.3.1 花旗银行企业文化：以人为本

成立于1812年的美国花旗银行，历经两个世纪的潜心开拓，已成为当今世界规模最大、声誉最响的全能金融集团。花旗之所以取得长盛不衰的奇迹，除了它始终奉行开拓创新的发展战略外，还和它卓越的企业文化所产生的“文化生产力”分不开。在我国加入WTO之际，花旗的经验很值得我国金融业学习和借鉴。

（1）文化灵魂

①品牌。花旗银行企业文化的最优之处就是把提高服务质量和以客户为中心作为银行的长期策略，并充分认识到实施这一战略的关键是要有吸引客户的品牌。为了实施品牌战略，花旗把闻名全球的菲利浦公司作为银行学习的典型，目标是把花旗银行的业务创立成像万宝路那样为公众广泛认同的品牌。经过潜心探索，花旗获得了成功。目前花旗银行的业务市场覆盖全球100多个国家的1亿多客户，服务品牌享誉世界，在众多客户眼里，“花旗”两字代表了一种世界级的金融服务标准。

②形象。中国金融业长期以来缺乏的就是知名的服务品牌，金融服务过于同质化，知识产权一片贫乏。加入WTO后，金融业将进入一个品牌竞争时代，谁拥有优质的品牌谁就将在竞争中制胜获利。因此，实施全新的以品牌为载体的客户导向战略非常迫切。客户导向战略就是以市场为目标、以客户为中心、以品牌为手段，全力服务客户的经营方针，打造中国金融企业“从外到内”

与“由内而外”的全新形象。

（2）文化核心

①人才。花旗银行自创业初始就确立了“以人为本”的战略，十分注重对人才的培养与使用。它的人力资源政策主要是不断创造出“事业留人、待遇留人、感情留人”的亲情化企业氛围，让员工与企业同步成长，让员工在花旗有“成就感”“家园感”。花旗银行现任 CEO 森地威尔的年薪高达 1.52 亿美元，遥居美国 CEO 的前列；再以花旗银行上海分行为例，各职能部门均设有若干副经理职位，一般本科毕业的大学生工作 3 年即可提升为副经理，硕士研究生 1 年就可提升为副经理，收入则是中国同等“职级”的几倍甚至几十倍。不过花旗银行的“副经理”与中国银行的“副经理”概念不大一样，准确地说不是一个行政职务，更像技术职称，其主要作用是加强人的成就感，对人才及时进行激励。

②机制。对于加入 WTO（世界贸易组织）后的中国金融业而言，最为关键和最为迫切的就是要更新人力资源理念，打破一切束缚人的能动性与创造性的条条框框，从根本上改革人力机制。目前，一方面要营造优厚的政策环境吸纳优秀人才，特别是要吸纳业务经营、产品开发、营销策划、电子网络、国际金融、数理分析、经济研究、文理复合、机构管理等方面的高级人才，包括引进国际“外援”人才；另一方面要努力提炼金融企业的核心价值观，让“为企业献身的精神成为行为主体的价值观”，积极推行“以激励机制为核心”的职业经理人制度、员工薪酬市场化制度与持股制度以及积极的期权制度，依靠制度激励人才；同时，要在培训上下功夫，着力提高“存量”人才的质和量。

（3）文化升华——创新

在花旗银行，大到发展战略、小到服务形式都在不断进行创新。它相信，转变性与大胆性的决策是企业突破性发展的关键，并且如果你能预见未来，你就拥有未来。它还认识到“企业最大的问题是如何突破常规的方式，常规弥漫在整个银行业，常规智慧几乎总是错的……”这就是说，企业必须永无止境、永不间断地进行创新。创新，是中国金融业唯一的生存与发展之路。

①对外要加快业务领域的创新。以海外市场为侧重的业务领域创新是花旗成功的一个重要因素。花旗银行海外机构的资产与员工分别占到该行的 56.1% 和 45.6%，海外机构所产生的利润达 50% 以上。而中国金融业由于受多种因素的影响，业务市场主要集中在国内，国际市场涉足甚少。在金融不断

开放的新形势下，中国金融业创新的重点就是要加快实施国际化战略，主动进入世界经济圈，全力发展海外市场，拓展以离岸金融为主体的国际金融业务，与国内金融实行一体化联动运作，增加海外市场的利益并扩张中国金融的品牌。

②对内要加快金融体系创新。一方面，要全方位创新金融制度，主要应在金融工具、金融产品、金融服务、金融运作及金融管理等方面进行创新；同时加速发展以投资为重点的混业经营业务，不断寻求新的发展空间；在微观方面要构建金融超市，在宏观方面要组建金融集团，形成中国的“金融超级市场”与“金融航空母舰”，参与世界金融竞争，抗衡国际金融风险。另一方面，要深度创新金融科技，加大对自身的技术更新和网络建设，构筑高新科技平台。技术进步将是中国金融业生存与发展的出路，需要进行高起点的投入和超前性的开发。

当然，实施金融创新的同时，绝不能偏废管理，特别是要强化对金融风险的管理。同时，还应当像花旗银行等国际金融机构一样，主动挑战风险，从风险中挖掘市场，赢得利润和发展空间。

（4）文化特点

①柔软性。花旗银行企业文化的共同价值观和行为准则，尽管不具有像硬件那样的“不可塑性”，却具有一种无形的力量让人感到有一种柔性压力感。

②渐进性。花旗银行企业文化的创立和发展是一个漫长的过程，是经过200多年的培育逐渐形成的。

③潜移默化性。花旗银行企业文化形成后，便体现在日常的各种经营活动中，通过各种形式，“无孔不入”地渗透到职工的思想中去，像无声的命令促使员工朝着同一目标前进。

④延续性。花旗银行的企业文化产生后，历经世代相传，绵延发展，并在实践中得到不断丰富。

5.3.2 招商银行企业文化：因您而变，百年招银

招商银行长春分行在2009一年收获了来自各方的荣誉，“2009年度用户最满意银行”“2009年度最具品牌价值银行”“2009年度最佳服务银行”等荣耀的取得，证明了当时刚刚成立一年的招商银行长春分行已经成为吉林省金融行业的一支生力军，已经成为春城百姓心中值得信赖的金融机构。

在这些荣誉的背后，闪耀的是招商银行长春分行创新的产品和细致的服

务、招商银行深厚的文化内涵和强有力的专业团队。

（1）力创股市蓝筹打造百年招银

“股市蓝筹”既是一个抽象定义，也是一个具体概念，它包含规范经营、业绩优秀、受投资者青睐、受社会尊敬、受客户信赖的内涵；它既是一个静态的目标，也是一个动态的过程，要想长期保持蓝筹地位，需要继续奋斗、不断向上的决心、勇气和行动。国际上通常是把银行的净收入作为银行的短期经营目标，把银行市值的稳定增长作为银行的长期经营目标。这里所说的市值就是资产负债表中远期现金流量的净折现值，通俗地说，就是一家银行是不是一年比一年更值钱。在国外先进银行看来，市值是否稳定增长才是衡量一家银行经营成败的根本标准。

“打造百年招银”，体现了招商银行基业常青的志向和决心；体现对社会、客户、员工、股东的长期承诺。这一愿景的含义，一是按照代表先进生产力的要求，把招商银行建设成为一家与国际惯例接轨的现代商业银行，努力为中国民族银行业在国际金融舞台上争得一席之地；二是要按照代表先进文化前进方向的要求，构建有招商银行特色的管理文化，营造健康向上、积极进取的企业文化和良好氛围；三是要按照代表最广大人民根本利益的要求，保持利润稳定、持续增长，不断提高服务水平，为全面建设小康社会做出应有的贡献，为股东提供丰厚的回报，为客户提供优良的服务，为员工提供满意的职业。

（2）为客户提供最新最好的金融服务

作为招商银行的使命，为客户提供最新最好的金融服务体现的是不追求规模最大，而是追求提供最为优质、最有特色的金融服务，满足客户、员工和股东的需求。招银的全新客户经济时代已经到来：第一，银行市场的高度垄断结构已经被打破，同业之间的激烈竞争格局已经形成；第二，银行信贷作为企业单一的融资渠道已经被打破，多元化的融资格局已经形成；第三，客户一味地顺从银行的被动局面已经被打破，客户对银行的要求越来越高。

（3）招商银行的核心价值观

①服务。坚持以客户为中心，尊重和关爱客户，发现客户需求，提供个性化的产品和服务，满足客户期待与梦想；强调内部服务，内部服务是外部服务的基础，各级管理者都要有很强的服务意识，做好对内部客户的服务、一线服务。要树立“大服务”和“客户本位”的思想。所谓“大服务”理念是将一系列完整的服务流程全部集于一身，形成能够用从上游到下游全线的网络和实

施能力。要做到三个转变：一是员工角色定位“代表招商银行”向“代表顾客”的转变；二是标准化服务向个性化、细微化、亲情化服务的转变；三是重视接待重要顾客向接待好每一位客户的转变。同时达到三个境界：一是让客户满意——用专业技能，为客户提供一切所能提供的服务，让顾客满意；二是让客户惊喜——用心做事，向客户提供个性化服务，从满意达到“满溢”；三是让客户感动——用情服务，在生理感受和心理感受上都超出客人的预期值。

②创新。顺应银行业的发展趋势、市场竞争态势以及企业面临的各种挑战，灵活应对各种变化和挑战；保持开放的心态，大胆地进行；尝试、持续地进行改进工作，并容忍失败。创新是一个民族进步的灵魂，也是商业银行增强核心竞争力的关键因素。体制创新、技术创新和文化创新是招商银行经营与发展的关键推动力。金融电子化是金融创新与发展的动力，是招商银行未来发展的战略选择。运用电子商务技术对传统银行进行网络化变革和再造的“水泥加鼠标”的模式，是招商银行网络银行发展的基本方向。招商银行的金融创新要有自己的特点，关键要把握好以下几点：突出业务特色；注重市场细分；形成特色品牌；发挥科技优势。

(3) 稳健

重视风险管理，视资产质量为银行的生命，有效控制经营风险，审慎投资；规范经营，合规运作，以实现长期、稳定的发展。稳健有双重意思：一是稳，二是健。就是要在控制风险、保证质量的前提下发展。招商银行要以控制风险作为工作中的思想方法。但是，风险文化不是僵硬的，而是灵活的，在风险和回报中得到平衡。控制风险是积极的，要在平衡的基础上，在控制风险的前提下发展业务。在有效的市场中，只有在认识风险并承担一定风险的前提下才能有收益，这就是稳健。在核心价值观中，按照重要性，服务、创新、稳健依次排列。

(4) 招商银行的经营理念

①“因势而变”。“因势而变”强调招商银行必须根据政治、经济、社会、技术等内外部环境的变化和要求改变自己，适应市场。

②“因您而变”。“因您而变”是一个目标追求，还是一种思想方法。体现了招商银行根据客户需要提供产品和服务，并永远贯彻始终。它既是现代商业银行的自我市场角色定位，也是一个不断追求的持续创新的过程，同时还是银行工作中的一个思想方法。所谓“因您而变”，就是以市场为导向，不断地

进行产品和服务创新，以满足客户日益增长的金融服务需求。“因您而变”是招商银行的自我定位，是一个目标的追求，是一种思想的方法，可以这样比喻：招商银行如同葵花，客户如同太阳，招商银行必须像葵花向阳一样，随着客户需求的变化而变化。

“因您而变”的第一个关键字是“您”，也就是银行客户，是“变”的出发点，而让客户满意是“变”的最终目的。要让客户满意，要以客户的需求为我们服务的标准，而不能以我们的标准来规范客户的需求；提高服务效率，改善服务质量，丰富服务内容，构造增值服务体系。将服务标准化，提高专业服务的水准，妥善处理投诉问题都是“因您而变”的经营理念在服务中的具体体现。“因您而变”的第二个关键字是“变”，也就是创新，指的是银行的生存和发展方式，是“您”认可和满意的途径和手段。不断地推出新的产品、新的服务是任何一个企业的生存之道，但是产品的创新并不是拍脑袋，一个新产品的研发过程是对先进经验扬弃吸收、对市场需求深入研究和对自身优势综合评估的过程。

“因您而变”是招商银行立足于银行业的本质特性提出的一个全新的经营理念。“因您而变”的内涵，就是要真正以客户为中心，通过不断的创新满足客户不断变化的需求。它的出发点是，要想在激烈的市场竞争中把握先机、稳操胜券，就必须从客户的需求出发，把握住市场的趋势，不但要适应市场的变化、满足客户的需求，还要引导时代的潮流、发掘客户的潜在需求，从“适应市场，满足需求”转向“引导需求，创造市场”，同时始终坚持站在潮流的前端，引领理财文化、创造时尚生活，使产品和服务的创新始终走在市场和客户需求的前面。

“因您而变”也是一种辩证的否定观，它辩证地看待招商银行发展中肯定与否定的关系，正确地说明了商业银行“变”的原则问题。不是因“现象”而变，不是盲目的变，更不是无原则的变，而是一种“扬弃”：扬的是客户至上的服务观念，弃的是银行至上的传统观念；扬的是招商银行现代商业银行的核心理念，弃的是不合时宜的经营管理方式。

（5）招商银行的发展理念

效益、质量、规模协调发展。效益、质量、规模在银行的经营管理中是有机统一的整体；效益是目的，质量是根本，规模是途径。三者必须保持动态的协调发展。这是银行生存和发展的三个条件，三者缺一不可，是现代商业银行经营管理中的三个基本要素；协调发展就是这三者关系的集中体现。商业银行的科学发展观是效益、质量、规模协调发展。商业银行要摆脱片面、盲目地注重规模扩张的惯性思维和经营取向，工作统筹兼顾，在保证质量的前提下，通过适度增加规模，实现利润的长期稳定增长。

协调发展符合以人为本的根本要求。首先，协调发展有效地保护了银行客户的根本利益。招商银行作为一个以货币为经营对象的高风险银行，只有奉行稳健经营的原则，安全运营，广大储户的利益才有保障，也只有在安全运营的前提下，才能够为客户提供优质高效的金融服务，进而实现客户利益的最大化。其次，协调发展有利于股东利益最大化的实现。对股东来说，为了自身最大化利益的实现，要求商业银行的经营者既要保持良好的资产质量和赢利水平，又不能过快地扩张规模使股本摊薄、股权稀释，这就必须做到协调发展。再次，协调发展有效地保护了广大员工的长远利益。只有做到了协调发展、稳健经营，商业银行才能够成为百年老店，实现基业常青，从而为员工提供长期稳定收入。最后，协调发展有效地支撑了社会公众的社会经济活动。居民储蓄在很大程度上体现为自身对未来养老、医疗、住房和子女教育的预先储备，一旦出现挤兑将意味着全局性危机和对公众利益的极大损害。因此，只有做到了协调发展，客户、股东、员工和全体社会公众的根本利益才有保障，也才谈得上让招商银行发展的成果惠及银行的全体利益相关者。

（6）招商银行的人本理念

招商银行的人本理念充分体现信任、尊重和关心员工，努力满足员工多方面的需要，把员工的自我发展和价值实现与企业发展结合起来；同时，在整个企业中营造平等、分享的文化氛围，通过建立一整套人才发展和激励机制，让个人的价值得到体现。企业尊重员工的人格、尊严、个人需求；员工在充分发挥潜能的同时，忠诚于企业；员工之间要彼此相互尊重。各级管理者要关注员工生活和发展，重视利用物质和精神两种方式，让员工实现个人价值，并使价值得到认可。每个员工都是招商银行大家庭中的成员，要同心协力推动企业长足发展；企业与员工间、员工与员工间应公开和诚实地沟通，相互信任、相互支持，共同成长。关心股东的利益首先关心员工的利益，关心员工的物质利益、精神生活、思想状况。让员工在物质上公平按劳取酬，在精神上做主人，与企业共同成长。同时，抓住五个关键实点——生、老、病、死、婚，让员工感觉企业像家庭般温暖。

（7）招商银行的全局理念

企业文化和经营管理上要统一。全行在文化的精神、制度和行为层的内涵与表述保持统一性。当局部利益与整体利益冲突时，应以全体整体利益为重。不能教条地强调全局性，要以最终达到和谐的管理境界为目标。

（8）招商银行精神

永不满足，追求卓越，不仅包括对外部环境和竞争的挑战，还要超越自我。永远对自身生存状态有清醒的认识，尤其是在顺境时，要明确自身定位，树立危机意识。鼓励员工把个人追求融入企业长远发展中，在工作中积极主动，不计较个人得失，自觉奉献；企业也不会忽视对员工奉献的回报，在机制上给予员工相应的鼓励。

（9）招商银行作风

①严格。做事一丝不苟、高标准执行，不搞下不为例。严格是一种约束，它本身不应该是一种理念，不应该是企业文化内容，它是一种制度约束。但是，当严格的约束变成招商银行员工自觉性，自觉地严格要求自己的时候，它就成为一种理念，制度就上升为一种理念。只有严格处理，不搞下不为例，才能形成群体的理念。规范就是按照规章制度办事，按照市场的规律办事。对于不按照制度做的，即使通过违规给银行带来了利润受益，也不能鼓励而应该处分。否则，就会是非不清，下次收获的将不是收益而是教训和失败。

②扎实。注重细节过程，关注实际效果，强调规范和规律。扎实是一种作风，亦是一种支配招商银行全体员工作风的一种习惯。招商银行有句话“点点滴滴，造就非凡”，就是一种扎实。作为一个领导者，必须用扎扎实实的工作作风了解实际。扎实和适度宣传并不矛盾，既要反对过度的、不符合实际的、虚伪空洞的宣传，又必须实实在在地反映情况。

③高效。迅速反应，马上行动，以相对小的投入获得尽可能大的产出。杜绝官僚主义，保证沟通无障碍，优化组织流程。尤其是招商银行在遇到风险时反应快，做事雷厉风行，不拖拖拉拉。从某种程度上说，产品是可以模仿的，服务也是可以模仿的，在银行个人金融服务同质的趋势下，高效是使招商银行脱颖而出的关键因素。

5.4 吉林省中小银行企业文化的发展现状及存在的问题

目前吉林省各家地方银行在发展建设过程中，由于建设时间短，为了抢占市场，存在着盲目扩大经营规模、盲目争夺市场，而轻视作为系统工程能提高企业内涵的文化建设，体现在以下几个方面。

5.4.1 不能很好地贯彻“以人为本”的理念

“以人为本”是企业文化的基点之一，对于商业银行而言，“以人为本”包含两方面内容。

（1）对员工而言

目前，国内一些商业银行往往将“以人为本”停留在口号上，对员工管理常采用一系列规章制度加以约束，而忽视了员工发展中的“个性”需求，导致员工工作激情不高，银行凝聚力不强。尤其是现在外资银行不断进入我国金融市场，截至2011年，已经有30多家外资银行入驻，员工为求发展，许多人选择跳槽。优秀人才的流失，直接影响到银行效益和内部凝聚力的提高，不利于国内商业银行的发展。

（2）对客户而言

银行业属于服务性行业，员工的服务理念与服务行为在银行业的竞争中占据非常重要的地位。现代的金融企业之间的竞争很大程度上已转向服务的竞争，从业人员应将客户当作自己的“衣食父母”。而在现实生活中，由于银行的服务欠佳造成银行与客户之间的对立事件屡见不鲜。有的储户为了“报复”在银行办理业务排队时间过长，将99元钱分成99次存入，每次只存1元钱，占据窗口很长时间。

5.4.2 在企业文化建设中缺乏独特的个性

一个优秀的企业文化的形成，应该是根据本企业的特点概括提炼产生出来的，体现的应该是本企业与众不同的特有文化，有自己的行为方式和办事风格。但目前吉林省地方银行由于成立的时间短，没有自己特色鲜明的企业文化，主题不突出。有的银行企业文化是在脱离实际的情况下设计出来的一套理想的经营理念，还有的银行企业文化是生搬硬套其他企业的，没有个性，毫无特色，同质化严重，缺乏对本企业独具特性文化的更深层次的理解和升华，甚至一些企业的管理者片面地把企业文化建设与精神文明建设混为一谈，认为搞各种形式的活动、制定一些标语口号就是搞企业文化建设，没有在企业经营管理中真正融入企业文化的精髓。其结果不但没有起到激励员工的作用，还暴露了管理层的肤浅和懒惰，这对企业的长远发展是很不利的。

5.4.3 管理者企业文化经营意识不强，缺乏系统的整体规划

企业文化是企业经营的核心，并在银行运行中不断地影响着员工的思维方式和工作习惯，最终会影响到企业的经营效果。但吉林省地方银行的一些管理者，对企业文化不够重视，企业文化经营意识淡薄，整天忙于一些事务性的工作，使企业文化建设摆不上议事日程，没有一套自上而下的完整的企业文化建设规划，缺少对企业文化的战略谋划。例如 2007 年成立的吉林银行，是由省内几家不同地区的地方银行组建的，而各家地方小银行在长期经营中已经形成了自己的“亚文化”，形成了比较明显的地区差异，在不同地区有不同的价值判断标准，虽然吉林银行已建立了自己的企业文化，但各地分行对企业文化的理解存在差别，在具体执行过程中并没有达到统一。另外，由于银行内部意见不统一或者是目标多元化，不能形成统一的价值观，缺乏系统的筹划，不能运用企业的核心价值观来规范指导企业的具体行为，这些问题都在一定程度上影响了企业文化对企业经营业绩的指导作用。

5.4.4 企业文化建设存在短期行为

一些银行在业务经营过程中，往往非常注重如何完成一些指标，如存款规模如何不断扩大、贷款质量怎样不断提高等，主要注重抓企业经济效益见效快的项目，而对企业文化建设这一长期价值观念的培养并不注重，引起短期利益与长期企业文化培养的矛盾。认为企业文化可有可无，有空时就抓一抓，没空时就放一放，在企业文化建设上没有连续性，缺乏一种常抓不懈的机制和发展动力，员工无法形成统一的价值观，不能将企业的发展战略、企业使命、经营与管理体系的运行、员工价值观念的形成和行为规范的形成等各个方面进行长期的规划，结果从外表上看企业文化搞得轰轰烈烈、形式多样，但实际却依然和过去一样，陷入了形式化、肤浅化的误区。

5.4.5 企业文化建设中职工参与度不高

吉林省一些地方银行在建设企业文化时，往往将其视为和银行其他的职能管理部门一样，由专门从事企业文化的部门进行管理，甚至被看作工会、宣传部门的事情，业务部门常常觉得与自身没有关系而游离于企业文化建设之外，没有对全体员工就企业文化基本知识经常进行广泛的宣传和教育，甚至有些企业以高管个性代表企业的个性，造成职工参与度不高，对企业文化的内涵理解不深，未能形成强劲的企业文化建设氛围，造成事实上的银行企业文化与员工和整个银行的各项具体工作脱节。

5.5 跨区域经营背景下的中小银行企业文化建设研究
——以吉林银行为例

吉林银行在原长春市商业银行的基础上，通过联合重组、吸收合并，在短时间内完成了吉林省内九个市州机构布局，实现了省内的跨区域经营。之后又在银监局的支持下，先后在大连、沈阳新设了分行，实现了跨区域发展，并成为了一家典型的区域性股份制商业银行，资产规模和赢利能力已跻身全国城市商业银行的前列。吉林银行在快速发展的同时，也在一直着力于加强企业文化建设，实现企业的可持续经营和发展，为银行的发展带来原动力。打造企业文化，是实现吉林银行腾飞的关键，是企业长盛不衰的灵魂，是吉林银行发展的不懈动力。

5.5.1 吉林银行加强企业文化建设的重要性

优秀的企业文化是企业不断发展的原动力，对一个企业及其员工有潜移默化的影响，体现了企业的核心价值观，从而提高企业的核心竞争力。随着经济全球化的发展，金融机构间的竞争日益激烈，各家商业银行也开始意识到企业文化的重要性，并逐步重视和加强企业文化的构建和培育。但从整个银行业现状来看，我国商业银行现有的企业文化建设并不是很完善，趋同性强，并没有真正形成具有银行特色和自身特色的企业文化，特别是新改组和组建的城市商业银行，企业文化建设处于低水平的同质状态。对于改组和筹建只有六年多的吉林银行，在实现跨区域经营之后，发展基础还较为薄弱，各地区分支机构发展差距明显，缺乏先进的营销理念，这些都成为吉林银行健康持续发展的“瓶颈”。因此，对于吉林银行来说，加强以培育企业使命和价值观为基础的企业文化建设重大。

（1）加强企业文化建设可以提升银行发展的层次

商业银行企业文化体现其核心价值观，是商业银行的灵魂和思想，决定着商业银行的管理模式、经营行为、道德和价值取向。优秀的企业文化，有利于形成经营特色、激发创造力、提升市场信誉，是银行可持续发展的内在动力。企业文化建设的实质是以人为本，其核心目标在于塑造优秀的管理者和员工队伍。企业文化所发挥的激励作用，能够极大调动起员工的主观能动性，激发责任感、归属感、成就感和创造性，增强忠诚度，有效提升管理效果。吉林银行发展到今天，迫切需要企业文化的引领来提升发展的层次。优良的企业文化可

以打造一流的队伍、一流的作风，会不断创造一流的业绩，它是商业银行取之不尽的“经营资源”。只有这样才能形成独有的特色经营，赢得更加广阔的差异化发展空间。吉林银行能否保持长期健康发展，能否打造成“百年老店”，很大程度上取决于能否在行内形成和谐的氛围、积极向上的传统，从而不断培养出优秀的管理者和员工队伍，并把这种传统代代传承下去，在这个方面，企业文化将起到不可替代的作用。

（2）加强企业文化建设可以增强银行员工及团队的凝聚力

企业最基本的是“以人为本”，人力资源是吉林银行最重要的战略资源。吉林银行由于是在城市商业银行的基础上改组成立的，由于历史原因，各级员工和管理人员的经营理念和团队意识与先进的银行相比还有很大的差距，一些员工的年龄较大，又不愿意接受新鲜事物，无法与快速发展的经济形势和时代接轨，导致经营观念落后，服务意识不强，对企业的认同感和归属感不强，干劲儿不高。银行的各个群体组织和各位员工，把个人的理想信念融入到企业整体的理想信念中来，形成价值观共识，才会为企业发展提供强大的精神动力。所以，加强企业文化建设，可以使其员工在经营活动中形成共同的企业价值，激发员工的工作热情，增强吉林银行的整体凝聚力和向心力，也能真正使吉林银行的人才发展战略全面推进。

（3）加强企业文化建设可以打造银行的品牌文化

2007 年 10 月，吉林银行成立初期，银行的服务质量低、网点形象差，顾客对吉林银行满意度不高，吉林银行没有形成自己的特色和品牌文化。跨区域经营后，随着吉林银行的转型和对服务网点的改造，社区银行和中小企业服务的品牌开始树立起来，吉林银行的业务得以不断的推进和快速发展。吉林银行在打造品牌文化的过程中离不开企业文化的建设。开展企业文化建设能够有效地提高吉林银行的品牌形象，提升吉林银行的品牌认知度和社会影响力，获得顾客的心理认同。加强企业文化建设，打造精品银行品牌文化，是吉林银行在激烈的市场竞争中立于不败之地的法宝。

5.5.2 吉林银行企业文化建设的现状

吉林银行自 2007 年成立以来，一直积极实施流程银行建设、IT（信息技术）发展战略、员工培训战略等“三大工程”，建设新一代核心业务系统，构建新型企业文化建设体系。截至 2012 年年末，吉林银行资产规模达到 2156.77 亿元，是成立时的 4.2 倍；存款规模达到 1552.61 亿元，是成立时的 3.5 倍；

各项贷款余额1088.54亿元，是成立时的3.4倍；资本金从成立之初的34.22亿元，增加到70.67亿元。吉林银行资产规模和赢利能力已跻身全国城市商业银行前列，公司价值和品牌影响力大幅提升。2012年4月，吉林银行加入亚洲金融合作联盟，并被推选为亚洲金融合作联盟副主席单位；同年7月，吉林银行在英国《银行家》杂志全球1000强银行排名中列第372位，中国地区银行第33位。吉林银行的发展壮大，与吉林银行的企业文化建设息息相关。

（1）树立自身核心价值理念

银行的核心价值理念是企业文化价值体系中的元价值，是整个理念体系的核心，是促进企业持续健康发展的灵魂。它是企业文化最有力的表现形式，决定着员工的价值取向，指导着员工的日常行为，影响着整个银行的制度、规范乃至战略方针的制定。2009年，吉林银行通过内部员工征集，第一次提出企业文化系统，明确了“一起成长，一起分享”为吉林银行的核心价值理念，“使员工成长、让客户信赖、为股东增值、尽社会责任”为吉林银行的企业使命，以“持续稳健、居安思危、快速发展、创造价值”为经营理念的九大理念体系，确定了行旗、行徽、员工誓词，形成了具有吉林银行特色的精神文化，从而使管理体现出自己的特色和风格。吉林银行核心价值理念深邃的内涵可以理解为：实现资源的最优配置，创造和保持优良业绩，回报投资者长远利益，做最具价值的创造者，实现股东的经济价值、社会价值；以开放的心态、诚信的品质、热情的服务、高效的运营、精细的管理、智能的员工队伍提供领先的金融产品，伴随客户实现成长的梦想；以人为本、构建和谐团队，激发员工的积极性和创造性，营造和谐环境，使员工在学习中工作，在工作中进步，与银行共同成长，实现人生价值。吉林银行无论在业务发展，还是在品牌建设上，都牢牢秉承此核心价值理念，以适应新的竞争形势，增强员工的凝聚力和向心力。

（2）加强企业员工对企业文化的认同

自2009年吉林银行第一次提出企业文化体系以来，吉林银行就不断加强企业员工的企业文化意识和教育。吉林银行多次在全行范围内开展职业操守教育，强化员工职业道德和责任意识、风险意识，特别是针对各级管理人员，重点强化职业道德教育及守法经营教育，吉林银行的每位员工、每位管理人员都自觉地把自己融入到这个集体中，自觉践行一名吉林银行人的神圣职责。2012年10月，在吉林银行成立五周年之际，举办了“见证成长的力量”首届吉林

银行企业文化节，推进了吉林银行企业文化建设，加强员工队伍的凝聚力，进一步弘扬吉林银行文化的核心价值观。

（3）努力使企业文化与企业形象文化相结合

企业形象文化包括理念形象、视觉（标志）形象和行为形象。它和企业文化在广义上是同一的，又是自成体系的。企业视觉（标志）形象和行为形象是企业文化整体建设中的一项重要内容。吉林银行不断通过各种媒体的宣传，加强与客户、股东、社会的沟通，树立良好的企业外部形象；并按照 CI（企业形象识别系统）设计手册的要求，对吉林银行的企业形象进行统一规划、统一布置、统一定位，逐步形成了具有吉林银行鲜明特征的、统一的对外视觉形象。吉林银行设计的红色的行标以符号化的形式出现，醒目，并且富有朝气，很容易深入老百姓的心中。2012 年 11 月 6 日，吉林银行行标被评选为“长春市著名商标”，品牌形象得以推广，个性化鲜明。

（4）多形式地开展企业文化建设活动

吉林银行在企业文化建设中，把培育有个性的企业精神作为加强吉林银行企业文化建设的核心，培育具有鲜明个性和丰富内涵的企业精神，最大限度地激发员工内在潜力，作为吉林银行企业文化建设的首要任务和主要内容。积极努力地开展各种形式的企业文化建设活动，多层次、多角度的激发员工的积极性，努力营造一个充满向心力、和谐向上的工作和生活气氛，使企业文化深入人心。连续五年成功举办吉林银行迎新春联欢会，在连续几个建党节分别举行讲演比赛和党的知识竞赛，成功举办职工运动会、乒乓球比赛、羽毛球比赛和职工书法绘画展，连续举办三届男子篮球比赛、充分展示了全行员工的凝聚力、团队精神和良好风貌，献计献策征文活动让员工以极大的热情积极投入到吉林银行发展的大讨论活动中。在参加省直机关开展的文体活动中，吉林银行也多次受到表彰和奖励，被评为“职工文体活动先进单位”。

5.5.3 加强吉林银行企业文化建设的对策和建议

虽然吉林银行在企业文化建设和提升企业价值方面已有了突破性的进展，但和国内外先进的银行相比，企业文化建设方面还存在着诸多问题，如员工的参与度不强、个性化不是很鲜明、企业文化建设体系不是很完善、企业核心价值理念推广不够、缺乏创新意识、文化建设考核体系制度不健全等问题。企业文化建设是一项长期的、复杂的系统性工程，吉林银行应该循序渐进，在总结经验的基础上，积极探索创造符合自身特点的企业文化。

（1）增强企业文化建设的推广度和执行力

吉林银行在明确了自己的企业核心价值体系后，切实推动企业文化建设，把企业文化建设当成一项长期的工程摆上正位。把企业文化建设作为商业银行企业发展战略的重要组成部分来研究和实施。一是要实行一把手工程。将企业文化建设与年终考核、等级行政管理以及干部的晋级、提升等有机联系起来，使企业文化建设真正落到实处。二是要超前谋划，全面推进。建设企业文化，是一项长远的战略任务，必须有重点、分层次，结合实际，逐步推进。可根据企业长远发展战略目标，设计企业文化发展的模式框架，有步骤、有组织地推进。三是统分结合，上下联动。总行企业文化建设方案拟订后，各分支行可根据本行实际情况予以补充完善，做到首尾呼应。四是要成立专门机构。就当前吉林银行的现状看，应成立企业文化建设推广中心，设立各部门负责人组成的联席会议制度，对企业文化建设实施有效的领导和协调。包括确定企业文化建设的中、长期规划和年度工作计划；研究解决企业文化建设中的重大问题；协调部门与部门之间在企业文化建设中的工作关系；对企业文化建设的某些重要活动做出总体部署；等等。

（2）坚持“以人为本”，营造企业文化建设良好氛围

吉林银行的企业文化建设离不开本行员工的努力和参与，银行企业文化只有在员工心里扎下根，才能真正具有生命力。要坚持全心全意依靠员工的方针，多层次、多方面开展员工企业文化建设活动，积极开展各项激励员工主人翁意识的文体活动，挖掘员工的各项潜能，发挥员工的工作积极性，开展多种形式的员工培训活动，搭建员工发展平台，提供多样化的发展机会，加强员工的合作精神和团队精神，把企业价值植入员工心中，发挥员工的创造力和首创精神，使广大员工在活动的参与中，增强对吉林银行企业核心价值的认同度，潜意识地提高自身服务的水平和质量，真正树立以客户为中心的服务理念，在全行上下形成良好的企业文化氛围。

（3）规范经营，构筑严密的制度文化

良好的制度建设是银行企业文化建设的有力保障，能够对广大员工起到激励和约束作用。吉林银行在坚持规范经营的同时，构筑严密的制度文化，在制定新的规章时，要充分体现和贯彻企业文化的内在要求，在制定岗位职责时，明确每个岗位的企业精神、企业形象等的具体体现内容，以企业精神促进规范严格的制度管理。具体来说，要建立科学的考核激励和人事管理机制。建立激

励机制是企业文化建设中人本文化的具体体现。只有科学合理的激励机制才能带来活力和动力。没有好的机制，便没有员工工作的热情和上进的动力。要通过合理的激励机制，将员工的经济利益与银行经营利益共同进退，通过营造重知识、重人才、重业绩的用人环境，真正做到干部能上能下、人员能进能出、待遇能高能低，最大限度激发员工的潜能，推动银行可持续发展。

5.6 城市商业银行应加强创新文化建设

20 世纪 90 年代中期，我国金融主管部门在当时城市信用社的基础之上，通过合并、重组等方式，逐渐建立并形成了中国商业银行体系中一个特殊的部分——城市商业银行。截至 2013 年的数据统计，共有 132 家城市商业银行取得经营牌照，为地方政府缓解融资压力，活跃地方经济，助推中小企业发展提供有力的金融支持。与国有四大商业银行和股份制商业银行相比，城市商业银行无论在业务经营牌照种类、金融风险防控能力、营销能力和队伍建设还是品牌渠道建设等方面都存在很大的不足。特别是在日益激烈的商业银行竞争态势中，不断凸显了商业银行企业文化等软实力的重要性，因而城市商业银行要想在激烈的市场竞争中争得一席之地，加强创新文化建设刻不容缓。

5.6.1 创新文化的理论综述

（1）创新文化的概念

关于创新文化的概念国内外有很多不同的定义，比较有代表性的有 Fons Boronat（1992）提出的“以一种初始方式，在某一特定时期为了满足创新思想数量最大化的需要而培育的一种行为模式”；Alan L. Frohman（1998）提出的“创新文化能引发几十种思考方式和行为方式，在公司内创造、发展和建立价值观和态度，能够唤起涉及公司效率与职能发展进步方面的观点和变化，并且使这些观点与变化得到接受和支持，即使这些变化可能意味着会引起与常规和传统行为的一种冲突”；水常青、许庆瑞（2005）则认为创新文化就是指能够激发和促进企业内创新思想、创新行为和创新活动产生，有利于创新实施的一种组织内在精神和外在表现相统一的综合体，主要包括有利于创新的价值观念、行为准则和制度等。可见理论界对创新文化的认识并没有形成统一的共识，而仅是从创新文化的不同侧面来对其进行解释。故而，本研究对创新文化的定义是在企业内部形成的创新精神和创新物质的综合，同时在企业内容建立起鼓励创新行为方式以最终实现企业效能和职能提升这一结果的氛围。

（2）创新文化的构成理论

创新文化是企业文化的一个分支，企业文化的构成理论同样适用于创新文化的构成理论。目前，在世界范围内对于企业文化构成比较认可的理论主要有Allan Williams（艾伦·威廉姆斯）和Mike Walters（迈克·威廉姆斯）的睡莲图，这一理论将企业员工的信念作为企业文化的核心要素，企业员工信念决定企业员工的价值观等；Pamela S. Lewis（帕米拉·S. 路易斯）和Stephen H. Goodman（史蒂芬·H. 古德曼）和Patricia M. Fandt（波特利西亚·范德特）的冰山图，这一理论将员工的行为比作冰山上可以看见的部分，而冰山下面的是员工的观念和价值观等。

对于企业文化的构成学者们给出了不同的解释方式，但都将企业文化进行了分层，只是不同的学者所分的层次不同，也就是说不同的企业文化要素因其不同的顺序发挥不同的作用。而借鉴到创新文化来说，创新文化的构成也可以采用不同的分层，即外在的创新行为方式和内在的创新价值观两个层次。其中，内在创新价值观可以激发外在的创新行为方式。

5.6.2 城市商业银行创新文化建设的必要性

城市商业银行的改革历程本身就是一项金融体制的创新，也就是说城市商业银行本身就是金融创新的产物，且它的不断发展壮大和为中国经济做出的贡献更加说明了这一创新的理论和实践意义。城市商业银行从诞生之日起，就确立了它的金融功能，即服务中小企业、服务三农和服务地方经济的发展。正是这样的功能定位确立了城市商业银行在中国银行体系的地位，也决定了城市商业银行不同于其他大型国有商业银行及股份制商业银行的发展之路，因而创新是城市商业银行发展的核心竞争力。

城市商业银行锐意创新与其所面临的机会与竞争是息息相关的，城市商业银行一方面作为经济领域前沿的关键部门，承担着为地方和区域社会经济发展核心动力的作用，城市商业银行往往因为具有地方政府背景决定了它需要承担更多的社会责任；另一方面由于城市商业银行很多都是由原来的城市信用社改制合并而来的，其自身管理的缺陷和后入劣势，使得其要想与已有的国有金融机构展开竞争，在金融竞争中争取更多的存款份额和信贷市场占有率，就必须进行金融创新。处于市场弱势地位的城市商业银行天然地具有市场创新的内在激励，这种激励有利于其充分利用现有的技术资源向社会提供更加优良的金融产品及服务，呈现出明显的市场有效性。三驾马车之一的内需拉动，需要中小企业的发展，需要

民生的改善，而这些都需要城市商业银行立足地方进行金融创新，才能提供更优质、更高效的金融支持。在目前日益复杂的国内外经济金融形势下，城市商业银行更要加强自身的创新文化建设以更好地保障产品服务层面的创新。

任何一家企业的发展都与企业文化息息相关，城市商业银行的发展同样与自身的企业文化是密不可分的，正是由于在城市商业银行内部存在着金融创新的企业文化，才使得城市商业银行在这么短的时间内取得了瞩目的成绩。截至2013 年年底，我国已经有 132 家城市商业银行，其中多家城市商业银行实现了跨区域经营，北京银行、宁波银行和南京银行实现了上市。创新文化作为既通过外在的创新行为方式又通过内在的创新价值观作用于城市商业银行运作过程中，已经成为其发展的核心竞争力，因此，城市商业银行应加强企业创新文化的建设。

5.6.3 城市商业银行创新文化建设中存在的问题

（1）对创新文化内涵理解不清

虽然多家城市商业银行都已经将创新文化战略的建设写入自身发展战略之中，但是对于创新文化战略的理解还很肤浅，甚至大多还是仅仅停留在战略上或是口头上。城市商业银行的管理者、客户甚至每位员工对于创新文化的认识缺乏统一性。对于创新文化的认识不清，导致了创新文化的建设流于形式，无法触及创新的实质问题。

对于创新文化的理解不清还体现在许多城市商业银行更加重视创新战略的设计和宣传，而忽视了创新团队的建立和发展。而对于创新文化建立来说，是个体创新行为与群体创新行为协调作用的一个过程，缺乏对于创新团队的扶持和支撑，无疑会使创新文化失去生存的土壤，让创新成为无源之水、无根之木，这无疑会对城市商业银行的创新活动带来极为不利的影响。

（2）创新文化的建设存在短期现象

城市商业银行在建设创新文化的具体实际行动上，存在着较为严重的短期现象。城市商业银行的创新文化建设是一个较为长期的过程，不仅仅需要在战略上将创新文化作为一个全行共同的价值取向而遵守，同时在创新战略的内涵之下，还需要建立一系列较为完备的制度来保证创新文化的顺利建立以及创新过程的顺利完成。而部分城市商业银行对于创新制度的建立、健全尚存在欠缺，或者在制度的执行过程中，方法过于简单粗暴，例如采用绩效考核等方式，使员工产生较为严重的抵触情绪。而员工是创新的基石，缺少员工的支持必将会使得创新文化的建设只是一种短期行为。

另外在城市商业银行发展过程中，由于激烈的市场竞争导致很多企业的管理者对于创新文化的建设急功近利，在建立创新文化的过程中，首先想到的是如何快速向创新文化要效益。而文化的建立和传承是一个长久的过程，很难一蹴而就，这种拔苗助长的现象更加会使城市商业银行的创新文化建设呈现出短期性。

（3）对创新文化的开展缺乏系统性

城市商业银行在创新文化的开展过程中缺乏系统性，活动之间缺乏必要的逻辑切入点，虽可能声势浩大，但取得的效果却是微乎其微，创新文化的建设活动缺乏合力。首先，创新文化在城市商业银行内部应是一种普适的文化，但是总行和分支机构对于创新文化建设的内容却是割裂开来，各自为战，缺乏全局性的系统统筹；其次，分支行之间的竞争通过分行级的绩效考核指标来进行，这就导致了分行间更加注重经济利益的实现，而忽视了创新文化的建设，总行对于创新文化建设煞费苦心的策划，到分行一级便变成了敷衍了事；再次，由于城市商业银行的创新文化建设需要得到城市商业银行上下员工，尤其是主要决策领导的支持和肯定，而由于主要决策领导的频繁变更，导致了创新政策缺少了系统性，创新文化建设步履维艰；最后，对于很多城市商业银行来说，创新文化的建设还仅仅停留在口号上，缺乏必要的核心价值观建设，这样也就在企业上下无法形成统一的认识和行动力。

（4）差异化、特色化仍是城市商业银行创新文化建设的难点

许多城市商业银行在提出创新文化的时候，呈现出一种理念趋同的态势，缺乏与自身相适应的主张和对策。这与城市商业银行目前存在的企业文化是一脉相承的，在城市商业银行建立之初，就是复制国有大型商业银行的经营模式和企业文化建设之后的若干年，开始模仿股份制商业银行的发展之道，近些年，才刚刚开始探索适合自己的差异化之路，然而，目前国家对于城市商业银行的跨区域发展以及上市都是持不鼓励的政策，因此，城市商业银行的发展必须要走差异化发展的道路，表现在文化建设上，就需要城市商业银行加强创新文化的建设，将创新文化的价值观作用于员工的工作行为中，通过创新增强城市商业银行的生命力。

5.6.4 对城市商业银行加强创新文化建设的建议

（1）城市商业银行创新文化建设应与地区经济发展趋势相协调

城市商业银行是目前我国金融机构中法人总数较为庞大的群体，它的发展更多的是与地方经济的发展联系在一起的，也就是说城市商业银行更多的是带

有地域性质的，每家城市商业银行从组建到之后的发展都有其各自的特点，因此，在企业创新文化建设过程中应加强服务地域经济的理念，例如，吉林省是农业大省，三农在吉林省占有重要的地位，吉林省内唯一一家城市商业银行——吉林银行的发展就应该与农业、农民和农村结缘，吉林银行的企业文化就应该更多地体现出如何服务三农，文化的创新才能促成企业员工更多的创新行为。

（2）差异化、特色化应是城市商业银行创新文化建设的主旋律

城市商业银行的发展面临着日益激烈的同业竞争，虽然立足地方、服务中小、服务社区已经成为大多数城市商业银行的共识，然而在城市商业银行发展的过程中仍然表现为同其他不同类型的商业银行进行各种同质化的竞争，加强城市商业银行的创新文化建设，就是要让整个企业从上到下，从里到外，也就是说从管理者到普通员工，从员工的潜意识到员工的职业行为，都要有创新的理念，只有差异化、特色化的创新文化才能让城市商业银行发展得更好，更加具有竞争力。

（3）创新文化的建设过程中应更加注重创新团队的培养

目前，商业银行的经营模式主要是总分制，银行的创新活动更多的是在总行层面上进行的，分行及支行更多的是营销总行设计的各种金融产品及服务，这一模式对于创新的发展具有不利的影响，因为创新往往是由客户的需求引起的，而接触客户、了解客户需求的多是分支行层面的员工，产品的设计是由总行的产品经理们完成的，产品经理的设计体现的更多是理论的可行性，实际产品的生命力如何，产品经理并不知情，因此，在创新文化建设中，应加强全员创新的意识的培养，在制度层面保证全员创新的可能通道，建设创新团队模式，有效地融合分支行客户经理和总行产品经理的行业知识及从业经验。

5.7 加强吉林省中小银行企业文化建设的措施

企业文化建设是银行一项长期的系统工程，针对吉林省地方银行在建设企业文化中存在的问题，地方银行企业文化建设上应从以下几个方面入手。

5.7.1 坚持“以人为本”的企业文化理念

企业的不断发展靠的是企业文化的根基，而优秀的企业人才会使企业不断地得到发展，也只有不断发展的企业才能留住更优秀的人才。因此，企业文化建设要以人为本，充分依靠员工的参与和努力。吉林省地方银行在企业文化的建设中应把选择、使用、留住优秀人才作为一项基本的长效机制来贯彻执行，

在企业文化的建设过程中，积极营造“以人为本”的氛围，树立全员参与意识，充分发挥员工的主体作用，要强化员工的道德责任感和荣辱感，让员工在企业中有强烈的归属感，促使全体员工心往一处想，劲往一处使，最大限度地调动员工的积极性。

5.7.2 实行对员工终身学习和教育培训机制

建立先进的企业文化，就是要把管理的重心放在对人的培养上，鼓励员工不断地进行自学，并经常进行培训，建立学习型企业，来提高员工素质。在培训内容和方式上，对管理者和普通员工可分层进行，有区别地组织大家学习政策、法规，了解同业先进经验，掌握新业务新产品知识等。通过不断地学习，促进员工的全面发展，培养和造就一支高素质的企业管理和员工队伍，带动企业文化建设。

5.7.3 银行领导要身体力行，当好表率

在吉林省地方银行企业文化建设过程中，各级管理层要身体力行，率先垂范。特别是在当前世界金融形式复杂多变的情况下，领导者更要以企业长远发展为己任，要着重对国内外经济形势和政策进行分析，不断更新先进的经营理念和思想，争当自觉实践企业精神的模范，要时刻注意自身的言行。因为一个企业的文化，往往来自企业领导者的个性和风格，他的价值观决定了企业的价值观。因此，领导者要经常分析企业经营管理过程中所反映出来的文化问题，引导员工实现文化认同，使银行企业文化不断充满生机和活力。

5.7.4 坚持规范经营，构筑严密的制度文化

抓好企业的规章制度建设，是企业文化建设的重要组成部分。一是不断推进人事管理和考核激励机制的改革，营造良好的用人环境，建立动态的人事管理制度，使人员能进能出、干部能上能下、待遇能高能低；二是建立严格的审计监督机制，进一步规范经营管理行为，实行标准化管理、规范化运作，强化风险控制能力，从机构网点的设置到各项业务的具体实施，事先都应有内部控制制度进行规范，防止制度真空引发漏洞；三是建立内部共同利益机制，按照全员参与的原则，开展系统性、针对性、专业性、实用性和多样性的培训教育，规范员工道德和行为准则，强化员工责任感和事业心，以追求管理的效率，防止管理制度流于形式，强化制度执行力度。

5.7.5 导入 CI 设计，塑造个性鲜明的银行形象

将培育有个性的企业文化作为核心，不断塑造个性鲜明的银行形象，能促

进企业快速发展。企业形象是企业的无形资产，可以激发全体员工对本企业的自豪感和责任感，所以吉林省地方银行的企业文化建设必须结合自身的战略和发展实际，突出个性。一是实施品牌战略。随着经济全球化的发展，品牌对于企业营销的作用越来越大，它代表企业在公众中的形象。企业可以借助独具特色的品牌将自己的产品与服务与竞争者相区分，银行要提高产品与服务的品牌知名度。二是选择有效载体。要强化银行统一的企业形象识别系统，既包括统一的网点外观、员工服饰、用品、内部刊物、广告、公益活动等有形载体，以此规范并影响员工的行为礼仪和精神风貌；还要注意银行典型案例的推广、先进的服务理念的实施、优秀的员工素质在服务中的体现等无形载体，充分利用银行的整体优势，在社会上建立起客户对银行的高度信任感和良好信誉。三是创新行为模式。银行形象的塑造不仅限于企业要有统一标志体系，真正深入到企业的经营行为、员工职业行为还必须规范，这样才能不断增强市场竞争能力。行为模式的创新包括服务模式、管理模式、业务模式等方面。在创新中要坚持服务标准化、管理科学化、业务规范化，为客户提供便利、快捷的服务，提升银行的整体形象，提高客户忠诚度。

6　研究的不足及后续研究

课题不足之处在于：一方面，在研究内容方面理论研究占据主要部分，对于吉林省的相关中小银行仅仅以吉林银行为例进行分析，案例研究相对不足；另一方面，在文化研究上以定性研究为主，没有采用有效的定量研究。

后续研究上，一方面，应进一步加强地方中小银行企业文化建设方面的针对性和可操作性；另一方面，适当增加定量研究，可以研究企业文化对于企业绩效的影响，如中小银行创新文化与企业绩效的相关性。

参考文献

[1] 唐双宁. 关于金融文化问题的几点思考——在 2010 年中国金融文化论坛上的主旨演讲 [J]. 中国金融家，2011 (2)：39 - 43.

[2] 胡超，宋媛媛. 关于我国商业银行企业文化建设的思考 [J]. 知识经济，2009 (12).

[3] 姚卫坤．金融企业文化构建的若干思考［J］．新疆金融，2007（10）．

[4] 禹海慧，刘智蕊．浅议商业银行企业文化建设［J］．湖南涉外经济学院学报，2007（2）．

[5] 孙庆华．金融企业文化建设的意义、现状与策略［J］．青年科学，2009（10）．

[6] 杜建良，付玉荣，张永静．浅谈金融企业文化建设的意义、现状与策略［J］．河北金融，2008（4）．

[7] 王威．我国商业银行企业文化建设现状与发展对策研究［D］．长春：吉林大学，2008（3）．

[8] 浦发银行 2010 年企业社会责任报告［R］．新华网，2011－12－10.

[9] 推行绿色信贷支持低碳经济［N］．第一财经日报，2010－06－08.

[10] 黎政．花旗银行企业文化的特点及其启示［J］．商业研究，2005（17）．

[11] 曾康霖，蒙宇．核心竞争力与金融企业文化研究［M］．成都：西南财经大学出版社，2004.

[12] 程惠霞．中小银行生存与发展研究［D］．北京：清华大学，2003.

[13] 崔晶．中农银基于企业文化的核心竞争力研究［D］．哈尔滨：哈尔滨工程大学，2005.

[14] 李林洁．对当前农信社企业文化建设的探讨［J］．经济研究导刊，2009（13）．

[15] 柳明花．关于城市商业银行加强创新文化建设的探讨［J］．长春金融高等专科学校学报，2013（2）．

[16] 水常青，许庆瑞．企业创新文化理论研究述评［J］．科学学与科学技术管理，2005（3）．

[17] 柳明花，魏思淼，高键．加强吉林省中小银行企业文化建设的背景及建议［J］．现代商业，2012（32）．

[18] 罗长海．创新文化与企业创新价值观的塑造［J］．中国人民大学学报，2005（4）．

吉林省低碳经济发展的金融支持研究结项报告

项目负责人：施晓春
验收单位：长春金融高等专科学校
项目所在单位：长春金融高等专科学校
验收时间：2014年11月29日*

* 项目组成员：柳明花、胡茵、王帅、徐伟川、吕鹰飞、任春玲、赵振宇、王松、尹超。

1 低碳金融的相关理论分析

1.1 低碳金融的概念

低碳金融是以促进低碳技术进步、低碳产业发展、减少温室气体排放为目的的各种金融资本活动的总称。碳金融专指为交易温室气体排放权而产生的相关金融业务，而低碳金融则涵盖了一切为节能减排而进行的金融活动，范围更为广泛。目前低碳金融正处于高速发展期中，越来越多的市场参与者加入进来，规避全球变暖所带来的气候变化风险，寻求新的利益增长点。低碳金融的市场参与主体的范围非常广阔，除了传统的金融机构如银行、基金、保险公司、国际金融组织、经纪商，还有碳交易的交易所和交易平台、项目开发商、面临减排成本压力的减排实体，除此之外还有相关服务的提供者，如咨询机构、法律服务机构、质量评级机构。随着低碳金融的发展，原有的金融交易活动随之得到改造，出现了许多创新的金融产品，其中主要围绕着银行信贷、保险市场、投资市场等几大金融领域，形成了低碳银行、低碳投资、低碳保险三大新的金融概念。

低碳银行是指通过银行相关业务提供低碳服务，帮助高污染、高排放企业减排以及低碳企业发展的银行。低碳银行业务有以下几种：低碳信贷、低碳银行相关理财产品、低碳技术项目融资、CDM（清洁发展机制）项目中介和业务咨询等。

低碳保险是指保险公司提供的转移低碳经济发展过程中特有风险的业务。国内外开发的低碳保险业务有巨灾保险、CDM 项目碳交付保险、信用担保、碳排放交易保险、相关天气保险业务等。

低碳投资是指面对低碳经济发展的投资业务。低碳投资业务有以下几种：投资气候变化相关的产品、碳基金、投资低碳技术项目、投资低碳产业发展、巨灾债券、为碳排放交易提供服务。

低碳金融的发展还衍生了一个新的市场——碳交易市场。目前碳交易市场

的形式如下：第一种是在配额基础上的市场交易，即有减排任务的政府、企业或其他组织参与市场交易，市场管理者通过市场化的交易手段使得参与者尽量能以最低的成本达到减排要求。例如由欧洲气候交易所（ECX）、英国 Nwsuh-Wae 交易所、芝加哥气候交易所（CCX）、英国等碳交易组织创造的碳排放许可权。第二种是在发展项目基础上的交易，即通过设计好的项目，由买方向卖方提供各种经济和技术上的支持，以此来获得温室气体的排放额度。因为一些发达国家的企业在自己国家完成减排任务，成本非常高。而它可以通过相关项目提供给发展中国家企业资金和技术，帮助其更好地完成减排任务，获得由此多出的减排额度，甚至在市场中交易这些额度，以此来获取更多的利益。如今，碳交易市场在世界范围内主要有五种交易机制：其中有三种是用来履行减排责任的，根据《京都议定书》所建立的国际排放贸易机制、联合履行机制（英文简称 JJ）、清洁发展机制（英文简称 CDM）。另外两种是欧盟建立的配额交易机制和 CCX 创造的自愿减排交易机制。由于起步较早，发达国家已经先行一步研究和制定碳交易市场的政策和机制，甚至达到制定国际通用的规则的地步。而中国碳交易市场还处于初期探索阶段。目前的地位还是以供应方为主，正在逐步探索发展自己的碳交易市场。我国的碳交易所现有天津排放权交易所、上海环境能源交易所、北京环境交易所，以及浙江、云南、湖北、广东等省的环境权益交易机构等。2013 年正式启动碳排放权交易，所以为了做好准备，北京碳排放权交易的试点工作于 2012 年 3 月 28 日启动。我国的碳交易市场的发展远远落后于发达国家，因此如何发展碳交易市场是现在中国面临的重大挑战。我国应该要长远地考虑金融支持低碳经济的发展，可以通过制定相关的法律政策以对交易所的建立、管理等加以规范，促使低碳经济发展的后发先至，谋求在新的产业革命中的优势地位，建立自己的国际话语权。一个制度健全、管理完善的碳交易市场，可以促使金融资源更加合理有效地配置，带动资本向低碳产业流动，支持低碳产业发展。低碳产业和企业如果能获得更多的发展资金，那么它们就可以做大做强，发展低碳技术，逐步提升低碳产业在经济中的比重，实现产业结构低碳化发展。

1.2 低碳金融的作用

低碳金融的发展是金融体系应对低碳经济产业革命的重要环节，低碳金融在促进高碳式经济发展方式转变以及推进经济社会全面、协调、可持续发展方面发挥重要作用，具体来说，有以下几点。

1.2.1 低碳金融促使低碳经济中金融资产更加合理配置，改变落后能源结构

中国尚是发展中国家，经济比较西方发达国家还有不小差距，经济发展仍是目前的头号任务，仍需要很长一段时间的努力。在这漫长的期间内，我国对能源资源的需求不但无法减少，还将会不断增长。中国已成为世界煤炭、钢铁、铁矿石、氧化铝、铜、水泥消耗最大的国家，是世界能源消耗的第二大国。要想改变现在的能源结构，先进的技术和大量资金的支持必不可少。通过发展低碳金融，银行、基金等金融机构可以发挥金融的基础作用，起到价格发现和资源配置的效果。碳基金、绿色信贷、碳证券等多种融资渠道一方面增加了金融投资的渠道路线，另一方面可以优化资金配置，为低碳产业发展提供资金，改变中国能源结构中化石燃料的主导地位。所以建立完善的低碳金融机制，可以最终实现金融资源与低碳产业的合理配置。

1.2.2 低碳金融可以推动低碳工业发展，推动产业结构低碳化

由于我国“富煤、少油、缺气”的能源格局，我国节能减排任务面临着巨大的难度；在高碳化的产业结构中，工业尤其是重化工业仍占据主导地位，粗放落后的经济发展方式尚未完全得到改变。而一个产业的发展不仅需要产业政策、技术政策的鼓励支持，还要加强与金融部门的协调配合。银行、基金之类的金融机构可以通过控制产业的资金流等方面促进我国产业结构调整，发展低碳经济。例如银行可以发放绿色信贷给开发低碳技术和利用新能源的低碳化企业，促进产业结构优化升级，以实现产业结构的低碳化调整。所以说低碳金融可以推动低碳工业发展，促进产业结构低碳化。

1.2.3 低碳金融有管理和转移分散风险的作用

全球变暖带来的气候变化增加了极端天气的出现概率，气象变得更加不可把握。气候灾害屡屡发生，为各种产业带来了极大的损失。各个产业的抗打击能力和对天气的依存度有所不同，但是金融市场却可以来帮助其降低气候变化带来的风险。例如面对气候变化，一些产业可以选择巨灾保险来规避风险。另外一些低碳金融中天气衍生品还可以降低产业风险：一些 CDM 项目的开发过程时间较长，且结果具有不确定性，所以可以在项目价格审批、建设及减排单位的认证通过采取远期或期货交易方式控制风险。这些都表明低碳金融发挥风险管理和转移分散的作用。

2 低碳经济与低碳金融的关系

低碳经济是以低能耗、低污染、低排放为基础的经济模式，其实质是高能源利用效率和清洁能源结构问题，核心是能源技术创新、制度创新和人类生存发展观念的根本性转变。作为全球最大的发展中国家，我国一直处于高碳消费的状态中，因此推进低碳经济的发展，加强节能减排便成为国家发展的重要任务。政府、企业和金融机构是低碳经济发展必要的支持者，三者之间只有相互合作才能取得更好的效果，因此创新发展低碳金融便是一项必然选择。低碳金融是在大力发展低碳经济的趋势背景下金融业的创新产品，低碳金融与低碳经济之间是一种相辅相成的关系。创新发展低碳金融可以更好地支持低碳经济的发展，而金融业则找到了一条新的发展道路，寻找到新的活力。

一方面，以往每一次的产业革命背后都有着金融创新的影子，例如第一次工业革命的快速发展背后正是股份制这一公司制度的兴起，信息工业革命依靠的则是风险投资的支持。作为第五次革命的低碳经济发展要求低碳金融创新的支持，产业结构低碳化发展需要金融资源的帮助。例如一些能源基础设施的投入要花费巨大的成本，对其进行调整和改进需要投入大量的人力、物力、财力。特别是能源基础设施的低碳化改进要有先进的低碳技术的支撑，而低碳技术的发展更是需要大量资本的支持。在 2011 年我国的能源结构中，水电、风电、太阳能、生物质能等非化石能源在一次能源生产和消费中比例依然偏低，煤炭仍然在能源结构占据第一位。可见我国未来将要投入大量的资本在能源建设上，如此巨大的投资需求必定需要相应的低碳金融发展程度。

另一方面，现如今金融的发展已经进入了瓶颈期，受到了许多因素的制约。前几年影响全球的金融危机给金融业造成了沉重的打击，所以在寻找新的发展支持动力时，低碳经济这一新兴概念进入了金融工作者的视线里，为金融业的未来提供了新的道路。而在过去的时间中，我国的一些商业银行和政策性银行为支持低碳产业积极尝试低碳金融的创新，做出了许多的实践活动，积累了许多经验，为今后低碳金融的繁荣发展打下了基础。在低碳经济成为全世界目光聚焦点的时代，在各个金融机构都争先恐后争夺低碳经济市场的今天，低碳成为金融产业赢利的新增长点，低碳金融随着低碳经济的发展正逐渐繁盛起来。

3 吉林省金融支持低碳经济的必要性分析

3.1 吉林省发展低碳经济的国际压力

正如前文中所说，“高碳”化的工业发展模式，消耗掉大量煤炭、石油、天然气能源的同时，也给地球环境带来了近乎不可逆转的伤害。全球变暖，能源不足促使世界各国转变经济模式，寻求新的发展道路——低碳经济。

英国把发展低碳经济作为国家战略，全力实现产业低碳化。英国是世界上低碳经济发展比较早、比较好的国家。为了促进低碳经济发展，英国不断完善政策配套设施。从《能源白皮书》到《低碳转型发展规划》，英国始终在政策上不断推陈出新，为低碳经济打下了坚实的政策基础。英国致力于低碳技术的进步，帮助企业研发低碳技术。英国在发展低碳产业的过程中形成了一套有特色的有效模式，即“政府投资，企业运作”模式。这一模式可以更好地帮助企业低碳技术研究和开发低碳技术商业化进程。英国还运用市场机制和价格杠杆，帮助企业节能减排。英国希望在2050年实现家庭能源消耗的温室气体排放量接近零的目标。为了实现这一目标，英国政府采取很多手段打造低碳生活方式，实现低碳消费。

美国虽然没有英国发展低碳经济的时间长，但是在政府投入大量资金的帮助下，后来者居上。自从金融危机以来，美国对低碳经济的认识有了积极性的改变，选择了发展新能源和低碳经济作为经济的新增长点。清洁能源发展战略是其未来的战略核心，这是为了维护自己在世界上的领先地位，重新确立在新能源技术领域的优势。奥巴马政府推行能源新政，决定从2012年起征收排放费用，推动可再生能源发展，投入大量资金支持新能源技术发展。美国政府还推行有利于发展清洁能源和低碳经济的法案。例如在2009年2月发布的《复苏与再投资法案》中清洁能源领域是重点发展对象。美国政府还发布了《美国清洁能源安全法案》，目的也是节能减排，发展新能源。这个法案规划的目标有：2020年的温室气体排放量要较之2005年降低17个百分点，到2050年更要进一步减少83个百分点；2020年保证至少风能、太阳能、生物质能等新能源的发电量占整个发电部门的12%以上；在2012年以后，新建的建筑要增加近1/3的能效，到2016年则要增加一半；配额交易制是未来实现节能减排这一目标的主要手段，分配比例是免费发放85%的排放配额，出售剩余的

15%的排放配额；在2025年之前，投资近2000亿美元发展新能源。法案的出台标志着美国在减排方面迈出了重要一步。这些政策措施将引导公众能源消费向清洁能源转变，形成新能源消费需求。

德国在低碳经济发展上也处于世界前列。德国一直致力于制定低碳经济发展的相关法律法规，构建一个完整的法律体系。从20世纪70年代开始，德国就实施了一系列的环境政策，如整体的环境规划方案、废弃物处理方案、新能源开发和低碳经济发展方案等。为推动低碳经济，2009年德国提出了新绿色照明竞赛计划，在德国建立照明节能城。德国重视开发利用低碳技术，实施气候保护高水平战略，发展低碳发电技术是德国减排的关键。近年来，德国可再生能源已经成为新的经济增长点，例如新能源汽车技术的开发。同时德国还运用各种经济手段，如征收生态税、财政补贴等来支持低碳经济，鼓励企业进行现代化能源管理。

作为一个能源短缺的国家，低碳经济的发展对于日本来说尤为重要。日本提出了“低碳社会”的概念，为了达到这一目标日本从各个方面展开努力，能源新政频出。近些年来，日本出台多个能源技术发展政策，企图占领低碳技术制高点。例如2006年的《日本国家能源新战略》，提出从六个方面实施能源新战略；2008年日本的《环境能源技术创新计划》和《低碳社会行动计划》，目标都是改进新能源，加快低碳经济发展，改善日本能源短缺的困境。2009年发布的《2008年能源白皮书》，内容也是关于能源结构改进。日本官民协作，通过政策扶持低碳产业发展，低碳技术进步，提高资源利用率和吸能开发，“低碳社会”这一概念已经深入民心。

低碳经济发展形成新一轮国际竞争，成为影响未来国际话语权的重要部分。低碳经济作为新的产业革命，谁在革命中占有领先地位，就意味着掌握未来世界的话语权，美国在信息技术革命中获得的利益足以证明这一点。而在近年来低碳经济发展的过程中，发达国家由于掌握着更多的资金、更为先进的技术和更为健全的经济系统，已经领先于发展中国家。首先，发达国家的技术优势帮助其在低碳经济产业链中占有主导地位。它们通过低碳技术封锁和有偿转让等方法制约发展中国家经济的发展。其次，发达国家很早就开始建立碳排放交易市场，目前全球主要的碳排放交易市场都是由发达国家建立的，发达国家已经占据垄断地位。而且发达国家拥有着掌握碳交易结算货币的优势，能够控制国际碳交易的相关准则的定价。这对于发达国家来说是十分重要的。发达国家先迫使发展中国家贱卖掉其碳排放量，在通过金融包装将其改装成价格更高的产品再出售给发展中国家，剥削发展中国家的利益。这同现在发达国家在其他产业上对发展中国家的剥削原理是一样的。最后，发达国家利用碳关税增加发展中国家的成本，降低其竞争能力。这些都说明低碳经济已经成为了全球国家的“兵家必争之地”。

3.2 吉林省发展低碳经济的国内压力

低碳经济对于中国来说是一把双刃剑，机会与风险并存。一方面，作为发展中国家，在低碳经济的领域，我国和发达国家基本处于同一起跑线，所以如果能抓住这次机遇，将是我国赶超发达国家的一次很好的机会。另一方面，如果中国不能把握这次机遇，在低碳经济的发展中又落后于发达国家，那么差距就会越来越大，以后的追赶就会更加困难。目前，中国在低碳经济的发展上也做出了一些成绩。

3.2.1 低碳能源产业发展迅速，潜力巨大

同国外发达国家一样，中国现在也致力于低碳能源产业的发展，希望可以改进现在落后高碳的能源结构。主要成就有：新能源汽车产业的技术开发进步很大，并且已经投入生产，产业化水平有所提升。中国的汽车生产企业都已经投入大量的人力、物力、资金实施新能源汽车的发展战略；低碳能源产业也取得一定的发展。中国的太阳能资源和风能资源具有巨大的发展潜力。总的风能资源约12亿千瓦，我国超过96%的土地面积都是富有太阳能资源的地区，总的太阳能大约相当于每年1.7万亿吨标准煤的能源。中国正在建设一个风力能源开发基地来推动风力发电产业的发展。中国的太阳能光伏产业已在环渤海、长江三角洲、珠江三角洲、中部地区和西部地区形成了板块。

3.2.2 积极开发先进新能源技术，提高能源利用的水平

低碳技术是未来国家之间竞争的核心部分。所谓低碳技术就是可以降低碳排放，发展低碳经济的技术。它包括了清洁能源技术、传统化石能源减排技术、其他行业的节能减排技术。其中清洁能源技术发展最为重要，因为传统的化石资源面临枯竭的危险，只有发展出替代的新能源技术才能真正解除目前经济发展面临的制约。中国已经将清洁能源发展纳入了国家的未来规划，制定出了非常具体的发展规划。

3.2.3 努力进行国家间低碳经济发展合作，提升低碳技术发展

为了更好地解决全球变暖问题，发达国家纷纷承诺为发展中国家提供资金

以及技术方面的支持，帮助发展中国家发展低碳经济。中国正是抓住这样的机会，近年来通过各种措施与发达国家进行低碳项目上的合作，希望引进学习先进的低碳技术。在碳交易市场上，我国努力发展CDM项目，将其打造为引进发达国家低碳技术的平台，从而拓宽引进渠道。另外中国还积极与发达国家签订合作协议，帮助我国低碳经济发展。例如2005年的《亚太清洁发展和气候新伙伴计划意向宣言》为开发、利用和转让更加有效的能源新技术提供了可能性。同年9月，《中国和欧盟气候变化联合宣言》的发布确定了中国和欧盟未来会加强在低碳技术研发、转让、生产化方面的交往合作；在双边环境合作领域，中国与40多个国家签订双边环境保护协议，并与十多个国家或国际组织进行环保合作。

3.3 发展低碳金融支持低碳经济的必要性

金融是促进产业结构调整、产业发展的重要力量，因此金融对于低碳经济发展起着很重要作用，发展低碳金融有很大的必要性。

3.3.1 低碳金融促进低碳技术发展

低碳技术的研发同其他技术一样，具有高风险、高投入的特征，因此低碳技术研发所面临的两个最大问题就是资金供应和风险规避两方面。最新的技术，研发过程中要投入大量的人力、物力、财力，大量资金的支持是必不可少的，因此资金问题是低碳技术研发中面临的一大障碍。而低碳技术即使得到了资金投入，但是由于其同其他技术研发一样，研发时间长，过程复杂，在研究过程中会遇到许多不可控的风险，并且不能保证最终一定能得到好的结果，所以风险性是低碳经济研发面临的另一大障碍。而这两大障碍都可以通过金融机构低碳金融的发展予以解决。

①低碳金融可以帮助低碳技术研发筹集资金。低碳技术研发所需资金往往很多，而单靠企业自身的能力是无法实现的，这时就需要低碳金融的帮助。低碳金融可以通过各种形式的金融产品和服务，为低碳技术研发提供间接融资或直接融资。金融机构提供各种低碳金融工具来筹集有投资需求的资金，然后将筹集来的资金投入到有利于低碳经济发展的项目中，最终实现低碳技术的进步。类似的低碳金融工具有银行提供的绿色信贷、碳基金提供的基金等。

②低碳金融具有转移分散风险的功能，可以降低低碳技术研究的风险。低碳技术的研发所面临的风险是一直贯彻整个项目中的，低碳技术研发企业根本

无法完全独自承担全部的风险。例如，低碳技术研发过程往往需要昂贵的机器设备，需要占用大量资金投入，但是如果技术开发失败，这些设备将会无法收回成本，给企业带来了极大的风险。如果通过开发低碳金融的融资租赁工具，就可以只需付出租金租赁机械设备，从而降低了企业投入，分散企业风险；保险作为一种风险规避工具，也可以起到帮助低碳技术研发风险。保险公司可以开发出低碳保险，为低碳技术研发的结果进行投保；另外还有低碳金融期货期权等工具也可以起到风险管理功能。

3.3.2　低碳金融帮助企业投入低碳经济发展

企业会选择排放大量温室气体和消耗大量能源的高碳技术其实也是出于利益考虑。因为这种高碳技术的科技含量低、设备要求低，企业不需要为其花费太多的成本。但是低碳经济的发展要求企业必须要改变这种高碳化的生产方式，转而选择科技含量和设备要求高的低碳技术，这对企业会造成成本上大大增加。如果没有外力的压迫和帮助，企业很少会主动选择转变发展方式。低碳金融就是通过资金等方面的支持来帮助生产企业选用低碳技术、转变落后的高碳化发展方式。低碳金融可以对选择是否发展低碳经济的企业起到两种不同作用。

①限制作用，针对原来使用高碳技术的企业。限制作用体现在信贷融资方面。例如，银行通过融资利率的提高来对高碳技术企业的资金实行限制，或者直接降低甚至切断对碳排放量大的企业的信贷投入。这些措施的最终目的就是给高碳技术企业以压力，促使其选择低碳技术，发展低碳经济。

②鼓励作用，针对研发低碳技术和发展低碳经济的企业。鼓励作用也主要体现在资金支持方面。企业无论是选择自己研发低碳技术还是购买已经研发成功的低碳技术，都需要大量资金的投入。而如果仅仅依靠生产企业自身流动资金的投入，是远远不够的，金融机构的低碳金融支持此时就起作用了。例如银行可以给需要购买利用低碳技术的企业提供信贷支持，帮助其筹集资金。银行还可以通过优惠利率降低企业的融资成本，为企业购买低碳技术提供便利。

3.3.3　低碳金融可以帮助低碳产品市场营销

金融机构可以通过提供一些金融产品和服务引领低碳产品的销售，主要是通过利率优惠等手段实现低碳产品市场营销，提高低碳产品的需求度。例如，银行对于符合低碳建筑标准的住房提供优惠贷款，马上就可以带动低碳住房的

销售；保险公司可以对于低排放汽车的保险予以优惠，也可以在一定程度上带动低碳汽车的需求。通过上述两个例子可以看出低碳金融在低碳消费上所起的作用。而需求可以影响供给，低碳产品的销售增加会增加企业生产低碳产品的积极性，最终实现产业结构低碳化调整，低碳经济得到发展。

4　吉林省发展低碳经济实现经济发展方式转型的主要问题

4.1　经济发展转型方面存在的主要问题

从传统能源角度看，吉林省煤炭等一次能源短缺，且火电比例占65%，电力耗煤占48%。这不仅给国内外低碳金融的发展实践带来煤炭供应问题，而且减排压力也很大，必须加强传统能源的升级改造。

首先，重化土业比重大，能源压力大。吉林省重化土业比重较高，高耗能行业是目前增长最快的行业。根据目前的排放情景，吉林省的碳排放将继续以极快的速度增长，直到2030年趋缓。

其次，距离低碳经济目标差距较大，低于全国平均水平。以吉林市为例，吉林市目前碳生产力大约是全国平均水平的一半（根据中国社科院的测算标准，超过平均水平20%可以认定为“低碳”）。2007年人均碳排放是全国平均水平的2.5倍；可再生能源在能源总需求中的比例不到5%。

再次，碳金融框架制度安排缺乏。吉林省目前还没有形成系统、完善的碳金融制度安排，仅是吉林市根据社科院牵头完成了《吉林市低碳发展计划》，初步制定了《吉林市低碳经济发展规划纲要》。

最后，缺少碳金融的有力支持。目前吉林省还没有形成包括银行贷款、直接投融资、碳指标交易、碳期权期货等一系列金融工具组合而成的碳金融体系，缺少碳金融的有力支持，成为发展低碳经济的重要制约条件。大部分银行把制造业作为贷款投放的重要对象，少数银行在谨慎发展绿色信贷，如兴业银行长春支行与7家企业签订了节能减排框架合作协议，积极推动吉林省企事业单位节能减排工作的开展。

历史遗留因素、经济发展水平较低、碳金融发展刚刚起步等是造成这些问题的主要因素。另外，吉林省工业的装备技术水平仍处于传统工业化阶段“‘九五’期间就应淘汰完毕的国家明令禁止的高耗能设备仍有相当数量在运行”，现使用的生产设备中仅有不到10%可以称得上“国际或国内先进水平”。

而且，发展低碳经济成本高，资金缺口大，实现低碳经济的目标成本高，需要大量的投入。以吉林市为例，扩大低碳能源份额、进行低碳技术改造，未来10年吉林市的投入将超过人民币1000亿元。低碳经济和碳金融的发展短期内的投入可能较大，但长期来看具有经济产出的正效应。

4.2 金融支持环境建设方面存在的主要问题

国际上实现碳减排的主要方法是在法律手段和行政手段的基础上建立市场机制，尤其是建立碳金融体系，通过碳市场解决经济转型中的资金问题。根据国际经验结合本省实际，吉林省发展低碳经济实现经济发展方式转变中的市场化手段显著不足，碳金融的发展问题尤其突出，主要表现如下。

4.2.1 没有为温室气体排放定价

为温室气体排放定价是解决气候变化的市场化手段的第一步。只有为温室气体排放定价，才能将温室气体排放权提升为一种可交易的商品，才能通过市场获得民间资本，进一步解决经济发展方式转型中的资金问题。为温室气体排放定价就是根据企业目前的排放情况，为企业制定温室气体排放定额，超过定额的排放，按排放量交纳罚金。

4.2.2 没有企业排放定额可交易制度

排放定额可交易制度是国际碳市场的运行机制，通过该机制企业可以为超额减排的指标寻找买主，从而获得奖励；超过定额不能完成减排任务的企业，可在市场中购买相应减排数量完成减排任务，从而避免处罚。根据经济人假设，如果没有企业排放定额可交易制度，企业难以获得超额减排激励，积极性不足；不能达标的企业也不能通过有效的方法减少风险，从而使减排数量和效果都不能达到预期，不利于实现整体目标。

4.2.3 缺乏鼓励企业创新的低碳经济发展基金和机构

吉林省内企业通过国际认证获取减排资金的能力受到国际资金瓶颈和项目数量的限制，申请和审批周期长、成功率低，且缺乏专门的人才和咨询机构，不能有效地激励企业积极主动减排。在向低碳转型过程中，企业要承担大量转型成本，缺乏专业机构的指导，获得国际认证取得资金支持的难度极大，鼓励企业向低碳经济转型的创新机制没有建立起来。据国际上碳基金的成功经验，发展碳基金是企业与金融机构共赢的解决气候变化的市场化方式。

4.2.4 商业银行开发碳理财产品的动力不足

碳理财产品是商业银行在对潜在目标客户群需求进行分析研究的基础上，

针对具有碳产品投资需求的特定目标客户群开发、设计并销售的资金投资和管理计划，从企业出售二氧化碳减排指标的利润中获取收益。吉林省属于不发省份，产业结构仍以高排放的重工业为主，企业的低碳意识和低碳创新项目显然不足，不能激发商业银行开发碳理财产品的热情和兴趣。而国际碳市场是个新兴的市场，存在着严重的市场分割，国际碳市场安排上存在较大差异，可能面临政策性风险，这使得多数商业银行处于观望状态。

4.2.5 缺乏CDM项目的融资租赁担保机制

项目融资租赁是指出租人根据承租人对租赁物件的特定要求和对供货人的选择，出资购买租赁物件，并租给承租人使用，承租人以项目自身的财产和效益为保证，与出租人签订项目融资租赁合同，租金的收取以项目的现金流量和效益来确定。许多CDM项目在建设开发的过程中需要投资大型设备，如风力发电机和水利发电机等，但是多数会由于融资困难不能投入建设。融资租赁方式是企业获得资金的一个比较好的渠道。在项目建成后，金融机构将设备出租给项目企业使用，企业从出售CERs（Certified Emmission Reduction，核证减排量）的收入中支付租金。

4.2.6 缺乏私募基金的参与

当前，世界上有许多由发达国家和国际机构设立的碳基金，它们绝大部分都属于公募基金，其中比较著名的有：世界银行推出的原型碳基金（PCF）、生物碳基金（BCF）、社区开发碳基金（CD－CF）、荷兰建立并委托世界银行管理的“荷兰碳基金”、德国开发银行建立的CDM基金、第一个非政府的碳基金——欧洲碳基金（ECF）等。在公募基金资源有限的条件下，我们可以在开发潜力非常好的CDM项目中引入私募基金。私募基金的资金雄厚、机制灵活，只要有利可图并存在巨大的发展空间，就可能吸引私募基金的参与。

4.2.7 保险公司参与动力不足

碳市场与其他金融市场一样存在风险，碳项目同样存在风险，缺乏保险公司的参与，不能有效地转移风险，影响企业开展创新活动。保险公司应进行保险产品创新，参与低碳经济项目的运作，为吉林省内的CMD项目提供碳交易保险。碳交易的过程存在诸多不确定性，在有效的制度安排设计下，碳保险产品可以为经济发展方式向低碳转变提供支持。碳交易保险既可以为碳交易合同或者一碳减排协议的买方提供保险，也可以为开发CDM项目的企业提供保险，从而通过保证交易双方的利益，促进CDM项目的开发和碳交易的进行。

4.2.8　缺乏碳能效融资项目平台

2006 年 5 月 17 日兴业银行与国际金融公司签署《能源效率融资项目合作协议》，成为国际金融公司开展中国能效融资项目合作的首家中资银行。截至 2008 年 2 月 25 日能效融资二期合作协议签订时，能效融资一期合作已取得显著成效：国际金融公司为兴业银行发放能效贷款提供了 2500 万美元的贷款本金风险分担；兴业银行为中国 46 个节能减排项目提供 9 亿人民币的贷款，其中绝大多数贷款企业为中小企业。吉林省可以兴业银行的碳能效融资平台为中小企业的减排提供支持。

在发展低碳经济大背景下，实现工业农业各行业达到国内较好水平，需要地方政府有关政策引导和金融机构的大力支持。低碳经济的发展离不开碳金融体系的支持，构建完善的碳金融运行机制是促进吉林省经济可持续发展、走低碳经济之路的必然选择。发展碳金融是支持省内经济顺利转型的可行方案之一。

5　国外发展低碳经济对我国的启示

5.1　公共财政大力支持

发展低碳经济，其经济利益并不能马上凸显，企业受经济利益制约，参与低碳经济意识不强。为支持其发展，发达国家纷纷加大公共财政的支持力度，以财政投入、税收激励等机制引导企业和低碳项目的投入。例如英国自 2000 年至今，已累计投入 300 多亿英镑，用于支持低碳技术改造。美国政府出资 1500 亿美元建立“清洁等原开发基金”，计划投入超过 900 亿美元用于新能源的开发与利用等。

5.2　多项政策保驾护航

不同国家和地区纷纷采取财政税收政策发展低碳经济。例如欧盟 2003 年颁布《欧洲温室气体排放交易指令》，2007 年公布《欧盟能源技术战略计划》，2009 年成立《关于促进和利用来白可再生供给源的能源条例草案》；美国 1997 年宣布《碳封存研究计划》，2003 年公布《碳封存研发计划路线图》，2005 年颁布《能源政策法》，2007 年颁布《能源独立安全保障法》等。这些法律法规为各国低碳经济发展起到了积极的指引和促进作用。

5.3 金融机构深度参与

欧、美、日等发达国家金融机构低碳经济的参与度都比较高，银行、基金、证券公司以及保险公司等都成为碳金融市场的重要参与者，业务也渗透到了市场的各交易环节。例如爱尔兰银行开展的“转废为能项目融资”绿色信贷业务、日本政府与企业共同出资管理的碳基金、法国国有金融机构信托投资局投资参与建立 Blue Next 交易所等。

6 吉林省发展低碳金融支持低碳经济对策建议

6.1 构建完善的低碳金融发展政策体系

在低碳金融发展的初始时期，低碳金融的可持续发展需要政府全方位的支持，其中最重要和最基本的就是政策制定方面。低碳金融的发展离不开完善的政府政策体系的支持，如果没有完善的政策体系，低碳金融将无法得到长远的发展。吉林省的低碳金融发展困难重重，受到来自国内和国外的双重压力，所以在这时就需要政府挺身而出以政策的出台表明态度，促进低碳金融又好又快地发展。政府可以通过制定政策明确低碳金融在今后经济发展中的重要地位，通过宣传让大众认识到低碳金融对低碳经济的重要作用。政府仅仅依靠几个文件是无法实现目标的，只有构建出一个完善的政策体系才能实现最终的战略目标。一个完善的政策体系应该要从财政、税收、法律法规、监管体系等各方面出发，积极出台有关政策。

6.1.1 完善低碳金融的相关市场交易制度

一个市场的发展离不开健全的市场交易制度的建立。作为新兴市场的低碳金融交易市场也是如此。低碳金融市场交易制度包含两个方面：碳排放市场交易制度和其他低碳金融产品市场交易制度。在搭建碳排放交易市场平台的时候，要建立健全相关准则，尽量与国际标准接轨，这样有利于吉林省参与国际的碳排放交易。另外一些低碳金融的创新产品也需要有政策作为标准，促进其更好地发展。

6.1.2 出台支持低碳金融的优惠政策，激励金融机构发展低碳金融

低碳金融的一部分业务通常是面对污染严重、能耗大的行业，因为越是这样的行业越需要进行能源消耗的改造。而面对这样的行业，往往存在风险大、效益低的情况。所以金融机构往往选择将有限的资源投入到更好收益、更大流

动性的行业中去。为了改变这种情况，吉林省政府需要做出表率，综合运用财政、税收等多种手段，降低金融机构将信贷投入低碳项目的风险。例如对于积极开展低碳金融业务的金融机构可以给予税收上的优惠，降低其成本；财政补贴也是一种手段，对于积极为节能减排项目授信的银行可以给予利息补贴，降低银行的成本和提高银行的效益。

6.1.3 建立健全低碳金融的法律法规，规范低碳金融发展

低碳金融作为一个新兴的行业，需要有新的法律法规作为规范。现有的金融法律法规难以为其提供帮助，所以为了避免低碳金融业务开展时的政策和法律风险，吉林省政府和吉林银监局等有关部门应该加强协调，进一步制定和完善低碳金融的法律体系，确保吉林省低碳金融健康有序地发展。例如要求企业披露节能减排的信息，上市公司在报表中也要提供其低碳的信息。一方面有利于企业树立环保的意识，另一方面为银行等金融机构对其开展低碳金融业务时可以得到完整的信息。

6.2 开发低碳衍生金融产品和服务，构建完善的低碳金融产品体系

面对吉林省单一的低碳金融衍生品和服务的现状，开发出适合吉林省省情，构建完善的低碳金融产品体系成为必然选择。结合国内外的低碳金融产品，具体有碳基金、碳债券、碳交易保险、碳期货期权、融资租赁等。某种程度上来说，低碳金融创新出的产品就是在传统的金融衍生品的基础上结合低碳项目和企业形成的金融产品。以碳债券为例，所谓碳债券是由政府或者企业面向市场发行的、募集的资金投向低碳经济项目和企业的债券。一般碳债券的收益是同低碳经济项目和企业的收益相挂钩的。碳债券可以实行在基准利率的基础结合浮动利率。这样一方面可以保护投资者的利益，另一方面可以更好地激励项目和企业的运作。投资者会通过信息的搜集选择更有发展前景的项目或企业发行的碳债券，从而帮助优质项目和企业获得更多的资金支持；碳基金则是由银行或基金公司发行基金，聚集投资者的资金来用于具有良好发展前景的低碳项目和企业投资的一种基金；融资租赁就是金融租赁中心或专业的租赁公司购买 CDM 项目中所需的一些昂贵的器械，然后出租给项目企业使用，从项目最终收入收取租金。因为现在很多的 CDM 项目所需的设备很昂贵，而且同种类型的 CDM 项目所需的设备类似，所以通过融资租赁的方式可以达到共赢的效果。

在证券市场上也可以通过创新产品和服务，更好地帮助低碳企业发展。证

券监管机构为低碳企业建立上市的“绿色通道”，帮助低碳企业上市融资。作为金融机构中坚力量的商业银行也需要加强低碳金融产品和服务，改变以往只有低碳信贷一种产品的创新落后局面。例如银行可以发展融资担保、碳交易代理等中介服务。我国碳排放交易中一个很严重的问题是缺少中介服务。我国企业在国际碳排放交易市场上同其他国家企业、金融机构进行交易谈判时，往往由于中介服务的缺少而处于劣势，严重制约了碳排放业务的发展。我省的商业银行可以弥补这个空缺，学习国外的先进经验，在碳排放交易中充当中介和咨询角色，创新低碳金融服务。

创新低碳金融产品就是为了更好地解决低碳经济资金问题，给投资者更多的选择。金融机构要加强自身的创新能力，结合吉林省实际要求提供适合的低碳金融产品和服务，帮助吉林省低碳经济发展。

6.3 建立健全碳排放交易市场，促进碳排放交易发展

面对我省基于 CDM 项目上的碳交易市场的种种问题，吉林省应该要建立一个健全的碳交易市场，更加有效地配置金融资源，促使资源向低碳领域流动，帮助碳排放交易发展。我省要鼓励金融机构积极参与 CDM 项目，通过多种形式的金融产品解决 CDM 项目融资难的困境。针对吉林省的碳交易困境，具体的措施有以下几点。

6.3.1 增加我省 CDM 项目的数量和规模，提高年减排量

增加我省 CDM 项目的数量和规模需要的就是政府的支持帮助。政府要通过政策、宣传等手段帮助企业认识到发展 CDM 项目可以带来的效益。更多的企业愿意发起项目，投入碳排放交易市场，市场的发展自然会更加繁荣。同时，金融机构的资金支持也是必要的。很多企业的 CDM 项目的“无疾而终”正是因为缺少资金，在项目的设计阶段就被放弃。金融机构还需要做好中介服务，为企业提供有关信息。

6.3.2 丰富我省 CDM 项目的类型，优化项目结构

吉林省的 CDM 项目类型相对于其他省市，类型极为单一，基本只集中在节能和提高能效、新能源和可再生能源、甲烷回收利用三个方面，其他方面基本处于空白状态。实际上，吉林省资源丰富，有许多潜力没有开发出来。例如作为一个农业大省，吉林省可以发展生物质能方面的 CDM 项目。因此，吉林省要加强对此方面的激励和支持，大力促进富含减排潜力项目的发展，丰富项目类型，优化项目结构。

6.3.3 积极发展和健全碳排放市场

面对吉林省 CDM 项目发展的困境，吉林省应该要转变思路，寻找更多的碳排放市场形式。例如吉林省环境能源交易所的设立就是一个新的途径。吉林省经验匮乏、人才缺少，所以要学习国际和国内的成功经验，引进人才，完善碳排放交易体系。

6.3.4 加强宣传和培训，提高金融机构对碳金融的认识

碳金融是一个潜在的巨大市场，为商业银行等金融机构提供了巨大的商机。但是许多金融机构还没有认识到这一点。面对这个问题，吉林省政府要加强宣传和培训，提高金融机构对碳金融的了解。

（1）金融机构要认识低碳金融的价值

现如今，金融机构都面临着寻找新的增长点的任务。而低碳金融正是一个很好的发展选择。一些金融机构由于传统落后的观点，不能正确地认识到低碳金融价值，那么在未来必然要遭受淘汰。低碳金融支持的是低碳发展的企业，这是未来经济发展的方向，只有低污染、低排放的企业才能在低碳经济发展的浪潮中生存下来，所以低碳金融的价值不容忽视。金融机构只有在正确认识低碳金融价值的基础上，才能有目标地发展低碳金融。

（2）金融机构要了解到低碳金融的市场规则，操作流程

市场规则是一个市场必须遵守的准则，市场参与者在从事交易时要遵循规则行事。低碳金融也有其独特的市场规则，业务有其独特的操作流程。我省的金融机构要想参与到低碳金融市场中，就要正确地认识到其市场规则和操作流程。

（3）金融机构要认清低碳金融的市场需求

金融机构还需要认清目前的市场需求，了解当前低碳经济发展中需要哪些金融产品和服务，迅速地确立自己的市场定位。例如，面对低碳金融市场中介服务的缺失，商业银行可以弥补这个空白。中国目前作为碳排放权的出售方，与国外机构的谈判往往处于劣势地位，因此需要对项目比较了解的中介服务。商业银行可以发展这方面的业务，增加收益；低碳经济缺少直接资金融资，金融机构也可以加强这方面建设。

（4）鼓励发展低碳金融的人才，帮助金融机构加强对相关知识的认识

人才的建设对产业的发展十分重要。金融机构之所以对低碳金融缺少认识，低碳金融人才的缺失也是一方面原因。没有对低碳金融知识了解的人才，低碳金融的发展就是一句空话。所以政府要搭建培养专业人才的平台，运用各

种鼓励政策吸引技术和实践相结合的人才落户吉林省，帮助吉林省金融机构发展低碳金融。

6.4 健全低碳金融的组织体系，增加非银行金融机构的参与度

金融机构是低碳金融组织体系中不可或缺的一块，所以健全低碳金融组成体系就必须要增加金融机构的市场参与度。我省缺少非银行金融机构商业银行的参与，仅仅依靠银行提供的产品和服务无法完全满足低碳金融发展的要求。所以需要提高非银行金融机构的参与度，提供更为全面的金融产品和服务。另外，健全低碳金融的组织体系还离不开监管机构，没有监管机构，低碳金融没有办法得到健康有序的发展。

①金融的各个监管机构类似于中国人民银行、银监会、保监会、证监会等金融监管部门要积极参与低碳金融发展。银监会要为银行发展低碳金融提供政策支持和相关规则制定，帮助银行进行绿色信贷的投放；证监会要为低碳企业的上市融资提供绿色通道，提高上市公司中低碳企业的比例；保监会应该要促进保险公司低碳保险产品的设计和投放。所以，监管机构要投入低碳金融发展中，通过制定政策鼓励更多的金融机构参与进来。

②商业银行在低碳金融组织体系中占有重要地位，因此银行需要根据低碳金融的特点，建立适合低碳金融市场的风险评估标准，积极研发除绿色信贷之外的金融产品。

③低碳项目面临着多种复杂的危险，为了规避和分散风险，保险公司可以发挥自身优势，分析项目中存在的风险，经过计算，设计和发行适合的低碳保险。

④基金公司也是低碳金融组织体系中不可缺少的一员，基金公司可以通过碳基金来参与低碳金融，集中投资者的资金来投资低碳企业。

⑤信托投资公司是一种以受托人的身份，代人理财的金融机构。它在现代金融业发展中也发挥着不可或缺的作用。信托投资公司可以通过发行信托产品，筹集信托资金定向投资于低碳项目或者购买节能减排企业股票或债券，满足低碳项目资金需求。

7 结论

低碳经济已经成为未来中国乃至全世界经济发展的必然方向，吉林省在

这样的大背景下，如何跟随时代的步伐，实现低碳经济的发展成为迫在眉睫的大事。吉林省在低碳经济发展方面已经取得了不小的成绩，无论是新能源技术还是农业、工业都有进步，甚至某些方面已经取得领先地位。但是这些是远远不够的，吉林省还需要加快低碳经济发展步伐，抓住机遇，打造成为低碳大省、低碳强省。当然低碳经济的发展需要多方面的支持和帮助，其中金融的支持是重点，尤其是在资源和环境都具有瓶颈约束的吉林省，怎样实现金融支持低碳经济发展是重中之重。金融支持低碳经济的最好途径就是低碳金融的发展，因为低碳金融可以起到促进低碳技术发展，低碳产业进步的作用。

低碳金融的发展对于吉林省来说还是一个新兴事物，虽然吉林省在低碳信贷发展，政策出台、碳排放交易方面取得了一些成绩，但是存在的问题却也不少，面临的形势比较严峻。例如政策体系不完善、低碳金融产品单一、认识不足等方面都严重制约着吉林省金融支持低碳经济的发展。针对这些问题，吉林省需要“对症下药”，在未来进一步完善相关政策体系、加强宣传、创新产品服务，努力发展低碳金融以实现吉林省低碳经济的进步。

参考文献

［1］拉巴特，怀特．碳金融［M］．王震，等，译．北京：石油工业出版社，2010.

［2］王卉彤．应对气候变化的金融创新［M］．北京：中国财政经济出版社，2008.

［3］张伟．论转轨时期中国环境污染治理设施的投融资方式与创新［D］．青岛：中国海洋大学，2005.

［4］杜婷婷，毛锋，罗锐．中国经济增长与 CO_2 排放演化探析［J］．中国人口资源与环境，2007（2）：94－99.

［5］郭印，王敏洁．国际低碳经济发展经验及对中国的启示［J］．改革与战略，2009（10）：176－179.

［6］惠东旭．绿色金融［J］．商业时代，2002（18）：28－29.

［7］李威．国际法框架下碳金融的发展［J］．国际商务研究，2009（4）：42－53.

[8] 任卫峰. 低碳经济与环境金融创新 [J]. 上海经济研究. 2008 (3): 38-42.

[9] 赵娜, 何瑞, 王伟. 英国能源的未来——创建一个低碳经济体 [J]. 现代电力, 2005 (4): 90-91.

[10] 赵一平, 孙启宏, 段宁. 中国经济发展与能源消费响应关系研究——基于相对“脱钩”与“复钩”理论的实证研究 [J]. 科研管理, 2006 (3): 128-134.

[11] 赵云君, 文启湘. 环境库兹涅茨曲线及其在我国的修正 [J]. 经济学家, 2004 (5): 69-75.

[12] 孙洪庆, 邓瑛. 对发展绿色金融的思考 [J]. 经济与管理, 2002 (1): 37-38.

[13] 孙佑海, 丁敏. 依法促进低碳经济的快速发展 [J]. 世界环境, 2008 (2): 29-30.

[14] 王留之, 宋阳. 略论我国碳交易的金融创新及其风险防范 [J]. 现代财经——天津财经大学学报, 2009 (6): 30-34.

[15] 王宇, 李季. 碳金融: 应对气候变化的金融创新机制困境 [N]. 中国经济时报, 2008-12-19.

[16] 吴玉宇. 我国碳金融发展及碳金融机制创新策略 [J]. 上海金融, 2009 (10): 26-29.

[17] 熊学萍. 传统金融向绿色金融转变的若干思考 [J]. 生态经济, 2004 (11): 60-62.

[18] 晏露蓉, 赖永文, 张斌, 等. 论助推低碳经济发展的绿色金融创新——兼析兴业银行案例 [J]. 福建金融, 2009 (12): 4-8.

[19] 姚良军, 孙成永. 意大利的低碳经济发展政策 [J]. 中国科技产业, 2007 (11): 58-60.

[20] 曾刚, 万志宏. 国际碳金融市场: 现状、问题与前景 [J]. 国际金融研究, 2009 (10): 19-25.

[21] 张雷. 经济发展对碳排放的影响 [J]. 地理学报, 2003 (4): 629-637.

[22] 张茉楠. 中国须积极构建碳金融体系困境 [N]. 上海金融报, 2009-07-21.

［23］周小川．利用金融市场　支持节能减排［J］．中国金融家，2007（8）：34－36.

［24］刘丽巍，翁清云．低碳经济视角下的碳金融研究评述［J］．金融发展研究，2010（8）：17－21.

［25］李修辉．倡导低碳生活，构建生态文明社会［J］．剑南文学：经典阅读，2011（9）：193.

［26］于吉海．联合国气候变化框架公约简介［J］．地理教学，2010（5）：4－5.

［27］魏代梅．《京都议定书》签署以来中国政府的国际环境合作［D］．哈尔滨：黑龙江大学，2009.

［28］高旸．对发展我国绿色信贷的思考［J］．辽东学院学报：社会科学版，2008（6）：56－59.

［29］邓小东．金融因素促进低碳经济增长的机制研究［D］．呼和浩特：内蒙古大学，2010.

［30］罗伯特·马休斯．颠覆气候变化的新理论［J］．资源与人居环境，2006（4）：73－74.

［31］赵艳香，任晓玉．碳金融相关问题的研究综述［J］．商业文化：上半月，2011（5）：269－270.

［32］胡珀，吴锐．论我国碳交易法律制度的构建［J］．兰州大学学报：社会科学版，2011，39（5）：138－144.

［33］赵铎玮．我国碳排放权交易机制的框架设计［D］．厦门：集美大学，2011.

［34］盛景荃．低碳经济，人类别无选择［J］．华东科技，2008（12）：56－57.

［35］李拉．中国如何有序加快发展低碳经济与低碳金融［J］．产权导刊，2011（3）：13－15.

［36］牛慧．碳金融发展的国际比较及对我国的启示［D］．北京：北京交通大学，2011.

［37］张鹏，徐尚勇，朱玉宽．“低碳”之路安徽该如何破题［J］．绿色视野，2010（3）：6－19.

［38］齐美东，李瑞英．完善安徽循环经济金融支持体系探讨［J］．安徽

行政学院学报，2010（3）：95－100.

［39］郑萍．推进安徽省碳排放权交易发展的研究［D］．合肥：安徽大学，2011.

［40］王宏．永州市能源林碳汇计量研究［D］．长沙：中南林业科技大学，2011.

［41］邓小东．金融因素促进低碳经济增长的机制研究［D］．呼和浩特：内蒙古大学，2010.

突出发展吉林省民营经济的金融支持研究报告

项 目 负 责 人：张文娟
申报人所在系部：金融系
组织验收单位：长春金融高等专科学校
验 收 时 间：2014 年 12 月 3 日*

* 项目组成员：张晓晖、任春玲、王帅、吕鹰飞、姜丽凡、王娇、徐伟川。

“工欲善其事，必先利其器。”要了解和分析民营企业发展中的相关问题，就要先明确何谓“民营企业”。顾名思义，所谓民营企业就是由个体经营的企业。所以，民营企业并不能等同于私营企业。也就是说，所谓民营并不是所有制问题，而是经营机制的问题。“民营的实质是在不改变企业原有产权关系的前提下，由产权使用人独立自主经营的企业，即产权使用人拥有企业的经营决策权、资产处置权、劳动用工与劳动报酬分配权，而产权所有人是普通的‘民’（即社会经济人）而不是政府或政府代表。”所以，民营企业是可以包括私有、集体所有、外资及国有的群体。

发展民营经济，对于强省富民、振兴县域经济、促进社会稳定和繁荣都具有重大的意义。中国民营企业已经从“社会主义公有制经济的有益补充”逐步成长为“我国社会主义经济的重要组成部分”。民营经济在我国发展迅猛，进入持续快速发展的阶段，在对 GDP（国内生产总值）的贡献、税收缴纳、解决就业问题等诸多方面都有良好表现，已成为市场经济不可或缺的重要力量，可以说，民营经济的发展是否充满活力关系到我国总体经济社会发展的前景。然而调研显示，民营经济在融资上却面临重重困难，获得的外部资金支持与其对经济的贡献不成比例，制约了民营经济的发展。在吉林省情况亦是如此，全省民营经济发展迅速，但融资难的问题同样存在。近年来，吉林省委、省政府高度重视民营经济的发展，制定了一系列优惠政策，采取加大扶持力度、强化服务体系、开展全民创业等措施，推进吉林省民营经济的快速发展，取得了显著成效。随着改革开放的脚步和市场经济的发展，民营经济已经逐步壮大起来，并且在吉林省经济发展格局中逐渐得到了社会和政府的认可，成为推动吉林省经济增长过程中的重要力量。2013 年 2 月 23 日，吉林省委、省政府出台了《关于突出发展民营经济的意见》（以下简称《意见》），成为今后指导我省民营经济发展的纲领性文件，《意见》中确立了我省应该突出发展民营经济的方针，对我省金融服务如何适应民营经济发展做出了安排和部署，对民营经济的期待做出了明确回应。金融应该如何更好地服务于民营经济，切实为

其提供全方位、强有力的资金支撑，是我省突出发展民营经济亟待解决的问题。构建民营经济金融支持体系成为破解民营经济融资困境、充分发挥民营经济生力军作用的必然要求。

研究民营经济融资支持相关的文献可谓卷帙浩繁，其中经典的文献，要么是基于全国层面的研究，从理论逻辑的角度解释民营经济与经济体制、金融结构的关系，进而提出解决民营经济融资问题的建设性思路，代表性的研究结论包括发展中小金融机构、构建民营金融机构、规范民间金融等（张杰，2000；潘士远，罗德明，2006；高兰根，王晓中，2006）；要么是聚焦民营经济发达的江浙地区，提炼其地方金融创新的经验（周建松等，2005；褚保金等，2006；杨福明，2008）。在笔者看来，前一类的理论研究已经在很大程度上为中央政府及金融当局所认可，并可见诸国务院、央行、银监会及部分地方金融管理机构所颁布的各类文件中；而后一类研究的实证经验也正在被各个地区学习、效仿。但由于各地的实际情况不同，对发达地区的学习往往是零散的、片段状的，甚至是短时性的。这主要是由于它们没有结合本地的实际情况构建适合本地区民营经济发展的融资支撑体系，使金融创新发挥“系统效应”。本文在国家金融政策逐渐详明、各地金融实践推陈出新的背景下，选择吉林省为对象，研究其民营经济融资的现实特点，探索优化其民营经济融资支撑体系，对吉林省本地具有现实意义，对其他城市和地区也具有借鉴价值。

1 吉林省金融支持民营经济的必要性

1.1 吉林省民营经济基本情况

吉林省的民营经济从1978年开始起步，在1990年省委省政府提出放手发展民营经济后，到2000年年底，全省民营企业和个体工商户已初步形成规模。2008年民营经济以其优越、灵活的机制，在吉林省各种经济成分中脱颖而出，实缴税金122.9亿元，占吉林省地方财政收入的59.8%；截至2009年上半年吉林省民营企业户数达88736户，实现主营业务收入4626.7亿元，同比增长25.8%。民营经济优势产业逐步形成，新兴产业、高新技术产业也有很大发展。民营经济已成为促进吉林省经济发展的主体力量和重要支柱，在促进发展、扩大就业、财政增收、社会稳定等方面，发挥着不可替代的作用。2010年至今，吉林省民营经济又有了长足的发展，具体情况见下表1。

表1　　2010—2013年吉林省民营经济基本情况表　　单位：亿元

年度＼数据	主营业务收入及增速（亿元/%）	增加值（亿元）	全省生产总值及增速（亿元/%）	占全省生产总值的比重（%）
2010	13955.9/30.7	4219.9	8577.06/13.7	49.2
2011	18860.4/30.3	5318.0	10530.71/13.7	50.5
2012	23012.2/22.0	6064.4	11937.82/12.0	50.8
2013	26728/16.1	6607.6	12981.46/8.3	50.9

数据来源：根据吉林省统计局网站数据整理。

首先，从表1中的数据中可以看到，经过长期的发展，民营经济已经占据了全省经济总量的“半壁江山”。2011年，吉林省民营企增加值占全省比重由2006年的35%增长到50.5%，首次突破50%，2012年、2013年该比值分别为50.8%和50.9%，民营经济已经成为吉林省经济发展的主要力量。

其次，从增长速度上看，2011年、2012年和2013年全省民营经济增加值增长速度分别为26%、14.3%和8.95%，均高于吉林省总增速，虽然由于全国经济增放缓等原因有所下降，但总体上仍保持向上的态势。

纵向比较，吉林省民营经济发展可以说是较快的，但与民营经济比较发达的省份如广东、浙江等相比，仍存在不小的差距。一是吉林省民营企业规模一般较小，全省规模以上民营企业约9000户，仅占民营企业总数6%，低于全国平均水平。二是层次不高，吉林省缺少大规模的行业龙头和品牌，从图1中的数据可以看出，吉林省民营企业不仅数量少，而且企业实力较弱。2013年，中国民营企业500强评选中，浙江省有139户，广东省有21户，辽宁省也有11户，而吉林省仅有修正药业一家公司以315亿元的营业收入位列第70，在该榜单中再难觅吉林省民营企业的身影。三是结构不合理，吉林省民营企业多从事劳动密集型产业，科技水平较低。

1.2　吉林省民营经济发展中存在的问题

1.2.1　规模偏小，产权关系不明确

就企业发展来看吉林省民营企业具有明显的优势，但是与其他经济类型的企业相比，民营企业规模相对偏小，并且存在一定的差距。近年来，尽管政府投资占全社会投资比重越来越小，国有经济大规模收缩，但是国有投资和经营仍然遍布各行各业，涉及领域广泛，而民间资本由于其资金、技术等相关问题

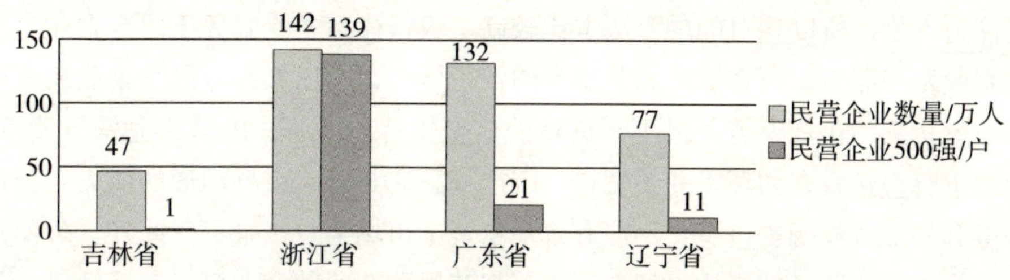

图1　全国部分省份民营经济发展情况比较

资料来源：根据“关于吉林省突出发展民营经济的调研报告”（吉林省委财经办编）数据整理。

的影响，进入一些领域受到一定限制。产权关系不明确，也是制约吉林省民营企业发展、壮大和竞争力提高的因素之一。民营企业绝大多数属于家庭式管理，在当前中国经济进入买方市场的条件下，家庭式管理已经成为民营企业发展难以突破的瓶颈。家族式管理限制了企业领导者决策能力和管理水平的提高，压抑了家族外员工的创新意识和工作积极性，不利于管理和技术人才的引进，生产规模还比较小，制约了市场开发。

1.2.2　产业布局不合理

吉林省民营企业进入大规模工业领域的比较少，相应的技术也较低，整体实力比较弱。吉林省的民营经济尽管有了长足进展，但目前依然集中在劳动力密集、技术门槛和产品附加值低、竞争激烈的产业领域。与其他经济类型相比，民营经济就业结构也体现出明显的劳动密集型特点。吉林省的个体、私营经济实力弱，大多分布于产业价值链的下游环节，除制造业占有一定比重外，大部分集中于批发零售和餐饮业、社会服务业及其他服务业。

1.2.3　规模集约效益不明显，品牌效应不突出

吉林省民营企业还没有形成快速集聚的气候，不具备完善的产业链效果。企业之间资源利用率不高，专业化分工意识不强，缺乏产品外包、协作和形成龙头企业的带动效应。缺乏核心竞争力，本地化生产和配套率低，产业链有“断链”和“链短”的现象，使得民营企业经营成本居高不下。同时吉林省民营企业品牌宣传力度不大，影响范围有限，市场开拓只限于省内或周边省，在全国知名度不高。

1.2.4　企业融资渠道不畅，融资环境差

影响吉林省民营经济发展的最大瓶颈是融资渠道不畅，而融资环境差的原因是多方面的。由于民营经济企业规模较小、初始资金实力较弱、市场前期开

发能力不足，所以相对的融资成本比较高。银行体系主要服务于国有企业，民营企业发展滞后，一直缺乏为其服务的银行体系，所以大部分民营企业缺少获得银行贷款的正规渠道，得不到良好的信贷支持。同时，民营企业发行债券、股票进行直接融资的环境并不宽松，因严重缺乏与资本市场沟通的能力，公司债券和外部股权融资极少，不能有效地从资本市场上直接融资。此外，为民营企业提供融资服务的机构不健全，专门扶持民营企业的金融机构发展缓慢，基层政策性民营企业担保机构不健全，个人信用评估体系和企业资信评估体系不健全等因素都是导致民营企业融资环境差的原因。

1.3 发展民营经济对吉林省的重要意义

吉林省省委书记王儒林强调："抓民营经济，就是抓发展，就是抓工业化、城镇化和农业现代化，就是抓富民强省。"民营经济作为吉林省经济的重要组成部分，对吉林省经济社会发展的意义之重大毋庸置疑。

1.3.1 民营经济的发展是推动我省经济发展的重要力量

民营企业实现了产值大幅增长，对我省经济发展起到强大的推动作用。自2011年以来，民营经济对吉林省GDP贡献过半，民营经济是否充满活力，对我省经济社会发展至关重要。

1.3.2 民营经济的发展提升了我省市场化水平

民营企业的发展提升了市场化速度。这也是由民营企业在第三产业中的巨大份额决定的。民营经济的迅速发展，促进了国有企业的改革发展，加快了我省市场化进程，提高了整个经济市场化水平。同时，也加快了我省城镇化进程，促进了人口、资金和各种生产要素的流动和重组，提升了生产要素的使用效率。

1.3.3 民营经济的发展有利于解决各种社会问题

民营企业的发展创造了大量就业机会，吸收了大量的城乡剩余劳动力，并聚集了大量社会闲散资金、技术和人才，形成了新的社会生产力。在这一方面，民营企业所产生的社会效应是远远大于经济效应的，不仅维护了社会稳定，还在一定程度上加快了小康化步伐。尤其是农村个体私营经济的崛起，为广大农民走出贫困，实现从温饱走向小康，并向富裕化迈进创造了条件。在国有企业改革、市场经济快速发展以及城镇化的过程中，下岗职工、失业人员和农村剩余劳动力人数增多，成为社会全面、和谐发展必须解决的问题。而民营企业具有行业涉及面广、人才需求层次多和在劳动密集型产业发展较快的特

征，可以创造出大量新的就业岗位，从而吸纳上述劳动力。以2011年为例，全省民营经济从业人员占城镇从业人员的74.2%。民营经济的发展，不仅具有极大的经济意义，还关系到民生问题的解决，具有缓解社会矛盾的作用。

民营企业的税收增长迅速是显而易见的。随着民营经济的不断发展壮大，其对税收作出的贡献也不容忽视。民营企业实现的产值和社会消费品零售额大幅增长，促进了经济增长。这一对经济强大的推动作用则无须赘言。民营企业的发展加快了城镇化进程。民营经济的发展，打破了传统计划经济体制下形成的城乡分割的“二元结构”，促进了城乡人口和各种生产要素的流动与重组，形成了人口和生产要素向城镇集聚的大趋势。民营企业“机制灵活”，可以“造成很强的竞争态势”，从而“推动公有制企业改革改制。”

2　吉林省金融支持民营经济的现状和制约因素分析

2.1　吉林省金融支持民营经济的现状

我省民营经济存在总量不够大、层次不够高、创新能力不够强等问题，融资困难是造成这种现象的主要原因之一，民营企业获得的金融支持与其对经济的贡献极不对称，很多民营企业资金瓶颈制约严重。主要表现在以下几个方面。

2.1.1　间接融资难，融资成本高

2008年金融危机以后，银监会对商业银行提出“小企业贷款增速不低于全部贷款平均增速、增量不低于上年同期增量”的要求。为达到“两个不低于”目标，各大商业银行、股份制商业银行纷纷推出了一系列针对中小企业的信贷产品，但尽管如此，从全省情况来看，民营中小企业融资难、融资贵问题依然在一定范围内存在。

一是民营企业从金融机构获得贷款难。银行对缺乏抵押资产和担保的民营中小企业的金融支持弱化。虽然目前几乎所有的商业银行都针对中小企业设计了多样化的金融产品，但大部分银行在信贷上十分注重物质抵押和担保。而民营企业大多固定资产少、流动资产变化大、无形资产难以量化，可用作抵押的资产很少。因此，银行较少愿意以信用借款和质押借款的方式给民营企业贷款。同时，在担保贷款上，鉴于当前银行业贷款风险增加的状况，银行对于民营担保公司担保的贷款也比较谨慎，这在一定程度上增加了部分中小民营企业的贷款难度。

据吉林省金融办调查结果显示，我省民营企业的融资基本依赖于间接融资，调查样本中92.6%的企业希望从银行取得贷款。但是国有商业银行对贷款条件限制较严，导致吉林省的民营企业的建设资金以及生产资金的缺口达到了60%以上，在吉林省大约有27个县的民营企业存在建设资金不足的状况，有融资需求的民营企业中有将近一半得不到贷款，90%的中小企业基本从商业银行贷不到款，全省小微企业贷款余额低于全国平均水平。

二是民营经济融资贵的问题依然突出，即使能够从银行获得贷款，条件也比较苛刻。吉林省金融机构向小微企业发放贷款时，利率水平一般在基准利率的基础上上浮30%～40%，再加上担保等费用，融资成本占总融资数额比例接近14%，使民营企业负担高昂的融资成本。

2.1.2 直接融资发展缓慢，融资渠道非常单一

在中国的金融体系中，严重缺乏一个多层次的并且能够为中小企业提供融资服务的资本市场，民营企业通过发行股票、债券等进行直接融资的环境并不宽松，许多企业不具备与资本市场沟通的能力，并且企业公司债券和外部融资的渠道较少，无法及时有效地从资本市场上直接融资。目前，虽然深圳建立了“中小企业板”，有助于减少中小企业对银行贷款的过度依赖，但是实际上，这种方法只针对一些高风险、高报酬的科技型中小企业的融资问题。所以，在今后较长的时间内，劳动密集型的中小企业则很难利用资本市场来解决自己的融资问题。另外，在吉林省金融创新型产品种类比较少，技术含量不高，并且可转换债券、长期票据、资产证券化等现代的融资工具在吉林省基本是不存在的。我省民营企业外源性融资基本依靠银行贷款，通过直接融资的方式占企业外部资金的比例微乎其微，民营企业很少能通过发行股票、上市的方式进行融资，尤其是劳动密集型的中小企业基本与上市无缘。截至2013年6月末，全省在境内上市民企数量仅为16家，而广东、浙江分别达到226家和180家，同属于民营经济不发达的辽宁省该数据也是我省的两倍。在债券市场、风险投资等融资形式中，民营企业表现同样不佳。据调查，2013年上半年吉林省民营企业通过股票、债券和股权融资等直接融资方式获得融资额为558亿元，仅占融资总额5%，权益融资发展较慢。

2.2 扩大金融支持民营经济的制约因素

2.2.1 金融机构对民营经济的所有制歧视

由于多数民营企业规模都比较小，资金力量较弱，经营风险也比较大，所

以相对地融资成本就比较高。掌握了大部分信贷资金的银行更愿意服务于国企、央企，对向民营企业提供融资缺乏积极性，因此，大部分民营企业很难获得银行良好的信贷支持。目前的融资服务方式、工具主要是针对大型企业或国有企业设计的，难以满足民营企业的融资要求。从利率政策上看，同样存在所有制歧视的现象，国有企业往往能享受较多的利率优惠，在实行浮动贷款利率时，对民营企业的浮动幅度也往往更高，使民营企业不仅融资难，而且融资贵。另外，吉林省也缺少专门扶持民营企业的金融机构，使外部资金主要依赖于银行体系的民营企业很难从银行获得信贷支持。

2.2.2 资本市场不健全，直接融资通道不畅

在我国现行的金融体系中，民营企业通过发行股票、债券等方式进行直接融资的环境并不宽松。首先是上市融资条件苛刻。企业通过股票市场融资要满足一系列硬性条件，目前，虽然建立了“中小企业板”，但企业如果拟在中小企业板上市，必须满足最近3个会计年度净利润均达为正数且累计超过人民币3000万元、最近3个会计年度经营活动产生的现金流量净额累计超过人民币5000万元等条件，这些要求对于大多数民营中小企业而言显然“门槛”过高，而且这种方式主要服务于科技型企业，对劳动密集型中小企业来说并不适用。其次是企业债券发行难度高。目前民营经济可以采取发行一般企业债、中小企业私募债或集合债等方式融资，但因为对发行债券的企业净资产的要求较高，一般企业很难达到，且我国目前企业债券发行采取“规模控制，集中管理，分级审批”的方式，这些都限制了民营企业通过公开发行债券的方式直接融资。

2.2.3 民营经济的担保体系不健全

调查中发现我省有近80%的企业、个别县（市）95%的企业得不到贷款，其中最主要、最核心的原因之一是企业有效抵押物不足甚至不能提供抵押，在这种情况下，由担保公司提供担保是比较好的选择。我省于1999年组建了第一家担保机构，至今担保机构数量大幅增加，截至2013年6月末，全省取得经营许可证的融资性担保机构174户，注册资本金156亿元，但仍较难满足企业担保需求。一是因为我省担保机构规模都比较小，平均资本金为8900万元，规模在亿元以上的担保公司较少，导致银行对其认可度较低。二是担保体系仍不完善，担保机构数量不多且担保方式缺乏创新，针对民营企业的担保产品较少。此外，企业信用评估体系不健全，这些因素共同导致了全省民营企业融资

环境较差。

2.2.4　民营企业自身的原因

在对银行操作机制的欠缺之处加以指责的同时，民营企业也应看清自身的弊端。除了外部因素之外，民营企业内部也存在着一系列问题致使其不能取信于银行。一是我省民营企业的规模普遍较小，中小企业和微型企业比例较大，经营风险高，在向商业银行申请贷款时，不能提供有效的抵押和担保，因此较难获得银行贷款或吸引风险投资基金等融资。二是民营企业信用体系不健全。信息不透明是民营企业融资难的一个主要障碍。民营企业缺乏现代企业制度，经营不规范，财务信息不够透明，信用意识不强，这些原因造成银企信息严重不对称，企业不良贷款率较高，更进一步降低了银行贷款的积极性。三是中小企业缺少高素质财务人才，对现有的中小企业优惠融资政策缺乏了解，难以充分运用这些政策、渠道进行融资。四是企业资产与家族资产、企业盈亏与家族盈亏界限模糊，使得银行在对民营家族企业放贷时一定程度上相当于私人信贷。这样对资产状况、偿债能力、信用状况等各方面的考察就更要从严以符合银行规避风险的原则。同样地，家族企业在经营管理上也存在着一定的问题，银行对企业的发展前途抱着质疑的态度也是情有可原的。

3　美国与日本的民营企业融资经验借鉴

美国是一个强调市场的自由化国家，中小企业融资通过政府的政策性贷款相当少，主要通过自身积累、从亲朋好友处借款、向商业银行贷款、向金融投资公司借款、通过证券融资以及获得政府资助。其中依靠自身积累和从亲朋好友处借款是最主要的融资方式，但由于这两种方式不是市场化手段，因此本文主要探讨其余四种融资方式。

从理论上来说，从商业银行贷款是中小企业融资最主要的手段之一，但由于银行与中小企业之间存在着严重的信息不对称，加之缺乏必要的可作为抵押的资产，因此中小企业向商业银行申请贷款时常常被拒绝。为此，美国政府向中小企业提供一定的贷款担保和贷款贴息，并通过成立小企业管理局确保中小企业能够顺利获得商业银行贷款。金融投资公司贷款主要由小企业投资公司发放。为了给中小企业提供更好的融资服务，美国于1958年创立了小企业投资公司，其主要职责是对小企业提供长期资本的支持。小企业投资公司的建立为

政府和私人公司合作、扶持和培育小企业提供了平台。小企业投资公司支持的主要对象包括一些具有一定发展前景的新兴产业及其服务产业。美国在线、英特尔公司、苹果公司、美国快递公司等，都是通过小企业投资公司提供融资支持而获得成功的公司。自1958年以来，美国中小企业投资公司已向近10万家中小企业融资上百亿美元。

在纳斯达克上市是美国中小企业的一种重要融资渠道，该市场为中小企业的资金运转提供了有力保证。1971年，美国全国证券经纪商协会建立了以高成长的中小企业融资上市为主要目标的、第二板性质的全国证券经纪商协会自动报价系统。由于其融资的灵活性，使得二板市场更符合中小企业尤其是高科技企业的融资需要，极大地促进了中小企业筹资发展。

政府资助也是美国中小企业资金的来源之一。考虑到中小企业在国民经济中的重要性，特别是考虑到小企业在初创阶段成本较高及在市场竞争中的不利地位，美国国会于1953年专门设立了小企业管理局，对各类小企业提供指导、咨询、融资等服务以及帮助小企业获得政府订单、向小企业推荐经理人员。

中小企业在各国都是一支庞大的队伍，日本也不例外，日本的中小企业占企业总数的99%，在带动经济发展和解决就业中发挥着至关重要的作用。日本中小企业的发展和壮大是多种因素共同作用的结果，首要的是政府的作用，此外，中小企业和大企业之间的承包关系也是支撑中小企业健康发展的重要驱动力。就前者而言，它不仅体现在日本早在1963年就通过了《中小企业法》，以及进入20世纪90年代以后，根据形势发展的需要及时对该法进行修订，并于1999年颁布的新《中小企业法》上，更体现在政府对中小企业的诸多扶持中。而就后者来说，大企业和中小企业之间的承包关系无疑是日本企业的一个重要特征，就本文所要探讨的融资问题而言，在日本的主银行体系下，中小企业与大企业之间的这种关系，对于中小企业解决融资难的问题是大有裨益的。日本中小企业采取的是一种由银行主导的间接融资模式，这种间接融资模式不仅与日本政府主导型的市场经济密切相关，还与日本的主银行体系的确立密不可分。“日本中小企业对银行的贷款具有较强的依赖性，而企业自有资本的低比率和直接融资渠道的不发达决定了日本的中小企业以外部融资和间接融资为主。”在支撑这一模式的诸因素中，融资机构是一个重要的基础，“目前在日本，为中小企业提供资金的除了证券市场和商业银行、地方金融机构外，还有财政全额出资的金融机构——中小企业金融公库和国民生活金融公库，以及半官半民的商工组合中央金库”。单就这一模式来说，间接融资模式可能会不利于竞争和优胜劣汰，但是它却有利于政府的宏观调控，政府可以通过对银行的掌控来对市场进行调控。日本作为世界上中小企业管理最为完善的国家，中小企业的融资模式也有它自身的特点。总的来说，政府的扶持为中小企业的融资奠定了良好的基础，相关机构的健全则为中小企业融资提供了保证，而信用担保体系的完善则在一定程度上为中小企业的成功融资进行了保驾护航。

我省民营经济的规模普遍偏小，民营经济的主体是中小企业，中小企业和民营经济高度相关。因此本文主要探讨了美国和日本两国改善中小企业融资环境的做法。美国是私有制经济的第一强国，日本被称为“中小企业之国”，在发展中小企业上都有丰富的经验值得我们借鉴，具体的做法主要有以下几方面。

3.1　进行专门立法，为中小企业发展提供法律保障

美国政府认识到小企业对于美国经济的重要性，为了促进中小企业的发展，颁布了多项法律。对中小企业的法律保护最早可以追溯到1890年的《谢尔曼法》，该法从限制垄断的角度间接维护了中小企业在市场竞争中的地位。美国关于中小企业的直接立法为1953年颁布的《小企业法》和《小企业融资法》，这两部法律明确了美国政府应资助、保护小企业。近期，美国比较有代表性的是2010年奥巴马政府签署的《小企业法案》，从信贷、税收等方面帮助金融危机后的中小企业渡过难关。到目前为止，美国政府为了扶持中小企业发展，颁布了包括以上法律在内的几十项法律。日本关于中小企业的最早的立法为1949年《中小企业等协同组合法》，至今，已制定了包括《中小企业信用保险法》《中小企业基本法》在内的30多部有关中小企业的法律，这些法律从财政支持、税收优惠、政府担保、促进小企业结构调整等角度为中小企业提供了法律保障，也为中小企业创造了一个相对比较公平的竞争环境。从美日中小企业的发展过程中可以得出这样的结论，政府职能的发挥对中小企业意义重大，政府通过对市场环境、融资制度、税收政策等方面进行完善的立法，为中小企业发展提供制度保证，并根据实际情况的变化进行调整、修正和补充，适应民营企业不同发展阶段的要求，引导其服务于国家经济。

3.2　成立专门服务中小企业的机构，对中小企业提供资金帮助

1953年，考虑到中小企业在创业初期融资能力差和在市场竞争中处于相

对劣势的情况，美国国会建立了小企业管理局，并于1958年创立小企业投资公司，对小企业提供长期资本支持、融资和咨询服务，为其与政府合作提供平台，帮助小企业取得订单，这些举措有力推动了小企业的发展。1948年，日本在通产省设置了中小企业厅，各个地方也都设有专门管理中小企业的机构，通过立法、制定政策和计划等手段，从信贷条件、税收政策等方面调节和干预中小企业的发展。日本还由财政出资设立了中小企业金融公库，向中小企业提供短期流动资金。美国和日本的上述机构在两国中小企业的快速过程发展中扮演了政策制定者、资金提供者、经营监督人和信用担保人等多重角色，为其发展提供了多层次的帮助。建立专门的金融机构是许多发达国家如美、日等所普遍采取且行之有效的一种金融支持手段。

3.3 培育资本市场，积极开拓中小企业直接融资渠道

为了给小企业提供直接融资的平台，美国于1971年创建了国家证券业者自动报价系统协会，即纳斯达克，中小企业可以在其上市，且上市条件比较宽松，这种方式成为美国中小企业尤其是高科技企业最重要的直接融资渠道，为中小企业的资金运转提供了有力保证。在美国，企业融资的特点之一就是以直接融资为主，数据显示，美国证券融资可占到企业外部融资的55%以上。此外，风险投资基金也是美国中小企业融资的重要来源。中小企业尤其是高新技术产业，在发展初期，由于用于技术研发、产品转化的投入较大，风险也相对较高，又由于缺少有效担保等原因，很难获得银行间接融资支持，而风险投资应运而生。美国是风险投资机制最为成熟、发达的国家，政府先后通过《赋税法》（1978年）、《经济恢复税法》（1981年）等法案，将资本收益税先后进行两次调整，将其从49.5%降至28%，后又降到20%，此举大大提高了风险投资企业的投资收益和投资积极性，引导风险投资机构向高新技术型中小企业注入资金。对中小企业而言，风险资本的引入不仅扩大了企业资本来源，满足了创业不同时期的资本需求，又可以借助风险资本的人才资源、管理经验来规避经营风险，完善企业制度，实现企业价值的长期增长；在日本，企业融资的主要途径是间接融资，但直接融资途径也比较广泛，日本组建了第二板市场，进入该市场融资的门槛较低，亏损企业如发展潜力较好也可以上市，因此加大了企业直接融资的比重。日本的债券市场也比较成熟，中小企业也可选择通过发行企业债券的方式融资。

3.4 建立健全担保体系，提高中小企业融资能力

美国形成了三套中小企业信用担保体系，该体系由全国性中小企业信用担保体系、区域性专业担保体系和社区性担保体系构成，扩大了金融机构对中小企业的贷款；日本全国有52家地方信用保证协会，这些协会对符合条件的中小企业承保，以向承保的企业收取保证费的方式，来弥补风险损失和维持协会的日常运营，此外，日本政府还全额出资建立了“中小企业信用保险公库”，对担保协会进行再担保，健全的担保体系在很大程度上缓解了中小企业的融资困难。信用保证制度是发达国家中小企业使用率最高且效果最佳的一种金融支持制度。各国的中小企业在融资时普遍面临的一个障碍就是自身信用不足又缺乏有效的抵押，而担保制度是解决这个问题最行之有效的办法，通过第三方对中小企业进行信用担保，提高企业信用，成为解决中小企业融资难题的重要途径。

3.5 鼓励设立中小金融机构，建立多层次融资体系

在美国的银行体系中，资产超过10亿美元的大型商业银行数量只占银行总数量的10%左右，其余均为以社区银行为主体的中小银行。社区银行是指在资产规模、分支机构数量、贷款规模等方面符合一定量化标准，并以关系融资为主要融资方法、服务对象主要为本地客户的银行类型。美国政府于1977年通过《社区再投资法》，并于之后进行数次修改，主要内容包括对社区银行进行监管，对社区银行向本社区贷款进行量化考核，并将考核结果作为是否允许该银行开设分支机构、开展新业务的依据。社区银行向本社区居民和企业的发放贷款，对解决了中小企业融资难的问题发挥了关键作用；日本专门为中小企业融资的金融机构主要包括民间合作信用系统、经营性中小企业金融机构和中小企业投资育成公司等，这些机构为中小企业发展提供了资金支持。

通过对美国和日本破解中小企业融资困境的做法进行分析和比较发现，美国和日本对中小企业融资的模式存在着共通之处，对我省甚至是我国的民营经济发展具有借鉴意义。为了支持民营经济发展，必须积极拓宽民营经济融资渠道，构建多元化的金融支持体系。

4 构建吉林省民营经济金融支持体系

事实上，关于民营企业、中小企业“融资难”的问题，已经被政府相关

部门、学术界、金融界反反复复讨论过了，形成了各种各样的建议，央行及银监会也陆续出台了一系列政策性、原则性文件。先后出台了“非公经济 36 条”“中小企业 29 条”“民间投资 36 条”“银十条”等政策措施。可见，关于改善民营中小企业融资问题从来就不缺政策建议。目前关键的问题是设计一个贴合实际、具有可行性的执行方案或计划，通过体制机制创新，把中央金融政策用好、用足，构建适合本地区民营经济发展金融支撑体系，并配以可实施、可考核的配套措施。关于如何构建一个高效的民营经济发展金融支撑体系，首先必须明确两个前提。

一是构建民营经济金融支撑体系必须遵循民营企业的融资规律。根据西方国家企业的资本结构，企业合理的融资顺序首先是内源融资，也就是使用留利，只有在留利不够时，才进行外源融资，即向银行借款，或在市场上发行债券，最后的选择是发行股票。也就是说，民营中小企业在融资上首先是选择内源融资，或者是具有内源性质的融资，包括亲友间的借贷，熟知本企业的低交易成本的民间借贷等；其次是间接融资，以银行借贷为主，也包括民间高利息借贷，如贷款公司、财务公司、地下钱庄、典当甚至高利贷等（这种类型的借贷主要是救急）；再次是在资本市场上发行债券，主要是短期融资券、中小企业集合债券和集合票据等；最后是在资本市场上发行股票，主要是在中小板和创业板。后两者主要是门槛高、限制条件多。此外，对于民营中小企业融资，还要区分长期融资和短期融资，让大型商业银行不断面对小企业“短、频、急”的融资需求，的确是勉为其难。不同的融资需求要对应不同金融服务和金融产品，这也是在设计民营经济融资体系时必须考虑的问题。

二是民营企业融资问题的解决必须综合发挥商业市场化金融和政策性金融的联合支撑作用。以国有银行、股份制银行为主体的商业性金融体系拥有全国 80% 以上的金融资源，商业市场化金融必然是民营中小企业融资的主渠道。但事实证明，即使在中央金融政策的不断驱动下，商业性金融依然不能很好地满足民营中小企业的融资需求。在当前的融资体系和融资环境下，由于民营企业自身的弱质性，商业银行的趋利性、考评体系以及当前信用环境等各项支撑条件的缺失，有必要通过政策性金融来支持民营企业，发挥政策性金融对商业性金融的撬动作用。

综上所述，民营经济金融支撑体系，应该是以政策性金融与商业性金融相结合，以财政资金为杠杆，以中小型银行类金融机构为主体，以非银行类金融机构为补充，资本市场不断完善的多元化、多层次的融资体系。

在这样一个融资体系中，商业性融资渠道是主体，政策性融资渠道对其发挥“四两拨千斤”的撬动作用，资本市场融资渠道是有力补充。商业性融资渠道中，没有将国有大型银行纳入其中，是为了突出中小金融机构的作用，强调地方金融与民营经济的匹配性。中小微型银行能够满足民营中小微型企业中、短期融资需求，而（小额）贷款公司等非银行金融机构以及典当行、财务公司等民间金融组织则可满足民营企业“短、频、急”的融资需求。政策性融资渠道可以是地方政府设立的民营经济融资平台，也可以考虑设立面向民营经济的政策性银行。前者在国内的很多城市都是存在的，而后者目前在国内尚不存在。政策性融资渠道资金来源稳定、利率低，可以满足民营企业中长期的融资需求。资本市场融资渠道是金融创新的重要方向，针对不同发展阶段的民营企业，应该发展成多层次、多元化的市场结构。股权融资多具有战略性融资的性质，包括各类风险投资、非上市企业股权交易、中小板、创业板等。债权融资，从全国的探索经验看，应以集合性的债权融资为主，切合民营中小企业融资的实际条件，能够满足其长、中、短期的融资需求。值得强调的是，上述民营经济融资支撑体系构建框架不仅适用于吉林省，同样适用于其他省市和地区，只是根据各地的实际情况不同，发展重点不同而已。

为了突出发展吉林省民营经济，必须改善我省民营经济融资环境，在充分考虑我省实际情况的基础上，适当借鉴国外成熟经验，构建一个定位准确、层次多元、以市场原则为主的金融支持体系。其中政府发挥引导作用，大型商业银行、中小金融机构（包括准金融机构）贷款为主要融资渠道，直接融资为补充力量，健全的担保体系为保障，统一的征信系统为投、融资决策提供判断依据。具体来说，主要应用做好以下几方面工作。

4.1 政府要发挥引导作用，支持民营企业发展

解决民营经济融资难的问题，政府的作用至关重要，政府应从以下几个方面鼓励与支持民营企业发展。

4.1.1 致力于为民营企业创造一个相对公平的融资环境

尽快制定和落实促进中小企业发展的条例，以及金融支持民营经济发展的指导意见，为民营企业融资和参与市场竞争提供法律保障。对民营企业提供税收、市场准入等方面的优惠政策，建立对金融机构进行民营经济信贷支持的量化考核制度，通过由地方政府进行奖励和惩罚等措施引导金融机构向民营企业

提供信贷资金。

4.1.2 对民营企业提供资金支持

政府应建立专用于发展民营企业的政策性基金或机构，加大对科技创新、发展前景好的企业提供资金支持的力度，重点支持从事高新技术产业、农产品深加工行业的民营企业，加大政府对民营企业补贴的力度，发挥吉林省的比较优势。

4.1.3 以政府为主导搭建民营企业融资服务平台

可以考虑建立由政府出资、有资质的第三方负责运营的民营企业融资平台，发布有资金需求的企业和项目信息，经过运营方初步评审后，向银行、风险投资企业等投资方推介，企业和投资方进行双向选择。这种做法可以降低银企交易费用和信息成本，为民营企业获得银行信贷创造条件，使那些有发展潜力的民营企业更易获得投资，从而提高资源配置效率。

4.2 建立政策性融资渠道与商业银行融资渠道相补的融资体系

4.2.1 解除贷款政策上的某些束缚与限制，明确支持民营企业的具体信贷政策措施

尽快完善授权授信制度，主动适应民营企业对金融信贷需求量大、速度快的客观要求，解决信贷业务操作中重复环节过多的问题。对民营企业的信贷金融支持实施“抓大选小”的策略，妥善解决当前贷款约束和贷款激励的不对称问题。国有商业银行在加强对民营企业支持的同时也要注意风险防范，要坚持贷前评估、贷中审查、贷后检查的制度。国有商业银行的信贷人员应多渠道了解私企的经营状况，可以通过走访私企的销售网点、协作企业、竞争对手来了解他们的经营动态，以利于极早发现并防范风险。

4.2.2 建立民营经济发展的政策性融资渠道，有效解决民营企业中长期融资问题

我国目前的三家政策性银行基本不面向民营经济和中小企业（开发行已转型为股份制商业银行，但继续承担部分政策性业务）。虽然不断有中央政协委员提议成立全国性政策性的中小企业银行，但那需要相当长的时间进行人力和资本的筹备。关于建立民营经济发展的政策性融资渠道，我们可以考虑以下两种切实、有效、快捷的方案：一是依托现有的政策性银行，建立“民营企业信贷部”，形成独立的民营企业政策性融资渠道。目前，农业发展行已经在民营企业融资方面启动了实践，国开发银行业已经开始从事中小企业的担保，

并取得了良好的效果。对于我国现有的政策性银行，可以考虑像世界银行、亚洲开发银行一样，专门成立一个部门，负责给民营部门贷款。因此，我们提出依托现有的政策性银行，组建相应的“民营企业信贷部”，对民营企业进行融资支持，有效解决民营企业中长期融资问题。二是由地方政府部分出资，引导设立吉林省民营经济发展银行。关于地方性政策性银行，可以在这方面先行先试，成立吉林省民营经济发展银行，按照“导向支持、微利经营”的原则，向地方民营经济企业和小微企业发放低成本中长期政策性贷款。政府可以通过对政策性银行免税、贴息、资金注入等方式进行支持。同时，可以建立起政策性银行的持续经营机制和风险控制机制，加强政策性银行与经信委、工商联的合作，在优质企业信息等方面加强合作，共同促进吉林省产业经济发展。

4.3　大力发展和完善中小金融机构，设立专门服务于中小企业的金融机构

首先，在加强监督的前提下，允许具备条件的民间资本发起设立中小型银行等金融机构，发挥中小金融机构贷款审批环节相对较少、发放贷款速度较快的优势，适应民营企业资金需求量相对较小，但频率高、时间紧的特点，使中小金融机构逐步成为中小企业融资的主渠道。

其次，建立新的专门服务于民营经济的金融机构，或在现存的金融机构中设立新的部门，制定政策鼓励其为民营企业尤其是中小企业提供融资服务，同时，支持金融机构向民营企业集聚的地区延伸。

再次，整合现有金融资源，改造农村信用合作社，组建农村合作银行，使其与城市商业银行一起为民营企业发展提供多层次的金融服务。大力发展以村镇银行、商业银行专业分支行为主体的社区银行，推进条件成熟的小额贷款公司向村镇银行转变，鼓励民间资本组建更多的小额贷款公司，有效解决民营中小企业短期融资问题。事实上根据银监会2009—2011年间的计划，全国要设立村镇银行1027家，贷款公司106家，农村资金互助社161家，共计1294家新型农村金融机构。截至2011年年底，全国已组建的新型农村金融机构仅786家，与原定目标相距甚远。社区银行的概念来自美国等西方金融发达国家，凡是资产规模较小、主要为经营区域内中小企业和居民家庭服务的地方性小型商业银行都可称为社区银行。美国的《社区再投资法》明确规定了社区银行要将一定比例的吸收存款投于本社区的建设。这一点在支持民营经济方面很值得借鉴。吉林省要形成一定密度的社区银行。

复次，在吉林省发展小额贷款公司作为有益补充。以村镇银行、商业银行专业分支行为主体的社区银行在规模和信息上都与民营中小企业具有对称性，能够形成更好的匹配效率。但民营中小企业“短、频、急”的融资需求依然离不开小额贷款公司灵活、迅速的机制。因此，要进一步鼓励民间资本组建更多的小额贷款公司。针对小额贷款公司在发展中面临资金来源不足、运营成本高、信息成本高等一系列问题，建议扩大小额贷款公司从金融机构的融入资金的比例（规定比例是不超过其资本净额50%），或者降低其从金融机构批发资金的利率；对小贷公司给予税赋优惠；允许小贷公司共享人民银行中小企业征信管理系统等，降低小额贷款公司的成本和风险。

截至2013年6月末，全省累计批准开业小额贷款公司441家，注册资本金147.2亿元，全省小额贷款公司贷款余额101亿元，一定程度上解决了缺乏抵押和担保的中小微企业融资需求，是民营经济金融支持体系的不可缺少的“零件”。今后应继续发展小额贷款公司，适当放宽市场准入，鼓励优质企业发起设立小额贷款公司，充分发挥其放款速度快、信用放款的优势。

最后，在发展中小金融机构的过程中，政策措施必须要进行配套改革，放松利率管制，继续推进利率市场化进程。当前对贷款利率仍存在对浮动区间的限制，应逐步过渡到由银行根据市场原则自主决定利率水平，按照风险与收益相匹配的原则，对民营经济进行信贷投放，只有实现银企双赢，才能保证银行对民营企业融资长期可持续。

4.4 推进我国资本市场建设，鼓励民营企业进行直接融资

借鉴国外的成功经验，健全民营企业直接融资体系。继续鼓励民营企业上市，并适当放宽创业板和中小企业板准入条件，提高市场容量；借助专业中介机构，依托企业资信评级机构建设，为企业和投资者提供信用评级服务，降低投资风险。同时，创新多样化的债券体系，推行企业集合债券、系列债券、收益债券等新型债券产品，特别是中小企业集合债，这种债券采用多个企业捆绑发债的模式，解决了中小企业的资信评级低的问题，可以提高中小企业信用，解决中小企业长期资金缺乏的问题，使其在经营上可以进行长期的规划和建设，是破解民营企业融资难题的行之有效的方法；引入风险投资基金，充分利用其无须担保和抵押、融资无须偿还的优势，借助风险投资基金的专业人才，完善企业内部机制，做大做强民营企业；完善区域产权交易市场，为企业进行股权融资创造条件。

加快中小企业私募债、短期债券、金融租赁等创新金融产品的推广。对于代表先进生产力的科技型、创新型、高成长型中小企业而言，通过资本市场融资是未来发展中不可或缺的渠道。因此，加快面向中小企业的资本市场建设、创新资本市场融资产品是金融改革的必然趋势。除了上述融资创新产品，吉林省要进一步跟进国内外金融创新动向，并结合本地经济环境及民营企业发展实际情况，在以下几个方面进行创新推进。

4.4.1　发展中小企业私募债

当前，证监会正组织上交所、深交所、证券业协会等部门研究制定中小企业私募债券的一整套监管规则。中小企业私募债具有准入门槛低、募集资金使用灵活（在不违反产业政策的前提下，募集资金用途不做任何限制，如不能投资房地产）、产品自主灵活（债券担保、评级、期限、发行价格、利率等都由相关主体协商确定）、注册审核速度快（从上报到获批的注册时间最长不超过60天）等多种优势，是民营中小企业开辟融资渠道的理想选择。当前应积极做好民营中小企业发行中小企业私募债的前期培训、辅导工作，待私募债开闸后能够抢占先机。

4.4.2　组织发行中小企业短期债券

目前全国已有部分地区针对高成长型企业进行了中小企业短期债券试点。短期融资券期限较短（1年），投资者较容易判断和控制风险。与其他金融产品相比，短期融资券具有利率市场化、注册效率高、发行方案灵活等优点，有利于中小企业能够根据自身状况，在较短时间内募集低成本资金，保障正常生产经营，而且短期融资券对发行主体没有担保的要求。吉林省的一些大型企业发行过短期债券，但中小企业短期债券尚未试点。建议吉林省可以选择一些财务状况较好的高成长型企业，采用集合发行的方式展开试点。

4.4.3　大力发展融资租赁业务

扎实推进扩大商业银行设立金融租赁公司试点工作。支持金融租赁公司按照“商业持续”原则，开展中小企业融资租赁业务创新。针对民营中小企业发展融资租赁业务，能够直接促进金融服务实体经济的力度，降低融资风险。建议完善融资租赁公示登记系统，加强融资租赁公示系统宣传，提高租赁物登记公信力和取回效率，为中小企业融资租赁业务创造良好的外部环境。加强对融资租赁业务的指导监督，促进融资租赁行业规范化、管理统一化、合同统一化，在规避风险的同时保证融资租赁有序、规范发展。

4.4.4 稳步推进非上市企业股权交易市场发展，完善多层次资本市场体系，探索“投贷联盟”创新模式

稳步推进非上市企业股权交易市场发展，加大中小企业上市前期辅导培育力度，支持自主创新和有发展前景的中小企业发行上市。鼓励风险投资和私募股权基金等设立创业投资企业，逐步建立以政府资金为引导、民间资本为主体的创业资本筹集机制和市场化的创业资本运作机制，完善创业投资退出机制，促进风险投资健康发展。此外，针对高新技术成果评估难、创业风险投资市场资金规模有限的实际情况，吉林省可以在科技金融服务市场探索“投贷联盟”的业务创新模式，由投资机构与金融机构联手合作，由创投机构给予企业科技成果股权资金，企业以此资产为依托取得银行贷款，从而实现商业银行对民营科技企业的信贷支持。通过股权、信贷方式一揽子解决创业企业的资金问题，提升企业融资能力，拓展融资渠道和空间。

4.5 完善中小企业信用制度，改善金融生态环境

4.5.1 完善民营企业信用制度，加强民营企业信用管理

完善民营企业信用制度，重视信用法治化建设，加强对其信用管理。同时，加大对财务信息作假等行为的打击力度，对违背诚实信用原则的企业和负责人进行处罚，提高企业违约成本，为企业信用体系建设提供保障。

4.5.2 建立全省统一的信用信息平台，加快建立企业信用征集体系

信息不透明是民营中小企业融资难的主要障碍，健全企业信用信息征集制度，建立企业信用信息数据库，完善企业信用评价体系是改善民营经济融资环境的基础。我省目前企业征信系统存在信息不全、信息分散、查询难度大且成本高的问题，应尽快建立起全省统一的企业、个人信息征集系统，增加信息采集种类，不仅重视历史信贷业务记录，更注重技术、专利、人才等“软信息”建设。实现信息共享，建立信息评级发布和通报制度，建立对企业的信用评审机制，为评定中小企业的信用度提供数据支持。

4.6 建立多层次担保体系，抵押担保瓶颈制约

应加快多元化信用担保体系建设。一是地方政府加大力度，出资设立或参股政策性融资性担保公司。由政府为民营企业“背书”，改善中小企业信用担保不足的情况，既能够直接帮助企业融资，又可以发出政策信号，发挥政府的引导作用。二是鼓励民间资本成立商业性担保公司，使其成为民营企业担保体

系的主体。三是按地区，以市、县为单位成立商会或行业协会，加强对企业信用情况监督，以协会内专项资金建立融资担保制度，对资信较好又缺乏有效担保的成员提供担保。四是创新担保形式。一般小额贷款可以用中小企业自身的资产做抵押，如资金需求额度较大，可以尝试采用联合担保的方式，设立民营企业联合担保基金池，为单个企业提供担保，提高企业信用度，同时也降低银行贷款风险，促进融资顺利进行。借鉴梨树县物权收益保证贷款的经验，将这种以未来收益作为融资担保的做法广泛推行应用到民营企业融资过程中。

4.7 在金融机制创新方面，明确民营经济金融支持度，提高小企业不良贷款容忍度

4.7.1 继续贯彻“两个不低于”目标，并明确民营经济金融支持度

在全国金融改革进程加快背景下，尽快出台新的《吉林省中小企业金融服务条例》或《吉林省银行业金融机构小微企业金融服务工作指引》，继续执行中央关于小企业金融支持的“两个不低于”目标。目前，很多银行的数据显示民营中小企业贷款比重在不断提高，但实际上贷款的增量主要集中在中型企业，小微企业受惠并不多。据银监会测算，我国银行贷款主要投放给大中型企业，大企业贷款覆盖率为100%，中型企业为90%，小企业仅为20%，几乎没有微型企业。2010 年授信额在 500 万元以下的小企业贷款占全国企业贷款余额的比重不超过5%。鉴于此，建议吉林省银监部门单户授信总额 500 万元以下小企业贷款相关信息建立季度监测机制。同时，要进一步明确各类银行对小微企业贷款的占比，如国有商业银行吉林分行不低于 10%，全国性股份制商业银行吉林分行不低于20%，农商行不低于60%，村镇银行不低于75%等。通过明确统计口径和贷款占比，切实考核银行对小企业的支持度。

4.7.2 提高小企业不良贷款容忍度，改善风险评估及防范技术

金融机构一直都把风险控制放在首要地位。风险控制固然重要，但不能因噎废食、过犹不及。2012 年年初，中金公司报告认为 2011 年中小企业发展最为活跃的中国东部地区，贷款质量恶化最明显，东部地区的不良贷款余额半年环比上升42%。鉴于这种情况，部分商业银行已经明确表示“对中小企业审批总体比去年严格，尤其是对风险缓释措施要求比较严，比如担保、抵押要求高一些”，“中小企业风险大……银行可能就考虑一次性贷款在基准利率上上浮 35%”等。事实上，纵观世界宏观经济运行规律，不良贷款的反弹是经济下行过程中的正常现象。根据银行专业人士估计，未来一段时间商业银行不良

贷款率将维持在2%～3%。商业银行的内控管理在多年发展中已经得到了强化，即使未来五年商业银行无法赢利，仍不会伤及商业银行的净资产（张朝晖，2012）。因此，我们认为，要将民营中小企业与大企业区别开，改善民营中小企业的风险评估及防范技术，提高小企业不良贷款容忍度。上海、深圳已经明确了对小微企业不良贷款容忍度放宽的具体办法，武汉也应该审时度势，将小企业不良贷款容忍度提高至4%～5%。银监部门对于风险成本计量到位、资本与拨备充足、小企业金融服务良好的商业银行，监管指标可做差异化考核，适用75%的优惠风险权重，并适当放宽存贷比限制。

5 结束语

民营企业作为中国经济增长的重要贡献者，却面临着融资瓶颈，造成这种情况的原因是多重的，促进民营经济的健康发展，当务之急在于构建一个由法律法规体系、金融组织体系、直接融资系统、间接融资系统、信用担保体系和金融创新机制组成的民营企业金融支持体系。

构建农村金融机构体系　助推吉林经济发展研究报告

项 目 负 责 人：王娇
项目所在院校：长春金融高等专科学校
组织验收单位：吉林省教育厅
验收时间：2015 年 11 月 18 日

1 导论

1.1 研究背景与意义

1.1.1 研究背景

当前中国要构建和谐社会，建立社会主义新农村，而“三农”问题是其面临的主要问题，要解决这个问题，就必须进行农村金融深化，建立现代农村金融制度，所以，中共十七届三中全会明确提出我国近期经济发展工作的重点是解决三农问题，其中主要手段是“建立现代农村金融制度”。

吉林省又是农业大省，因此，农村金融对吉林省农村经济发展具有举足轻重的作用。近几年来，虽然吉林省的农村金融改革取得了一定的成绩，但是仍然存在严重的金融抑制现象，仍不能满足吉林省农村经济发展的需要，比如，农村信用社虽然已经成了吉林省支农的主要力量，但是由于其运作机制不健全，不良贷款较多，制约了其支农作用的发挥；农业发展银行吉林省分行作为政策性金融机构，其支农范围还太狭窄，不能满足农户的需要；农业银行吉林省分行等商业性金融机构已经撤并了县以下分支机构，支农作用严重减弱；邮政储蓄银行在农村设立的网点比较多，但是它只从农村吸收存款而不发放任何贷款，不但没有发挥支农的作用，还导致吉林省大量存款从农村流向城市；民间金融机构虽然弥补了上述正规农村金融机构的不足，但是由于其资金不足，也没有科学的组织形式，在一定程度上扰乱了农村金融市场。同时，吉林省农业保险体系和信用担保体制还不健全，导致很多农户很难得到贷款，因此，对吉林省农村金融进行深化改革迫在眉睫。

吉林省是农业大省，农村人口众多，经济发展速度慢，严峻的现实说明要把吉林省全面建设成小康社会仍然面临着诸多困难。克服这些困难的当务之急是“三农问题”的解决，而农村经济的发展、农业产业结构的调整与农民收入的提高，这一切都离不开资金的支持，都需要农村金融这一经脉的畅通。但目前吉林省农村金融现状堪忧，金融体系中的商业金融大规模撤离农村，政策

性金融经营业务狭窄，而农村信用社作为目前唯一直接面对农民的正式金融机构，由于资金成本的居高不下、产权以及内部管理等方面的原因，自身经营困难重重。农村金融服务水平低下，农村资金大量流失，使其并没有扮演好支持农业经济发展的生力军角色。这些都促使我们必须重新思考吉林省农村金融体系的构建问题。应该设法进一步完善农村金融体系，这就既要依靠政府的力量，也要调动各方面的力量，鼓励不同市场参加者之间的竞争，而不是限制这种竞争。农村金融体系建设必须坚持“多样化”的理念，这样才能更好地满足吉林省农民、农业、农村的金融需求。

1.1.2　研究目的及意义

2008 年 10 月，吉林省被认定为创新试点省份，从信贷投放、征信环境、融资担保、支付系统等多层面入手的农村金融产品和服务方式进行改革。因此，深入研究吉林省农村金融发展的现状，分析其存在的主要问题，找出根本原因，认识区别其农村金融发展的优势、劣势、机会与威胁，包括农业的发展，以及如何提升农业总产值和农民收入，制定出支持农村金融发展的有效创新策略，从而对帮助“三农”发展和建设有重要意义的社会主义新农村具有应用价值。

通过对其分析，同时与国内外经济发达地区的农村金融相比较，拓展吉林省农村金融发展路径，不但可以促进农村农业的经济发展，也可使吉林省经济的发展有所提高。建立健全完善的正向激励机制，可以充分激发各种类型的市场主体潜在的积极性、创造性和调动性，做好窗口指导，引导各村、县领域金融机构，加强对三农、中小企业、扶贫开发、农村和县域基础设施建设等重点领域和较弱地方的金融支持，为有关部门制定出可发展的金融政策提供依据等具有非常重要的战略意义和作用。此次通过学习和研究，我们将深刻地体会到“三农”对于金融服务的渴望和对于农村金融市场要增进改革的重要性。农村金融对于经济的发展起到了“牵一发而动全身”的作用，不仅关系到农村的发展与稳定，也关系到重大的社会问题。因此，我们有必要对农村金融现状进行剖析并探索中国新农村金融体制的路径选择。

1.2　国内外研究综述

1.2.1　国外综述

目前，国际上普遍认为农村金融体系主要由三种金融形式构成，即政策性金融、合作金融和商业性金融。欧洲对合作金融的研究较早，至今已形成了较为完整的理论体系。从第二次世界大战后至20世纪60年代，西方流行的合作金融理论主要有市场型合作金融理论、传统型合作金融理论以及整合型合作金融理论。20世纪90年代以来，随着合作金融体系的社会性质（互助合作）逐步淡化，市场型合作金融理论成为目前合作金融理论发展的趋势。近年来，对农村金融组织体系的研究已突破了合作金融的范围。

学者们更多地把目光投向农村商业性金融以及各种非正式金融组织。Wyn Grant（格兰特）和Anne MacNam ara（1996）通过对农村专门金融机构和银行的访问分析了英国和爱尔兰农户的外源资金提供者的情况，讨论了两国农业贷款机构的发展及其随后的商业化。同时指出，大农户往往能更好地利用借款机会及新的金融工具。Brian P. Cozzarin（1998）创立了农业部门两大契约关系的概念模型（联盟和一体化），从而得出最优化契约和一体化组织形式是比合作金融更重要而且更有效的农村金融组织形式的结论。Korotoum ou Ouattara Douglas H. Graham（1998）研究了贫困国家农村金融互助组织在金融服务、存贷款方面的优点和不足，他肯定了乡村银行集体借贷的优点和客户信息收集的优点，但也具有产权不明、规模过小的缺点。在对农村非正式金融组织的研究方面，Hans Dieter Seibel（2001）指出，随着货币经济的膨胀，非正式金融机构进入了农村金融市场，但在规模、延伸和持续性上都受到了限制，他认为应该帮助非正式金融机构改进管理并整合到更广阔的金融市场，提出了使非正式金融正规化的观点。Shahidur R. Khandker和Rashid R. Faruqee（2002）通过对巴基斯坦的农业信贷调查分析指出，正规贷款和非正规贷款两者在农业发展中起着同等重要的作用。但正规贷款机构提供的用于生产的贷款远高于非正规贷款。当给农业项目信贷予补贴时，政策制定者一定要明白这些项目是否值得支持。Kellees Tsai（2004）通过对中国和印度两国农村金融组织的研究表明，微观金融的潜在客户仍在很大程度上依赖于非正式金融组织，他将非正规金融组织存在的原因归结为：正规贷款的有限供给、国家执行贷款政策能力有限、地方政治经济分割趋势严重、许多微观金融组织存在制度缺陷。

我国的农村金融组织体系从“机构观点”的角度来看，具有了合作金融、政策性金融、商业性金融的完整体系，但是从“功能观点”的角度来看，却没有发挥出相应的功效。对此的论述也已经很多。如农村信用社以社行合作之名而行商业化之实，农业发展银行业务范围狭窄；而中国农业银行的商业化改革使其在农村的业务范围逐步缩小。但是合作金融、政策性金融、商业金融三

者的地位和作用还是很难准确定位，特别是在农村信用社改革的方向上还是争论纷呈。

对农村金融管理体制的研究对农村金融管理体制的研究主要集中在对政府与农村金融体系的关系及其干预方式和程度的研究上。E. S. 肖和 R. I. 麦金龙（1988）认为，在许多发展中国家，因为存在着金融抑制，农村金融体系的重要特征是“金融的二元性”，国有金融垄断经营，利率扭曲，资金总量矛盾突出，补贴性信贷利率和信贷配给使金融资源配置效率低下。美国《1996 年农业信息报告》说明，虽然在农村金融市场上政府适当地保护农业和农户有时是必要的，但政府在力图提高农村金融市场效率的同时也损害了市场效率，并指出可以通过降低市场准入的限制和减少市场分割以改善这一状况。

Jacob Yaron、McDonald Benjamin 和 Stepanie Charitonenko（1998）指出政府应致力于建立一个有利的政策环境，从而有助于实现农村信贷市场的功能，减少对农村信贷的直接干预，协调农村信贷市场的金融结构。政府的干预在长期应该只是一个辅助性的工具，此外他们还通过补贴依赖指数来测量农村金融机构自我维持能力的方法，分析了亚洲三个成功的农村银行实例。Gertrud Schrieder 和 Franz Heidhues（1998）指出，在计划经济向市场经济转型的过程中，除了宏观经济不稳定减缓了农村金融市场的发展，农村金融机构还面临一些更为具体的障碍，包括由不清晰的土地所有权引起的与担保信贷供给有关的困难等。有必要通过改革和创新来培养经济稳定性和公众对农村金融部门可靠性和有效性的信心，包括建立一个独立的中央银行和对银行运作控制的有效内外部机制；在农村金融中介层面，为了提高中介的效率，有必要进行组织和管理重组及采用金融创新工具。Johan F. M. Swinnen 和 Hamisn R. Gow（1999）的研究探讨了中、东欧市场经济转型国家在转型过程中所遇到的农业融资问题及政府在该过程中的作用，并指出改善这些国家农业信贷情形的方法有二：改进农业利润率与金融机构的创新。Heywood W. Fleisig（2003）研究了有效农村金融市场的法律规定和约束，认为任何国家的农村金融市场运作依赖于法律基础和习惯、方法等非法律基础，应从以下方面加强立法建设：保证农村金融安全的法律框架；农村金融组织的法律规定；合同履行的规定；金融机构准入和退出农村金融市场机制的立法；土地使用权、所有权及获取贷款的立法；农业知识产权的立法。同时认为要吸引资金流入农村金融市场的关键在于金融机构准入和退出机制的立法。我国现行的农村金融管理体制改革主要在于对农村信用社的监管方面，即在试点地区无一例外地推出了成立省级联社的监管模式，但是这一模式和“因地制宜，采取多种形式”的指导原则相悖。成立省级联社仍然很难理顺政府和信用社这种政企不分的关系。所以，在怎样减少政府对农村信用社日常经营的干预问题上还没有得到很好的解决。

1.2.2 国内综述

解决资源配置问题是解决“三农”问题的关键（陈锡文，2004）。农村金融就是农村的货币资金的融通（王绍仪，1999）。在农村经济发展建设中最关键的资本要素配置制度就是农村金融制度，这必定将是一个农村经济改革的重大焦点。国内众学者们从多种角度分析农村金融的发展过程并对其政策提出相应建议。

首先，从理论来看，农村金融抑制可能为供给型，也就是说正规的金融部门服务在供给上有明显不足；中国农村金融抑制是供给型金融抑制。其主要体现在正规金融部门对于农户的贷款资金有所限制（叶兴庆，1998；乔海暇，2001）。谢平（2001）认为，尽管是经济落后的地方，因为农村居民缺少无阻碍的对外交流渠道，对于现代金融服务缺少感性的认识，所以不能因此认为是需求上的不足。而从另一方面看，一些金融服务仅在提供服务的过程中才可以让民户及企业发现其便捷的优点，使潜在需求得以激活。萨伊定律“供给会自行创造需求”在农村金融中得以适用。合作原则在我国农村金融领域行不通，股份制的商业银行才是发展的重点。党国英（2004）认为，合作金融组织具有历史过渡性，目前的农信社应鼓励其重复商业银行的道路，无须说为农业服务之类。冯兴元（2004）认为，合作金融和商业金融是并驾齐驱的，应该发展其多元化。合作金融通常只可在小范围内运行，如果扩大其范围，合作金融所依靠的信任机制及互助机制等作用不容易发挥出来，无法代替商业性金融，所以两者应并重。未来我国农村金融市场的发展方向，应该具有商业化和合作金融。单纯定位在合作化或商业化上，会脱离中国农村金融发展的实际。另外，中国社会科学院农村发展研究所课题组（2002）认为，国内外农村金融市场发展实践的共同特征是商业化金融和合作化金融并存，由于经济的发展水平在不同的阶层、不同的产业以及不同人群间所存在的差异，从而造成了金融需求的不一致。

其次，我国金融的发展特点为“高增长、低效率”，从而使金融业在政府中扮演着“第二财政”的角色。要想改写中国金融发展模式就要让政府与市

场的各项功能重新界定。黎红梅（2005）认为，应以农村为主要领域拓展其政策性金融的业务范围，制定出对其金融机构部门的专门法则并加强和完善好监督制度的管理。唐双宁（2006）认为，针对政策性银行，要扩大功能并按此方向进行改革，想要加强支农的各项服务功能需要通过扩大业务和服务的范围和领域。何广文（2005）、贺晖（2006）、王芳（2007）对中国的农村金融及经济的特点和现有农村金融机构中存在的问题提出建议。建议中指出应加强金融机构的多样化，这对优化农村金融组织结构起到关键作用。朱锋和肖东平（2007）认为，农村地区的金融机构网点覆盖少，普及率低，对于一些偏远落后地区甚至存在金融服务空白。解决资源配置问题是解决“三农”问题的关键（陈锡文，2004）。农村金融就是农村的货币资金的融通（王绍仪，1999）。在农村经济发展建设中最关键的资本要素配置制度就是农村金融制度，这必定将是农村经济改革的一个重大焦点。国内众学者们从多种角度分析农村金融的发展过程并对其政策提出相应建议。从理论上来看，农村金融抑制可能为供给型，也就是说正规的金融部门服务在供给上有明显不足；也有可能为需求型，是说农户对于金融服务的需务空白，这是农村金融机构中的严重问题。

最后，张红宇（2004）和郑小华（2004）认为，当前中国农村金融制度的缺失不仅是由于组织体系的抑制，还关系到市场与政府的双重失灵。张军（2006）和刘锡良（2006）认为，没有从农户和农村企业是增长态势的多层次多样化信贷需求出发，并且不以市场机制为基础。尽管已有学者关注并实证，但只有农村金融理论的突破和真正从农村需求出发，才能构建满足需求的农村金融体系。

刘海峰（2010）认为，农村金融产品单调，融资渠道狭窄。研究中发现：在新形势新改革下，面对农村金融存在的问题，根据拓展农村金融支持路径的重点与难点，追寻良好的农村金融发展的策略，但是依然存在着有待研究和实现农村经济可持续性发展的问题。

1.3　研究内容、研究方法

1.3.1　研究内容

本文针对吉林省农村金融机构体系开展调查，分析吉林省农村金融机构体系的现状和存在的问题，提出相应的解决对策，尝试给出符合吉林省实际的社会主义新农村建设的金融支持路径，为政府政策选择和决策提供参考。具体研究内容如下：

第1章，导论。主要阐述研究的背景和意义，概括目前农村金融机构体系的国内外相关领域的研究成果，明确本文的研究内容和技术路线。

第2章，农村金融机构体系的基础理论。阐明了农村金融机构体系的含义及其特征和构成，阐述了农村金融机构体系在农村经济发展中的作用。

第3章，国外农村金融机构体系构建的经验及启示。通过分析美国、日本、英国、德国和印度的农村金融金融机构体系建设的经验，总结其对吉林省农村金融机构体系构建与完善的启示。

第4章，吉林省农村金融机构体系的现状。包括政策性、商业性、农村信用社及非银行金融机构体系的现状。

第5章，吉林省农村金融机构体系存在的问题。

第6章，完善吉林省农村金融机构体系的对策建议。依据吉林省农村金融机构体系的现状，针对存在的问题，提出了促进吉林省农村金融机构体系构建和完善的对策建议，以促进社会主义新农村建设，为政府农村金融政策选择和决策提供决策参考。

第7章，结论。对研究进行简要总结。

第8章，课题研究的不足和后续研究。

1.3.2 研究方法

第一，文献研究法。本文研究过程中搜集、查阅了大量文献资料，文献搜索范围包括经济学、管理学及其相关学科领域内的权威学术期刊、专著，并参考了大量网站资料，对农村金融生态环境问题有了较为全面的了解。

第二，比较分析方法。对部分发达国家的农村金融环境建设情况进行考察，对比分析其发展经验，总结其对吉林省农村金融生态环境建设的启示，进而查找吉林省农村金融生态环境建设中存在的问题并提出改善对策。

第三，实地调研法。本文以吉林省农村金融生态环境为研究对象，到当地金融机构和农村进行了实地调研，掌握了吉林省农村金融生态环境发展状况，为写作论文奠定基础。

1.4 创新点和待研究问题

本文的创新点在于：第一，从农村金融机构体系构成着手，较为系统、全面地分析了吉林省农村金融机构体系的发展情况，研究视角存在一定的创新性。第二，对影响吉林省农村金融机构体系的因素进行了大量的实地调查，论文的完成基于调查数据，因此本研究具有较强的实证性、可靠性和一定的政策参考价值。

本文不足及有待深入研究的问题：本着求真务实的态度，在论文的写作过程中，作者进行了大量的资料查阅，并咨询了相关人士。但由于本人所学知识及了解的领域有限，可能导致考虑问题不全面。未来，将进一步揭示和剖析吉林省农村金融机构体系的问题，为进一步优化改善吉林省农村金融机构体系建设提出对策建议。

2　农村金融机构体系的基础理论

2.1　农村金融的基本概念

金融是现代经济的核心。现代金融与传统金融相比，在许多方面，如金融的内涵与外延、金融与经济的关系、金融的功能、金融的地位与作用、实体经济与虚拟经济、传统金融与虚拟金融等领域，发生了一系列重大的影响全人类的历史性变迁。农村金融是相对于城市金融的一个概念，市场规模巨大，包括 7.5 亿人口和日益增长的中小企业，地域覆盖 2800 个县、40000 多个乡镇。它作为现代金融的重要组成部分，也随着经济发展而完成了从传统到现代的转变，占有了现代农村经济的核心地位。刘鸿儒在《简明金融词典》（1996）中对农村金融作了如下定义：农村金融是指农村货币流通和信用活动的总称，它主要包括吸收农村存款、发放农村贷款、办理农村现金收支和转账结算及发展农村信用社等活动。此定义局限在了正规金融机构的基本活动中，未包括非正规金融机构，也未包括多种形式的组织和创新服务产品，以及保险、信托等中介服务，适用于传统的农村金融。

张杰（1995）认为，我国农村金融分为“吃饭金融”和“投资金融”。“吃饭金融”是消费性借贷行为，需求弹性极小，实际上履行财政的职责，要求国家提供大量低利率资金维护农村地区的生产和再生产。“投资金融”是投资性借贷行为，弹性较大，是市场经济发展的产物，关系到农村的资本形成，是农村经济发展的基础。现代农村金融制度是在十七届三中全会提出来的概念，在《中共中央关于推进农村改革发展若干重大问题的决定》（2008）中明确指出，要建立现代农村金融制度，使政策性金融、商业性金融和合作性金融三大类别分工结合，共同支持农村经济，还要达到保证资本充足、各项功能健全、金融服务完善、安全经营运行的目标。笔者认为相对应现代金融制度，就要有现代的机构运作模式、现代的人力资源管理方式、现代的技术、现代的风险管理模型。

现代意义上的农村金融就应该是由三个层面构筑而成的。第一层是基础层面，指农村微观经济组织及其结构；第二层是中间层面，指农村金融组织及其结构；第三层是调控层面，指政府或中央银行对农村金融的宏观调节。在这三个层面上，有作为中央银行的中国人民银行及其他有关监管部门对于农村金融实施的政策制定和监督管理，有农村金融的包含商业银行、政策银行、合作社、保险公司等相关组织架构，以及农村金融涉及的相关业务和金融工具等方面。

2.2　我国农村金融机构体系的构成

经过多年的发展，如图1所示，我国农村金融市场上，已形成中国农业发展银行、中国农业银行、农村信用合作社三大机构分别担负政策金融、商业金融、合作金融功能，各司其职、相互配合，组成正规金融体系的主体，其他商业银行和邮政储蓄作为辅助。在正规金融体系之外还存在着由合会、私人钱庄、私人借贷、高利贷等组成的民间金融体系，民间金融对满足农村内部融资需求方面发挥了重要的补充作用，在一定程度上推动了正规金融的改革与发展。但随着农村正规金融的发展和完善，民间金融将会逐步削弱。

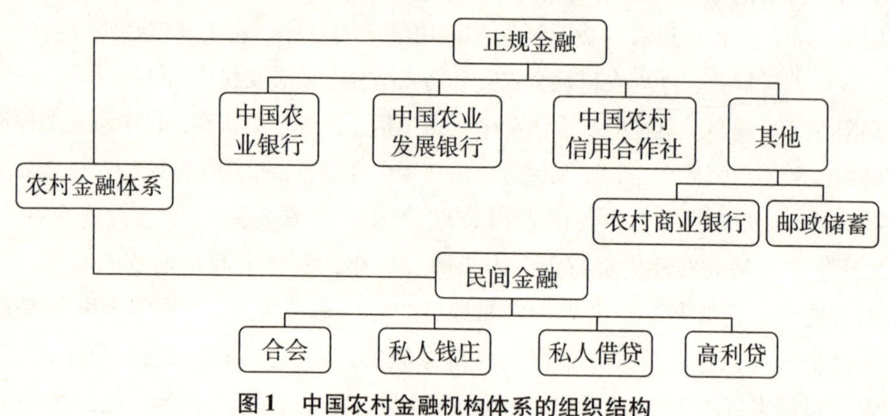

图1　中国农村金融机构体系的组织结构

2.2.1　商业性金融

在我国农村存在的商业性金融机构主要是中国农业银行，中国农业银行是中国最大的涉农商业银行，同时也是四大国有银行中唯一一家涉足农村领域的银行。“三农”的信贷业务一直是农业银行的业务重点。按理说中国农业银行服务的群体应该是农村企业和农户，主要功能定位是提供农村工商企业的贷

款，但是在我国城市金融从某种程度上来说都是追求利润最大化，所以在中国农业银行向商业银行转轨之后，和其他国有银行一样都是以追求利润最大化为目标的，由于农业有其特殊的产业特性，农民收入的不稳定性、低收益性，因此中国农业银行在农村的生存空间有限，于是倾向于选择从农村撤离。但近几年随着中共中央连续几次在“一号”文件中强调“三农”问题，可见该问题已受到国家和政府的高度重视，近几年中国农业银行在制订每年度的工作计划时，也都不同程度地增加了其支农涉农比重。

2.2.2 政策性金融

在农村金融体制方面，农业发展银行的建立，使原来的国有商业银行可以摆脱政策性业务的束缚，逐步走上真正商业化的道路，从而规范国有商业银行的行为，减轻国家对这些银行的负担。中国农业发展银行目前主要业务是办理粮食、棉花、油料收购、储备、调销等的流动性资金贷款，执行国家颁布的农业政策，代理财政性支农资金拨付。中国农业银行的信贷资金主要涉足的领域是粮棉油的流通，这样集中于某种领域，就可以实现收购资金在某种领域封闭运行。近几年粮棉市场逐步走向开放，从 2004 年开始业务范围由“专司粮棉油收购资金封闭运行”的单一业务向农林牧副渔业、农业综合开发、农业基础设施等全方位扩展，也开始了政策性、准政策性、商业性业务兼营的局面，随着商业性业务的展开，政策性金融与商业性金融的边界就会变得模糊，于是就面临着政策性金融支农功能弱化，需要其重新定位。

2.2.3 合作性金融

中国农村合作金融的主要组织形式是农村信用合作社（以下简称“农信社”），农信社相对于农村金融市场中其他金融机构来说是分支机构最多的组织，在农村金融体系中农信社是最基层的组织机构，因为它是直接面对农户、农村和农业的各种金融服务需求，目前在支持“三农”问题中起着核心作用。农村合作金融还有其他的表现形式，在我国第一家农村合作银行和第一家股份制商业银行分别于 2003 年成立于宁波、2001 年成立于张家港。

2.2.4 民间金融

民间金融更多意义上是一种内生金融，它的出现主要是经济发展的结果，民间金融是指不处于央行或银监会的监管范围内，然后在体制之外主要从事一些金融交易、存贷款活动的农村金融机构。它不受中央银行的监管，从法律意义上说不具备合法的法律地位。民间金融包括四种类型：一是没有组织、没有机构的个人借贷和企业融资的民间商业信用等。二是有组织但没有机构的各种金融会，如常见的如会、合会等多种形式，它们的性质属于互助资金性。三是没有得到正式认可但得到政府默认的有组织、有机构的融资方式，典型的有私人钱庄、地下钱庄。四是政府部门支持承认但金融监管不承认的农村合作基金会。

2.3 我国农村金融机构体系的功能

2.3.1 合作性金融机构的主要功能

当前农村合作金融机构除占主体地位的传统合作金融机构诸如农信社及农村合作银行以外，还包括新兴的合作金融机构诸如村镇银行、小额贷款公司、资金互助合作社等。

（1）传统合作金融机构的功能

农信社是我国历史悠久、扎根于乡村、点多面广的农村合作金融机构。尽管理论界对我国农村信用社的合作性存在争论，但不可否认的是在正规金融机构中，它具有网点机构覆盖广、经营稳定性强及农户和农村企业金融服务的可得性高的显著特征。农信社作为传统合作金融机构，发挥着多种支付结算功能、农村信贷功能及吸收农村存款的功能。

①多种支付结算功能。目前农信社在支付结算体系方面接近商业银行，其支付结算工具开始增加，包括现金、支票、汇兑、银行卡等，支付结算环境不断改善，结算价格优惠、市场定位明确的特色项目开始呈现，但必须承认，由于经济环境及管理水平因素，农信社在电子化服务方面与其他商业银行还有一段差距，网上银行、ATM（自动取款）机、自助银行等新型支付工具的不足制约了农信社的进一步发展。

②农村信贷功能。农信社的经营范围涉及生产、消费以及流通的各个环节，直接面向农户、农村微小企业及乡镇企业提供贷款，其农村信贷功能显著。

③吸收农村存款功能。农信社等合作金融机构遍设网点机构，广泛吸取农户的储蓄存款及农村企业单位的存款。客观上也为广大农户和农村企业的闲置货币与资金提供了安全有利息回报的管理手段。

（2）新型合作金融机构的功能

2006 年 12 月，银监会发布《调整放宽农村地区银行机构准入政策》的通知，允许在农村设立新型金融机构。这些新型金融机构主要包括村镇银行、小

额贷款公司和农村资金互助社等。新型金融机构发挥着弥补农村金融服务空白、增强“三农”金融服务的主要功能。村镇银行作为农村地区新设立的主要为当地农民、农业和农村经济发展提供金融服务的银行业金融机构，发挥着微型银行的功能，具体包括吸收农村存款、发放农村信贷及其有限支付结算功能。小额贷款公司只贷不存，为农户、个体经营者和微小企业提供小额贷款，发挥着微型专业贷款机构的功能，具体包括发放农村信贷及其有限支付结算功能。农村资金互助社作为社区型金融服务机构，发挥着微型社区银行的功能，具体包括吸收当地农村存款、发放当地农村信贷及其简单支付结算功能。

2.3.2 政策性金融机构的主要功能

我国的农业发展银行自成立以来除发挥支付结算与服务、资金配置的一般功能外，其特有功能随着时代的变化和国家经济体制改革的深入，呈现出明显的阶段性特征。

2.3.3 商业性金融机构的主要功能

中国农业银行的核心功能是“三农”信贷投放功能，次要的功能是吸收农村存款功能，延伸的功能是提供结算、银行卡等中间业务功能，由于历史的原因承担部分政策性功能。中国邮政储蓄银行主要在农村承担着小额贷款等零售功能，其次是邮政绿卡等支付特色功能，最后是基础设施建设参与功能。

2.3.4 农村民间金融的主要功能

民间金融存在于我国广大城乡地区，游离于合法金融监管之外，形式包括民间借贷、合会、商业信用、钱庄及金融公司等。对长期客观存在的农村民间金融的功能进行辩证的审视，主要功能有动员农村储蓄、满足农户及民营企业融资需求和冲击正规金融。

3 国外农村金融机构体系构建的经验及启示

3.1 国外农村金融机构体系构建情况

3.1.1 美国农村金融机构体系建设经验

20 世纪初，美国农业信贷资金几乎都是由私营机构和个人提供的，这导致信贷资金数量有限，而且期限较短。从 1916 年开始，美国政府制定了一系列农贷法律，由美国政府主导设立农贷专业银行及其基层机构组成农村信贷系统。其主要目的是通过对农业相关组织、农业发展项目的放贷，扩大农业可用

资金的来源，改善农民工作条件和福利，增加农民收入，加快农业发展。时至今日，美国农村已经从整体上形成了多层次、全方位的金融体系，通过政府补贴、发展农村金融体系、增加农业贷款和农业生产社会化等各种渠道，为农业融通资金，满足农村发展的各种资金需要，为农业现代化提供资金保障。概括起来，美国的农村金融制度属于一种复合信用型模式，这种模式具有如下特点：一是提供农业信贷资金的机构中，既有专业的农村金融机构，也有其他类型的金融机构。二是在金融组织体系上，一般是合作性金融机构、政策性金融机构及商业性金融机构并存。美国现在已经形成了政府主导的农村政策性金融体系、农村合作金融体系以及农村商业性金融体系。

政策性金融机构是美国农村金融的重要组成部分。美国农村政策性金融机构体系由两大部分组成：一是互助合作性质的农业信贷机构体系。根据美国有关农业信贷的法律规定，全美被划分为 12 个农业信贷区，每个农贷区设立 1 个联邦土地银行、1 个联邦中期信贷银行和 1 个合作社银行。二是政府农业信贷机构，包括农民家计局、商品信贷公司、小企业管理局、农村电气代管理局 4 个机构。此外，联邦住房贷款银行体系和美国进出口银行也分别在相应领域构成农村政策性业务的补充。这些金融机构的资金主要来源于政府提供的资本金、预算拨款、贷款周转资金和部分借款，资金运用主要是提供一些商业银行和其他贷款机构不愿提供的贷款，在贷款对象上各有侧重。其主要功能是为农业生产和与农业生产有关的活动提供信贷资金和服务，并通过信贷活动贯彻实施农村金融政策，调节和控制农业生产发展的规模和方向。

3.1.2 法国农村金融机构体系建设经验

法国是欧洲的农业大国，农业在国民经济中长期占有重要地位。法国是设立农村金融体制比较早的国家之一，早在 19 世纪，法国就颁布了《土地银行法》，开始着手建立农村信贷机构，支持农业发展。经过一个多世纪的完善，目前法国农村金融形成了由法国农业信贷银行、互助信贷联合银行、大众银行、法国土地信贷银行和农业保险组成的农村金融体系。法国的这种农村金融体系属于典型的国家控制式金融模式，其金融机构都是在政府的主导下建立并运行的，金融机构的运行也要受到政府的管理和控制。

在众多农村金融机构中，对法国农村发展贡献最大的是法国农业信贷银行系统。作为世界上第一家具备现代银行特征的农业政策性银行，农业信贷银行是法国半官方的专业银行。1885 年法国农民为解决短期资金周转问题，建立

了互助性质的农业信贷地方金库。1920 年，法国政府设立了国家农业信贷管理局，1926 年改名为国家农业信贷金库。农业信贷银行的结构呈金字塔形，底层是 3009 个地方金库，中间是 94 个区域金库（每省 1 个），上层是国家农业信贷金库。国家农业信贷金库是官方机构，是联系国家和农业互助信贷组织的桥梁，受法国农业部和财政经济部的双重领导。法国农业信贷银行最初资金来源于法兰西银行的贷款，此后自身吸收存款和发行债券所筹集的资金越来越多，大大超过本身发放贷款的需要。

3.1.3　日本农村金融机构体系建设经验

日本的农村金融体系既有政府官办的政策性金融，又有强大的合作金融。日本支持农业发展的政策性金融机构是农林渔业金融公库，它是负责农林渔业到食品产业的唯一的政策性金融机构，主要对从事农林渔业生产、加工、流通的个人和企业提供融资服务。该机构主要是把资金用于土地改良、造林、建设渔港等基础设施的融资，同时用于农业现代化投资、农业改良资金的融资、对国内大型农产品批发市场及交易市场提供市场设施贷款等。不过，农林公库的贷款一般不直接办理，而是委托农协组织代办，并付给一定的委托费。农林公库的贷款利率虽会因贷款种类和工程性质的不同而有不同的规定，但总的来说，要比民间金融机构优惠，而且贷款的偿还期限从 10 ~ 45 年不等。

日本支持农业发展的合作金融主要是农协系统。农协系统是按照农民自愿、自主的原则登记成立的，主要由三级组成：①最基层的是农业协同组合，为市町村一级，直接与农户发生信贷关系，不以营利为目的，它可以为农户办理吸收存款、贷款和结算性贷款，并适当兼营保险、供销等其他业务；②中间层是信用农业协同组合联合会（信农联），为都道府县一级，帮助基层农协进行资金管理，并在全县范围内组织农业资金的结算、调剂和运用；③最高层机构是农林中央金库，为中央一级，是各级农协内部以及农协组织与其他金融机构融通资金的渠道，它在全国范围内对系统内资金进行融通、调剂、清算，并按国家法令营运资金。同时，它还指导信农联的工作，并为信农联提供咨询。

3.1.4　印度农村金融机构体系建设经验

20 世纪 60 年代中期以前，印度合作金融机构是印度农村信贷资金的主要提供者。此后，商业银行开始在印度农村经济发展中发挥作用，但流向农村的信贷资金从未充分地满足农户的需要。1969—1980 年间，印度政府进行了两次银行国有化运动，直接控制国有银行，并在农村设立大量的金融机构。印度

政府还要求私人银行与外资银行也必须增加农村网点；颁布一系列法令设立土地发展银行和地区农村银行，调整监管体系；还规定银行对优先部门的贷款比例，以保证有机构进入农村的同时还有相对充足的资金进入农村，增加对农户信贷资金的供给。目前，印度农村金融体系最大的特点就是具有鲜明的多层次性，各金融机构之间既分工明确，又相互合作。这一金融体系主要包括印度储备银行（主要负责监管和协调）、印度商业银行（国有以及私人）、地区农村银行、合作银行（或合作社）、国家农业和农村开发银行、存款保险和信贷保险公司等。

在政府一系列政策的引导和推动下，印度金融机构普遍在广大农村地区建立了自己的网络。如商业银行在农村地区建立了 3 万多家分支机构，基层农业信贷协会的数量达到 9 万多家，土地发展银行在农村的分支超过 2000 家，地区农村银行的分支也达到 1.4 万多家。它们经营的共同目的就是“满足农村地区到目前为止受到忽视的那部分人的专门需要”。此外，为了支持农村金融发展，鼓励和促进金融机构参与农村金融市场，印度于 1982 年正式成立了国家农业和农村开发银行，其主要职能就是为信用合作机构、地区农村银行以及从事农村信贷工作的商业银行提供再融资服务。

3.2 国外经验对我国现代农村金融制度建设的启示

3.2.1 健全农村金融体系

国外经验表明，用于支持农业发展的农村金融体系至少包括三大部分：农村合作金融体系、农村政策性金融体系和农业保险体系。它们互为补充、互相促进，共同支持农业的发展。

3.2.2 加强政策性金融建设

政策性金融机构秉承国家支持农业的方针，拨付政府的扶持款项，实施优惠性的、鼓励性的经济政策。政策性金融机构向农业和农村提供的免息短期贷款、低息长期贷款、开发性贷款，或发放补贴与补偿，对农业经济发展有强大的促进作用。

3.2.3 发挥合作金融组织作用

合作金融组织不同于股份制商业银行和私人银行，其最根本的优势在于为社员所有、接近社员、了解社员和服务社员，是国家引导农民发展市场经济和社会化大生产的重要途径。合作金融的健康发展是农业政策性金融发展的有力支撑。合作金融在农村金融市场上有正规金融不能比拟的灵活特点，信息的相

对对称降低了农户与信用组织的交易费用，还能弥补国家对农村资金投入的不足，甚至可成为农村金融的主力军。政府从本国国情出发，通过各种措施扶持和规范农村合作金融，建立了符合实际的农村合作性金融模式，和相对完善的业务经营、管理、运行机制。

3.2.4　加大政府扶持力度

农业经营风险大、周期长、季节性波动强、赢利水平低等特点决定了农村发展比较难以引进商业银行资金的支持，因此更加需要政府的介入。从各国经验来看，农村金融建设离不开政府财政投入和政策支持，各国政府一般都制定了一系列扶持农村金融发展的政策和措施，给予税收、利息补贴等方面的政策优惠与保护。一是减免税收，二是注入资金。

3.2.5　建立农业保险制度

农业保险作为一种市场化的风险转移机制、社会互助机制和社会管理机制，对促进农业经济发展有重要意义。发达国家的农业保险开办得比较早，有健全的保险制度，针对农业保险组织机构制定了较详细完备的保险原则、再保险办法、保险责任以及政府补贴规定。建立了专业性的农业保险机构，发动其他保险公司开办农业保险，政府予以政策扶持。强制保险和自愿保险相结合，还开展了综合保险，承保农作物的种类范围越来越大。

3.2.6　完备农村金融法律制度

农村金融有弱势性，需要专门的法律保障，也需要法律体系来规范农村金融市场的有序运行，使农村金融机构在经营运作中能够有法可依、有章可循，避免受到人为因素的干预。农业经济发展稳健的国家都有较完备的农村金融法律制度，在运作过程中进行不断完善和修订，形成了较为规范的法律体系。

3.2.7　拓宽筹资渠道

尽管各国国情不同、农业政策性资金来源渠道也各不相同，但确保农业政策性金融机构资金来源，是农业政策性金融机构正常运行的首要前提和条件。从外国经验来看，支持农业金融机构的筹资渠道多样化：一是通过政府拨款，各国政策性支持农业发展的机构资金不同程度地依靠政府；二是发行债券和票据；三是吸收存款和向中央银行及其他金融机构借款，吸收存款主要是吸收会员存款，借款则包括向中央银行、商业银行及其他金融机构、世界银行、外国金融机构等借款。从各类机构筹措到资金后，通过发放贷款、提供担保、发放补贴等形式把资金运用出去，如美国农民家计局发放的用于农民家计、农村社区发展的贷款，日本农林渔业金融公库发放土地改良贷款等，极大地支持了农业的发展。

4 吉林省农村金融机构体系的现状

4.1 吉林省现行农村金融机构体系结构

近年来，吉林省在不断探索和改革中形成了一个相对完善的新型农村金融机构体系，从业人员在数量与职业技能上都有较大提高。具体如图 2 所示。可以看出，吉林省的金融机构由两部分构成：正规金融机构与非正规金融机构。在正规金融机构中，中国农业发展银行负责农业发展政策的制定，起着统帅农业发展全局的作用。中国农业银行在创新服务模式、支持农业产业化发展、用

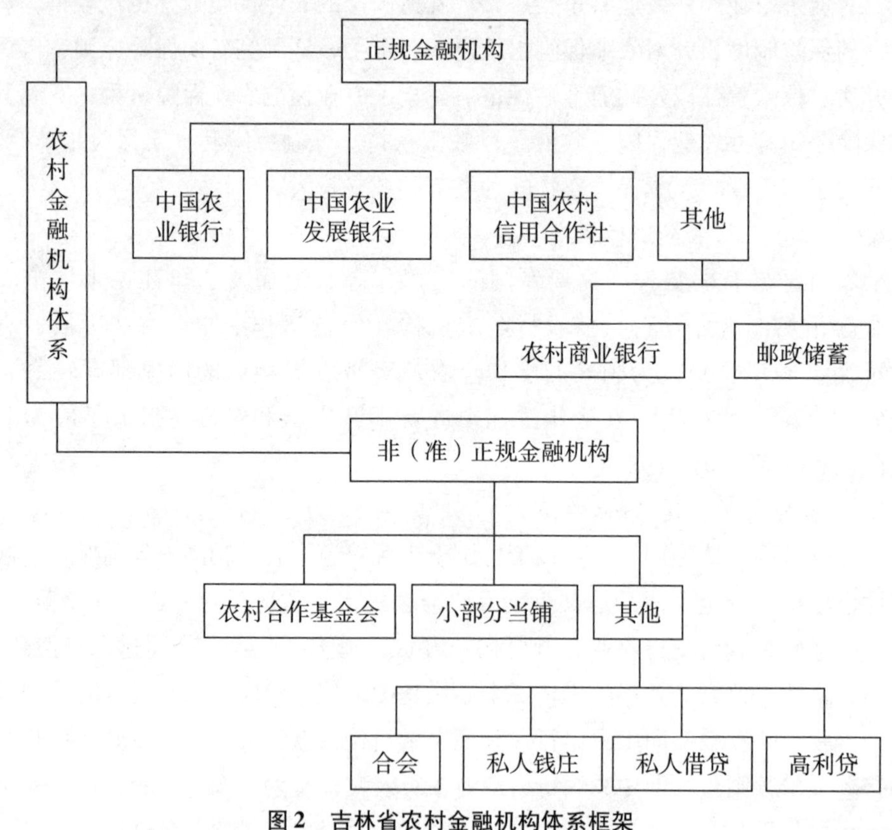

图 2 吉林省农村金融机构体系框架

好扶贫贴息专项贷款及扩大服务“三农”覆盖面等方面发挥了重要作用。而农信社更是发挥了主力军的作用，是农村金融体系中的核心力量，以服务“三农”为宗旨，是省内农民和农村企业融资的主要渠道。在非正规金融机构中，农业合作基金会、当铺等也有着不可小视的作用。作为民间组织，非正规金融机构因其灵活性而具有勃勃的生机与活力，特别是在农民和小企业借款中这种金融机构更是常见。

表1是2011年吉林省涉农金融机构情况。从中可以看出涉农金融机构类型突破了以前单一的以农村合作信用社为主的局面，形成了以农业发展银行、农村合作金融机构、农业银行、农村新型金融机构和邮政储蓄为主体，多元化的农村金融机构体系。从业人数与2010年相比也有了较大提高。

表1　　2011年吉林省涉农金融机构情况

机构类别	机构个数（个）	从业人数		资产总额（亿元）
		2011	2010	
大型商业银行	1499	43864	36270	6172
国家开发银行与政策性银行	49	1797	1203	2203
股份制商业银行	36	1727	1112	1317
城市商业银行	340	7191	7100	1900
农村合作机构	1553	21459	20210	2063
财务公司	0	460	387	309
信托公司	0	164	159	28
邮政储蓄	1056	8139	7989	902
新型农村金融机构	0	966	886	84

数据来源：吉林银监局。

4.2　正规农村金融机构现状

4.2.1　中国农业发展银行

中国农业发展银行吉林省分行作为吉林省的政策性银行，是服务“三农”的主要力量。1994年12月29日中国农业发展银行吉林省分行正式成立，其主要政策性业务是：向省内粮食收购企业、粮食加工企业提供贷款，

为促进粮食加工业的发展起到了重要的作用，同时还为农业基础设施建设和农业综合开发提供贷款，提高农民的种粮积极性。近几年来，中国农业发展银行吉林省分行不断加大对农信贷的支持力度。截至2009年年末，该行全年累计发放贷款858.8亿元，其中发放支农贷款442.6亿元，占贷款总额的51.5%（其中购粮贷款376.7亿元，支持企业购入粮食231.3亿千克），加工和龙头企业贷款53.1亿元，占贷款总额的6.2%，比2009年年初增加13.1亿元；支持企业47户，全年实现销售收入206.4亿元，利润总额达7.9亿元；直接安排就业4.6万人，带动农户57万户、农民205.4万人，农民户均增收约1650元。

4.2.2 中国农业银行

中国农业银行随着我国商业化战略调整，开始逐步退出农村信贷市场。中国农业银行曾是农村金融市场资金的主要供给者。在20世纪80年代以前，全部贷款中的98%以上都集中投向农村。因为农村金融市场的信贷需求具有小额、分散、高风险、个性化这样的特点，使得这样一个低端信贷市场对于实行商业化、专业化管理、追求规模经济的商业银行而言是无利可图的，甚至亏本。所以在1994年以后，农业银行商业化改革进程加快，农业银行的金融资源配置不再局限于农业和农村，其机构网点逐步从农村收缩，1998—2005年中国农业银行吉林省分行人员减少了13%，机构减少了34%，其中大部分为农村地区的支行或分理处。虽然中国农业银行在大多数地区仍然保留了县级分支机构，但由于实行了严格的贷款权限技制，县级农业银行基本上只存不贷。而且随着中国农业银行市场主体地位的确立和产业化进程的加快，逐步退出农村金融市场。在金融机构信贷政策的调整中，往往是对那些乡镇企业和从事农业生产的农户的影响最大。由此可以看出中国农业银行长期保持的农村金融主导地位已经弱化。

表2　2009年吉林省农村金融机构网点数量表　　单位：个

机构网点	中国农业银行	中国农业发展银行	各级农村信用合作社	中国邮政储蓄银行	村镇银行
数量	635	59	1587	1087	6

数据来源：吉林省农村金融数据库。

由表 2 可以看出 2009 年吉林省金融机构网点数量，农信社居于主力军位置，中国邮政储蓄银行略微排后，中国农业银行的网点只有 600 多家，只占农信社的 2/5，由此可以看出中国农业银行已经逐步退出农村金融主导地位。

4.2.3　农村信用合作社

农信社是吉林省农村金融的主力军，分支机构遍及几乎所有的乡镇，也是农村金融中唯一与农户具有直接业务往来的金融机构。1950 年以来，农信社经历了多次体制性重组，但一直是农村正规金融机构中向农村和农业提供金融服务的核心力量。至 2003 年年末，吉林省全省 93.7% 的农信社开办了农户小额信用贷款，64.09% 以上的农信社开办了农户联保贷款，其贷款农户数目占有贷款需求且符合贷款条件农户数的 64%，约占全部农户数的 28%，农信社已经成为支农信贷服务的绝对主力。

表 3　　吉林省农村信用社存贷款年末余额　　单位：万元

年份	各项存款（总）	企业存款	储蓄存款	各项贷款（总）	农业贷款
2008	8991203	1650759	7250343	6314036	3492427
2009	9380114	1722848	7530523	6965087	3804252

资料来源：《吉林省统计年鉴》。

如表 3 显示，农信社在我国农村金融市场中一直处于主力军的地位，特别是 2008 年以来，农信社农业贷款在吉林省所有农业贷款中，所占比例已经稳稳超过 1/2，在吉林省内呈现出垄断的局面。

不过，许多农信社的案例研究表明，无论在经济发达地区，还是在贫困地区，农信社作为唯一一个与农户有直接业务往来的金融机构，也不是将从农村吸收来的资金全部用于农村的经济发展。出于自身利益的考虑，农信社经营中“非农化”倾向严重，直接表现为农信社网点设置的城镇化趋势。资金大量流向相对收益较高的城市或非农部门，真正需要农信社贷款的农户却常常难以得到贷款。

4.2.4　中国邮政储蓄银行

中国邮政储蓄银行成立于 2006 年年底，中国邮政储蓄银行吉林省分行于 2008 年 1 月 18 日开业。银监会在批准邮储行开业的文件中指出，其市场定位

是充分依托和发挥网络优势，完善城乡金融服务功能，以零售业务为主和中间业务为主，为城市社区和广大农村居民提供基础金融服务，中国邮政储蓄银行网点遍布于吉林省县及县以下地区，网点数目较多，仅次于农信社的网点数目。因此，利用当前中国邮政储蓄银行的自身特点将其定位为面向“三农”开展金融业务，与其他商业银行形成互补关系，加强农村正规金融机构在农村市场的实力。

4.2.5 村镇银行

经过两年的发展，截至2008年3月末，吉林省村镇银行已开业6家，这6家村镇银行分别是前郭县阳光村镇银行、磐石融丰村镇银行、敦化江南村镇银行、通化融达村镇银行、吉林东丰诚信村镇银行和镇赉国开村镇银行。已经成立的村镇银行实收资本1亿元，存款余额126114万元，贷款余额80790万元；累计发放农户贷款19794笔，金额95088万元；累计发放中小企业贷款605笔，金额27521万元。试点地区村镇银行通过便捷高效，有别于当地其他金融机构的差异性服务，解决了部分贷款难的问题，在一定程度上缓解了资本来源不足等矛盾。

表4　　吉林省村镇银行情况列表

村镇银行	成立时间	职工人数（人）	存款规模（万元）
东丰诚信村镇银行	2007年1月	42	18525
磐石融丰村镇银行	2007年3月	66	29200
敦化江南村镇银行	2007年3月	16	23588
镇赉国开村镇银行	2007年12月	22	24272
前郭阳光村镇银行	2007年12月	83	69003
通化荣达村镇银行	2008年7月	20	19378

数据来源：《吉林省统计年鉴》。

由表4我们可以看出，我省村镇银行成立时间较短，存款规模和村镇银行的职工人数都不及农业银行类的金融机构，但是村镇银行信贷政策的侧重点则是完全指向农业信贷。村镇银行针对农业信贷难的问题，已经将农户贷款的申请时间缩短，程序简化，根据农户的基本情况来设置授信额度，直接审批，且不设上限。这种新型农村金融机构的出现带给农民最直接的金融服务，随着村

镇银行数量的增多，它已经逐渐成为继农信社之后农村金融的又一支主力军。

4.3　非正规农村金融机构现状

非正规金融也称民间金融，是指那些没有被政府及相关监管机构监管、控制的金融活动，其中包括农户民间借贷和各类非正规金融组织的金融活动。前者指农户之间发生的各种借贷行为，具有非组织特征；而后者指银背信用和私人钱庄、和会、民间集资、典当业信用、民间商业信用、农村合作基金会等非正规金融组织的融资活动，具有明显的组织特征。目前吉林省的非正规金融主要以农户之间的信贷活动为主。由于货币管理当局严厉管制的态度，非正规金融机构无法进一步扩展规模和经营网络，目前处于隐匿且业务种类简单的发育阶段，但由于农户对资金的需求随着经济的发展而愈加旺盛，正规金融无法满足其信贷需求。因此，民间金融一直保有其稳定的市场份额。

5　吉林省农村金融机构体系存在的问题

5.1　农村金融资源配置不合理

5.1.1　吉林省农村金融机构设置不尽合理

农村经济落后，农民的收入水平相对较低，存贷款规模小，在利益的驱使下，大多数商业银行核算成本，不愿开发农村市场，把有限的资金投入到大城市大企业大项目中去，以营利为目的的商业银行对此兴趣不大。作为支持“三农”建设的主力军的农信社承担服务“三农”的巨大压力，虽然愿意服务于“三农”，但是它们能力有限，不足以扛起扶持农业的大旗。而农村民间金融业发展缓慢，不能给需求者以充足的资金支持。这些导致了农村金融机构网点分布较少，使得农村金融机构覆盖面较低，农村金融市场竞争更加萧条。而作为国有农业政策性银行，中国农业银行、中国农业发展银行虽然出台了各项惠农政策，但在实际执行中由于各种困难与阻碍的限制，真正做到服务“三农”、心系“三农”的较少，造成了金融机构服务手段单一。

5.1.2　农村金融信贷资金配置不合理

农村金融服务以农户和乡镇企业为主要目标。农户与乡镇企业的主要经营产品不同，发展方向也存在着一定的差异，对金融服务的需求自然也有所区别。由于追求利润最大化，越是发展较好的企业越容易从银行贷款，越是资金短缺、处于发展初期的企业越难得到银行的资金支持。这就造成了很多中小企业因缺乏资金而面临倒闭破产的风险。近年来，乡镇企业在促进农村经济发展中发挥着越来越重要的作用，但资金短缺、担保无门、贷款困难的问题在吉林省农村中小企业中普遍存在。而农村信贷资金供给不足的现实，导致农村金融市场处于典型的卖方市场状态，金融机构缺少创新动力，导致了农村金融机构服务手段单一，功能缺失，进一步加剧了农村金融供给不足。

5.2 农村金融机构网点布局不合理

近年来，虽然农村金融机构的改革建设进步得很快，但相比城市机构网点还是少于城市，农信社和中国邮政储蓄银行是两家乡镇级别以下的基本金融机构网点，县区域级别以下的其他机构仍比较缺乏，导致农村金融机构网点极少无法满足建设新农村的需求，对深化“三农”金融服务起到影响，无法马上解决农村金融网点不均匀现象。

5.3 现有农村金融组织结构依然不合理

在吉林省农村，大多数地方依然缺乏含有商业性质的金融机构。自 2007 年到现在，中国农业银行又再一次回到了支持“三农”的主要战场。因为长期不涉及“三农”业务，中国农业银行的业务在涉农方面一直在摸索，开展得并不广泛。短期时间内，在组织机构、网点分布和业务数量、服务质量等方面难以实现本质改变。随着同行业的竞争逐渐加剧，中国邮政储蓄银行、吉林银行、农商银行等金融机构与中国农业银行一起分享“三农”市场和其他领域，这在某种程度上使中国农业银行回归“三农”的道路越发艰难。中国工商银行、中国建设银行、中国银行、中国交通银行等商业性质的银行经营重点依旧是城市方面。调查结果告诉我们，仅在吉林省大安市，众多商业性质的银行已经将大部分的乡镇业务网点进行了合并和撤销，中国农业银行的农村乡镇网点得到保留的只有 2 个。在吉林省镇赉县，从 2004 年到 2008 年的四年间，农行县级以下的网点从最初的 9 个减少到 3 个。

在支农方面，银行政策性支农涉及的范围并不广泛。特别是最近几年，中国农业发展银行吉林分行一直在政策金融上进行积极的探索，拓宽支农范围、创新支农方法、改良结构设置，并创造性地开展了含有商业性质的支持农业的贷款。整体看来，中国农业发展银行支持农业的服务范畴和方法依然缺乏，它的根本特征没有发生本质变化。到 2008 年 6 月为止，中国农业发展银行吉林分行的总贷款剩余金额是 811 亿元，在粮棉油等物质的收购方面达 685.6 亿

元。支持加工业和产业化发展的龙头企业 48.4 亿元；用于乡村硬件基础建设和农业全方面发展 25.9 亿元。非银行系统的金融组织缺少。从某种意义上说，金融的分业经营与管理，以及在制度实施上对于农村金融含有歧视的因素，这就让农村非常缺少一些非银行性质的金融组织，如保险公司、证券行、信托业等。在金融产品缺少创新，品种供给难以满足农村需求，在吉林大部分的农村县、乡、村几乎不能进行证券交易，也没有进行交易的网点，城市种类繁多的商业保险也不常见于农村，更没有风投、租赁、信托等非银行性质的金融组织，农民享受的金融服务严重滞后，无法体现出现代化的金融服务功能。

总之，在吉林农村，农信社、中国农业银行以及中国农业发展银行等形成了金融机构的维本框架，但在支持“三农”服务上，有着商业性银行“不作为”、政策性质银行“不满足”和农信社“不给力”的严重问题。

5.4　农村金融组织资金外流严重

农村金融服务需求的满足，需要大量的储蓄和贷款支撑。然而吉林省农村严重的资金外流不仅是当前农村投融资体制所存弊端的集中体现，而且也是形成农村投资缺口的直接原因，阻碍了农村经济的发展。农村资金外流的渠道主要有以下几个：

（1）随着国有商业银行的日益商业化，农业银行实行向大中城市转移的战略。

（2）邮政储蓄机构在只吸储不放贷的特殊制度安排下，成为农村金融资金外流的最大渠道。

（3）农信社的农业贷款增长速度小于存款增长速度和贷款总额增长速度，没有真正体现为农服务，农信社资金通过有价证券及投资、存放中央银行、拆借等方式流出农村，这对农村经济的发展极为不利。

通过国有商业银行、中国邮政储蓄银行、农信社这些渠道造成了农村资金的外流，资金供给不足的农村反而为社会其他部门提供了大量储蓄。

5.5　农业保险“缺位”，信用担保体制尚未建立

5.5.1　政策性农业保险进展受阻

农业经济是一个受自然因素影响较大的高风险性基础产业，吉林省又是农业自然灾害发生较频繁的地区之一。农业自然灾害严重威胁着农业和农村经济发展，威胁着农民正常的生产和生活，必须通过设置风险分散机制来降低农业

风险，它对农业风险损失的经济补偿功能是无法完全替代的。如乾安地区农村自然条件恶劣，基本上属于靠天吃饭的地区，抗灾能力极弱，所以农业保险对农村经济的发展尤为重要，但吉林省农业保险发展严重滞后。农业目前仍然主要依靠两种传统的农业风险保障途径：民政主管的灾害救济、中国人民保险公司以商业方式推进的农业保险。补偿性质的灾害救济，一是受到国家财力限制，二是不适应农村经济市场化程度日益深化后的要求，三是不利于培育农户参与保险的积极性，一定程度上限制了农业保险的发展。

2007年，安华农保在吉林省承担了政策性农业保险试点任务。两年来，公司累计为吉林省农民发放保险赔款近11亿元，为缓解自然灾害给农民造成的损失发挥了重要作用。但是在实践中出现的一些突出问题，严重阻碍了农业保险的深入发展：农民对农业保险的认识不足，投保能力弱是一个普遍性问题。安华保险在试点中的业务推动，大都是以“农业龙头企业带动”“政府组织推动”和“合作经济组织发动”等方法开办，都是自上而下的推进方式，并没有真正体现出农民投保的自主意识和积极性。农民即便有保险需求，但投保能力极低。政策体系不健全，试点风险较大。主要是保费补贴比例太低，国家财政只承担25%，省级只能配套到25%，县级财政需要投入30%，导致县级积极性明显下降，加之没有建立巨灾风险金，出现大灾更是束手无策。2007年吉林省遭遇了历史上罕见的严重旱灾，投保农户中70%受灾，全省超赔资金高达3.4亿元，给县级财政造成巨大压力，极大挫伤了当地政府推动农业保险的积极性。

保险服务与保险需求不相称。2008年，安华公司在镇赉通过农信社推行“贷款人人无意外伤害保险”险种，此险种受益方是保险公司、农信社和农户三方，但受益比重排名第一是农信社，第二是安华农保，第三才是农民。农民认为这不符合国家提出的“多予少取”的政策，难以最大限度地保障农民利益，因而对投保有抵触情绪。

5.5.2 农村信用担保体制尚未建立

金融机构放款的风险分散和转移机制缺乏，正式金融机构对抵押品的选择过于单一，各地担保机构数量少，资金实力不足，在金融风险保障机制不健全的情况下，加上农业的弱质性，金融机构支农缺乏利益驱动。目前，农户和农村中小型企业融资难的一个重要原因在于农户和农村企业有效的抵押资产较少、较为单一，贷款担保难以落实。各地的担保公司大多由地方政府出资建

立，其运作理念是为了分散信贷的金融风险，从而扩大信贷机构的信贷供给，但目前缺乏法律规范，存在监管漏洞，没有监管的担保公司的实际运作本身可能导致金融风险，一旦被担保企业无法如期还贷，担保公司很难说有足够储备资金向银行支付。

5.6　农信社改革力度不够

农信社已经成为农村金融的主力军，但是管理体制不顺和自身经营中存在的困难与问题制约了农信社的生存与进一步发展。

（1）产权关系难以完全明晰。农信社虽然是社员入股，产权应归属全体社员，但其经营中仍然主要承担着国家金融政策对农村的辐射作用，在经营中仍然无法做到谁出钱、谁管理、谁负责，不能达到真正的“四自”。

（2）内控机制不健全，经营风险加大。大多数农信社没有建立起一系列完整的财务会计、信贷、奖惩及风险控制制度。尤其是在信贷管理上违规操作现象较为普遍，贷款决策上往往是个人说了算，行政命令、“人情”贷款时有发生，严重违背了贷款的“三性”原则，形成大量的不良贷款，既降低了农村合作金融组织自我约束、自我发展的能力，又增加了其经营的潜在风险。

（3）农信社结算渠道不畅。大多数农信社之间的联行往来关系没有建立，农村信用社联社只能参加人民银行的同城票据交换，异地结算全部代理，有的地方县辖结算尚未办起来，导致结算渠道不畅、环节多、速度慢。

（4）农信社基础薄弱、管理落后、亏损严重。农信社职工队伍庞大、文化程度不高，业务能力差、电子化建设和清算手段落后、安全防范设施条件差，且观念保守、知识老化，这为农信社的管理和业务工作的开展带来了巨大的困难。

（5）信贷管理僵化，创新能力不足。不主动寻找新的农村信贷增长点，金融创新观念淡薄。农户大额资金需求难满足，贷款期限欠合理，农村新兴贷款需求不能满足，信贷业务创新滞后。

5.7　新型金融组织的运行遇到诸多问题

新型金融组织规模较小，资金筹措能力差。村镇银行由于知名度、认可度低，影响力小，吸收的存款也非常有限，生存空间受到挤压。据调查，村镇银行的营业税、城建税、教育税金及附加税率为5.4%，而农信社为3.3%，相

差2.1%，税赋的不一致使村镇银行的发展空间受到挤压。风险控制能力较弱，隐含风险较大。新型金融组织发放的贷款一般分为信用贷款和担保、抵押贷款。一旦发生自然灾害，借款人就可能不按时履行还款责任。即使有抵押，但由于抵押品大多是农民住房、宅地或农机等，很难变现。除了村镇银行按存款一定比例缴纳准备金外，其他农村新型金融组织基本没有明确建立有关备付金的规章制度和实施办法，还需探索适合新型农村金融组织特点的监管方式、专业人才缺乏，发展后劲不足。农村新型金融组织的领导及经营人员大多是土生土长的农民，在一定程度上限制了农村新型金融组织的健康、快速发展。由于农村新型金融组织的待遇相对商业银行、农村信用社低，很难吸引受过专业教育的金融从业人员或者年轻人。

6 完善吉林省农村金融机构体系的对策建议

6.1 深化农村信用社改革

以产权、组织制度创新为突破口，把农信社真正办成为“三农”提供全方位服务的金融机构，确保其服务方向不改变、信贷资金不外流、支农力度不减弱，发挥好为支农主力军作用。

6.1.1 明晰产权、强化内部经营管理

良好的法人治理结构是信用社稳定的微观基础，高效的内部经营管理是信用社发展的前提。全面推行理事长、主任、监事长“三长”分设制，实现所有权、经营权、监督权“三权分离”，以此来理顺产权关系，完善农信社法人治理结构，重视社员代表大会行使其职权的独立性，杜绝内部人控制现象。监事会不能流于形式，应帮助完善贷款审查、财务审计、管理层及员工行为监察、风险防范等内控制度，初步形成统一法人治理结构的整体框架。

6.1.2 建立激励和约束机制

在各项规章制度比较健全和各方面关系比较协调的情况下，着眼于建立行之有效的约束机制和激励机制，合理配置人力资源，推进正向激励、绩效考评，促进服务质量迅速提高、业务规模快速发展和经营效益的根本改善。要防止只注重组织形式改造，而忽视内部机制转变的“换汤不换药”的问题。

6.1.3 拓宽信用社的资金来源

坚持市场化取向，加快推进省内、省际农村合作金融机构之间的战略合

作、区域联合和兼并重组，开展业务合作与资本联合。鼓励和支持国内外金融机构战略投资农信社，拓宽机构资金来源、有效改善股权结构。

6.1.4　提高农信社经营效率

通过建立合作金融道路。在吉林省范围内的农信社实现跨县跨区的合作经营选择商业性或互补合作性的形式，根据引起的竞争机制激活农村金融市场，来结束农村金融机构单一化的局面，通过建立全省县域范围内的支付结算网络与邮政系统及相关银行进行竞争，在竞争中提升运作效率。

6.1.5　加大政府扶持力度

对农信社的不良资产进行“二次剥离”，核销历年亏损挂账，消除农信社的历年不良资产和亏损，从而解除吉林省农信社的历史包袱。同时减免支农贷款的营业税，对特定农信社提供财政利息补贴。允许县级农信社在地级市增设服务网点，吸收城市资金回流农村。

6.1.6　提高信用和服务质量

加强电子化建设。充分发挥吉林省省级联社的服务职能，针对省级联社科技服务手段落后的现状，加大资金投入，积极推进全省农信社的电子化建设进程。全面开通全省自主开发的综合业务系统，让存款实现通存通兑。加大农信社借记卡“吉卡”发行量，让电话银行、自助银行和POS机（刷卡机）全面投入使用，这样就可以使吉林省农信社的服务手段与商业银行基本站在同一起跑线上。同时，取消对省内异地存款的手续费，让更多存款存入农信社并努力提高农信社服务质量。创新农信社企业文化体系，提高农信社员工的临柜服务水平，努力打造规范服务、特色服务，利用优质、高效的服务吸引更多的资金。

6.2　深化中国农业发展银行改革

6.2.1　拓展中国农业发展银行的业务领域

中国农业发展银行的业务范围，应该根据农业和农村经济发展的现状及其金融服务需求的特点，随着农业产业结构的调整不断做出调整。农业产业结构的调整是提高农民收入、促进农村经济发展的重要手段，农业产业结构的升级和改进需要大量的资金投入。仅仅依靠商业性金融中介的融资是不能够满足需求的，因此，中国农业发展银行要发挥农业政策性金融的优势，除搞好粮食收购的金融服务外，必须不断扩充职能，加大在农业综合开发、农业结构调整、科技进步、农村基础设施建设、扶贫治穷等方面对农业和农村经济发展进行支持的力度，以适应农村经济发展的要求。

6.2.2 扩大资金来源渠道

目前，吉林省政策性金融的资金主要来源于人民银行的再贷款，会对基础货币的投放造成压力，不利于中央银行的宏观调控，也制约了自己的资金来源规模，不利于农村政策性金融业务的开展。因此，农发行的资金来源渠道要拓宽，首先，财政对政策性金融的补贴应及时到位，避免政策性金融陷入财务困境；其次，可以根据政策性金融的资金需求状况，公开发行由中央政府担保的政策性金融债券，直接从资本市场融资，从大众投资者手中筹集中长期信贷资金；再次，考虑把农村邮政储蓄资金划拨给农业发展银行，这样既可以缓解政策性金融资金来源匮乏的局面，又可以避免邮政储蓄资金从农村流失，还可以考虑把农村社保资金划拨给农业发展银行；最后，借鉴国外政策支农的做法，制定相关政策加大对农业的政策投入力度，如美国政府对农业信贷的补贴形式有商品贷款补贴、农场储藏设施贷款补贴、农场贷款补贴、作物保险补贴等信贷补贴，对鼓励农业生产起到了很重要的作用。

6.2.3 加强对中国农业发展银行的监督与控制

一方面，与一般商业性银行不同，中国农业发展银行是专门为“三农”服务的政策性银行，所以，它不仅应该受到人民银行的监管，而且应该受到财政部和农业部的监管。中国人民银行主要对中国农业发展银行的金融业务和金融风险加以监管，财政部主要控制财政资金投入的规模，农业部确定中国农业发展银行的贷款范围。另一方面，良好的内部监控机制不仅可以避免内部人控制问题的发生，而且可以激励中国农业发展银行经理对专门技术的掌握，从而促进专门技术的有效传播。

6.3 加强商业金融机构支持农业力度

商业金融机构“返乡”，特别是中国农业银行真正扎根农村，必须创新农村金融服务形式，努力探索适合农村的新方式、新办法，如果仍然沿用传统的经营思路，还是无法摆脱农民资金需求分散、抗风险能力弱、业务琐碎、放贷成本高、风险大的局面，逐渐走回业务量萎缩的老路。中国农业银行应该在全面摸清辖内城乡有效市场的基础上，确立坚持以农户为主、龙头企业为辅、中小企业为补充的“三农”业务营销战略，打造有特色的区域竞争优势。网点布局应该主要定位为吉林省县域城区和大集镇，重点支持商业化程度高、资金需求量大的农业产业化龙头企业和小城镇建设、农村基础设施建设。同时，以惠农卡为载体，开发多种小额农户贷款金融服务，并与政策性银行加强配合，

对政策性银行扶持的农业项目和企业，根据实际情况积极予以配套支持。在经济较为发达或城乡一体化程度较高的地区，引导其他国有商业银行和股份制商业银行进入市场，形成商业金融充分竞争、提升服务的良好格局。对经济欠发达地区，其他商业银行不宜盲目跟进竞相争夺稀缺的金融资源，影响当地金融稳定。当前，证券、债券、期货、信托、保险等金融行业主要集中在大中城市，在农村基本上还是空白。随着农村经济的发展，应该有步骤地在农村发展这些行业，以满足农民多样化、多层次的金融需求。

6.4　强化邮政储蓄资金的反哺功能

由于人才和技术条件的限制，加之经验缺乏，中国邮政储蓄银行进入农村金融市场必将面临较高的经营成本。因此，应该回避价格竞争，而走差异化竞争的路线，依靠专业化，发挥比较优势，打造核心竞争力。相对于其他商业银行，中国邮政储蓄银行最大的比较优势在于在农村地区网点众多。因此，中国邮政储蓄银行应立足农村“主战场”，利用网络优势和对农村地区、农户情况比较熟悉的特长，大力开展农村小额质押贷款、小额信贷等，逐步形成“农村包围城市”的战略趋向。当前，在吉林省乃至我国农村金融市场的金融中间业务如国内、国际汇兑、转账业务、银行卡业务、代理保险及证券业务、代收代付等中间业务的发展空间巨大，中国邮政储蓄银行完全可以大力挺进农村金融中间业务市场。中国邮政储蓄银行还可与邮政物流相结合，参与农村物流配送业务。

6.5　积极发展新型农村金融组织

发展新型农村金融组织前景非常好。吉林省应在总结试点经验的基础上，逐步全面放开农村金融市场准入，鼓励有条件的地方，在严格监管、风险可控的前提下，通过吸引社会资本和外资，鼓励各种经济主体积极兴办直接为“三农”服务的多种所有制的农村新型金融组织。从运营机制上看，在三类新型金融组织中村镇银行更有比较优势，一是村镇银行为社会资本、民间资本进入农村地区搭建了资金供给平台，具有较强的资本带动性；二是村镇银行是由经验丰富、业绩良好、内控管理能力强的商业银行发起设立，能够规范运营，较好地控制经营风险；三是与贷款公司、资金互助社、小额贷款公司相比较，村镇银行可以吸收存款，资金来源渠道有比较可靠的制度保障。从试点情况来看，村镇银行的运营状况也相对好一些，因此建议吉林省应以村镇银行为突破口，积极推进农村金融组织创新发展的步伐。

6.6 完善农业保险体系

完善的农业保险体系，一方面能够充当农业生产的长期稳定器，另一方面也能为农村金融机构的正常运行保驾护航，降低农村金融的风险，推动农村金融市场的发展。具体应采取以下措施。

6.6.1 选择合理的农业保险模式

在我国现阶段应根据不同地区的不同对象以及抗风险能力的不同，采取政策和市场两种手段开展农业保险。在吉林省应以政策性保险为主，经济较发达的地区应以市场保险为主；对种植大户和农业开发公司以市场性保险为主；对普通农户以政策性保险为主；对特别贫困地区的农户应完全实行政策性保险。建立多层次体系、多渠道支持、多主体经营的政策性和非政策性相结合的农业保险制度。

6.6.2 组建国家农业保险公司

组建国家农业保险公司，资金来源于财政预算拨款，其主要职责就是贯彻实施国家对农业保险的各项政策支持，不直接参与农业保险的原保险业务。主要包括：向专业性保险公司、商业性保险公司、农业互助合作保险社以及县级农业互助合作保险联合会提供费用补贴，向投保农户和农业生产经营者提供保费补贴。2004 年 9 月 17 日，全国首家专业性农业保险公司——上海安信农业保险公司开业，主要发展政策性的种养两业保险业务，但只是地区性的，并没有在全国展开。2005 年长春安华农业保险股份有限公司成立，至今已在多个地区开展农业保险业务。

6.6.3 加快农业保险立法，加大政策支持力度

我国农业保险日益萎缩的一个主要原因就是缺乏法律的保障。首先，加快制定与实施《农业保险法》，从法律上明确规定农业保险的地位、作用、政策性质，逐步建立农业保险补偿体制，加强对农业的支持；其次，要依靠法律的权威性、规范性、强制性等特点，对农业保险的组织形式、资金运用、承保范围、保险费率、保险责任等进行规范完善，保证农业保险体系的顺利建立；最后，通过法规的形式明确规定政府在开展农业保险中所应发挥的职能作用，避免政府支持农业保险的随意性，或因财政困难而忽视对农业保险的支持，并以此提高农民的保险意识。

6.6.4 建立完备的农业再保险体系

西方推行农业保险的共同特征是利用行政手段建立多层次的再保险体系，

而这正是制约我国农业保险发展的瓶颈问题。国家可以利用再保险体系支持农业保险发展，以财政补贴支持农业保险部分费用和经营亏损。农业再保险体系的建立，对农业保险和农业生产的发展将起到巨大的支持推动作用。因此，应加快发展，完善业务数据系统，加强风险管理机制的建设，以此增强农业保险的承受力，为完全的商业再保险转型打好基础。在现阶段，农业再保险可以由中国再保险公司兼营、鼓励外资再保险公司经营，也可待条件成熟时组建政策性农业再保险公司专门经营，国家根据农业再保险的类型给予一定的优惠政策。

6.7　引进外资银行完善农村金融体系

目前吉林省农村正规金融组织不完善，难以为农民和农业发展提供有效的金融服务。非正规金融组织灵活便捷，但规模小、功能弱，缺乏有效的监管机制和风险控制机制，如何规范其运作、发挥其积极作用，需要长期摸索。所以有必要在借鉴国际经验教训的基础上，建立起一个多元化和适度竞争的农村金融市场。2006 年中央“一号文件”发出了改革的信号：允许私有资本、外资参股乡村社区金融机构，让国外实力强大的金融机构参与到农村金融改革的实践中来。通过多元化和规范竞争，建立起不同类型的农村金融机构，创新农村金融服务体系，满足农民多方面的需求。外国金融的资本优势、风险管理能力都是国内大小金融机构无法比拟的。其业务拓展到农村金融市场，会将国际先进的金融理念带入中国农村，提供一些示范效应，也会促进外商投资我国农村。外资金融机构可以与农村信用社建立业务联系，利用其广泛的分支机构（网点）来逐步延伸自己的发展道路，开发出足够的金融产品。监管部门出于风险控制的考虑，也可以暂时限制这些外国金融机构的存款业务，只贷不存模式对这些国际性的商业银行应该不会造成特别大的资本压力。随着我国及吉林省金融市场开放程度的不断提高，事实上，从国际上来看，一些好的小额信贷银行的资本回报率要高于全球最好的大商业银行，虽然农村金融业务零散而且单笔利润微薄，但在国外却具有广泛的市场。有资料显示，亚洲开发银行在非常贫困的贵州地区进行的试点表明：农户养几头猪、养一群羊，回报率都能够达到 50% 以上；河南农村农户的贷款回报率高达 40% 以上。对于金融机构来说，农村并不是没有赢利机会或是回报率低于城市。从我国目前来看，2005 年荷兰合作银行和国际金融公司就共同出资参股杭州联合银行，总出资额为 2.6 亿元人民币，两家公司分别占杭州联合银行 10% 和 5% 的股份，目前，荷

兰合作银行已经派驻有经验的员工在杭州联合银行工作，提供技术援助，与当地政府积极合作，就信用合作的专业化和结构化等方面给予指导意见；澳新银行已收购天津商业银行20%的股权和上海农村商业银行19.9%的股权。吉林省今后应该加快农村金融体制改革与完善的步伐，重新确立在市场经济基础上的农村金融体制，为吉林省经济的发展服务。

6.8　培育和完善多元化的信贷担保体系

以政策性银行机构为主，政府出少量资金为辅，引导、培育和发展县域金融担保组织，为农户和县域中小企业直接提供担保，切实解决农户及农村个体私营经济融资担保难的问题。大力支持农民自发成立农村互助担保组织。2009年3月，梨树县白山乡农民组织成立了诚达农民信用担保合作社，为社员贷款提供担保服务。这是我国第一个农民信用互助担保组织，是农村金融领域中的一个大胆尝试，应该重点关注并给予支持。要结合农业产业化的深化，推进"协会+农户""合作组织+农户""公司+农户""基地+农户"等多种形式的信用合作模式，充分发挥农民专业合作组织的桥梁作用。积极引导龙头企业以多种形式与农户建立风险共担、利益共享的利益联结机制。土地是农村地区最为丰富的资源，充分发挥土地在担保方面的作用，是解决农民贷款难的一条重要途径。党的十七届三中全会提出，"按照依法自愿有偿原则，允许农民以转包、出租、互换、转让、股份合作等形式流转土地承包经营权，发展多种形式的适度规模经营"，为土地进入农村金融创造了政策机遇。吉林省应在国家现有政策框架内，完善农村贷款抵押担保体系，积极推动土地进入农村金融领域。适时建立土地承包经营权的抵押价值认定和抵押登记制度，制定土地承包经营权抵押贷款的风险防范措施，尽快推动农村土地权益的权证化流转，为发展农村商业信贷模式奠定基础，实现土地要素在农村金融市场的流通。

7　结论

如何建立科学合理而富有效率的农村金融组织体系，满足农业和农村经济发展的金融需求，是吉林省当前和今后一段时间需要认真研究和解决的现实问题，也是改变吉林省农村金融落后现状的必然选择。本文经过认真分析研究，认为吉林省应该发展多种形式、分工合理的农村金融组织，建立起商业性金融、合作性金融和政策性金融相结合，正规金融和非正规金融相补充，资本充

足、功能健全、服务完善、运行安全的多层次、多样化的农村金融组织体系。实现这个目标，需要改革完善商业性金融、合作性金融和政策性金融等金融组织体系，需要创新发展经营组织模式各异、产品服务各具特色的新型农村金融组织，需要多层次、多种形式的正规金融和非正规金融之间相互补充、有序竞争、充分合作，同时也需要政府为农村金融组织的改革、完善和创新创造良好的外部环境。

8　课题研究的不足和后续研究

课题研究在农村金融机构体系理论研究方面有一定程度的创新，尤其是从农村金融机构体系的构建对策的研究，可以说拓宽了理论研究的视野。从这个角度看，课题研究达到了预期的目的。但仍然存在诸多的不足：理论上，农村金融体系的构建并未深入研究，吉林省农村金融机构体系存在问题的原因和完善的对策探讨的不够充分，对实际问题的研究不够透彻。

课题研究的不足，也为后续研究提供了研究方向。基于本课题研究的不足，在以后的研究中，一是要加大案例研究，采用实地调查的方案，通过大量的数据提高研究的针对性和可行性；二是要加强与金融部门及相关地方政府的合作研究，切实提出有针对性，具有可操作性的意见和建议，为吉林省农村金融机构体系的构建和完善提供有价值的参考。

参考文献

[1] 李婷婷. 吉林省拓展农村金融支持路径研究 [D]. 长春：吉林大学，2011.

[2] 刘芳. 吉林省农村经济的金融支持问题研究 [D]. 长春：吉林大学，2009.

[3] 徐焰. 吉林省农村金融组织改革与创新问题研究 [D]. 长春：吉林大学，2009.

[4] 李萍. 吉林省农村金融体系构建问题研究 [D]. 长春：东北师范大学，2007.

[5] 李世美. 国外农村金融问题研究文献综述 [J]. 经济论坛，2006

(7).

[6] 侯倩. 吉林省农村金融发展和农村经济增长间关系的研究 [D]. 长春：吉林大学，2013.

[7] 孟春利. 吉林省农村金融深化对策研究 [D]. 长春：吉林大学，2011.

[8] 冀晶焱. 吉林省农村金融生态环境问题及对策研究 [D]. 长春：吉林大学，2014.

[9] 佚名. 吉林省着力构建多元化金融体系支撑长吉图开发 [DB/OL]. 华夏经纬网. [2013-05] http://www.huaxia.com/jltwlx/yw/jlyw/2013/07/3412244.html.

[10] 刘燕. 对完善吉林省农村金融体系的思考 [DB/OL]. 豆丁网. [2013-06] http://www.docin.com/p-769410351.html.

[11] 于江. 吉林省农村金融服务现状、问题及相关建议 [DB/OL]. 全球品牌网. [2009-02-11] http://www.globrand.com/2009/142382.shtml.

[12] 惠国琴，陈冠宇. 国外（地区）农村金融机构体系建设对黑龙江省的启示 [J]. 行政论坛，2011 (4).

[13] 李军峰，王健，郭淑缓. 完善我国农村金融机构体系的思考 [J]. 统计与决策，2007 (23).

[14] 冯永琦，王璐. 吉林省农村金融服务面临的问题及发展策略 [J]. 经济视角上旬刊，2014 (2).

[15] 王晓光. 吉林省农村金融服务体系的缺陷及对策研究 [J]. 商业时代，2011 (36).

[16] 杨荣. 构建多元化的我国农村金融机构体系 [J]. 金融与经济，2005 (7).

[17] 张肃，诺敏. 吉林省农村金融服务创新障碍分析 [J]. 山西财经大学学报，2013 (S1).

[18] 赵延斌. 论中国农村金融机构体系改革的选择与完善 [J]. 江苏金融，1996 (7).

[19] 刘思彤. 完善吉林省新型农村金融机构的几点建议 [J]. 吉林金融研究，2009 (11).

[20] 刘新. 吉林省农村金融服务体系创新研究 [J]. 当代生态农业，2001 (Z1).

［21］王倩，孙硕珩．吉林省农村民间金融现状及其治理对策探析［J］．东北师范大学学报：哲学社会科学版，2014（4）．

［22］马宁，王鹏．吉林省农村金融发展问题探析［J］．东北亚论坛，2010（2）．

［23］李美花．吉林省农村金融与经济增长关系研究［J］．现代商业，2014（21）．

发展吉林省中小金融机构

——服务中小企业　助推地方经济腾飞研究报告

项 目 负 责 人：柳明花

项目所在院校：长春金融高等专科学校

组织验收单位：吉林省教育厅

验　收　时　间：2014 年 6 月 1 日*

---

* 项目组成员：程禾、王娇、尹海英、徐伟川、胡茵、李萍、王帅、周晓琪。

1　概述

1.1　研究的背景

国家发改委、财政部、工业与信息化部以及人民银行等相继出台了多项政策制度，旨在改善中小企业融资环境。作为银行的直接监管机构，银监会则进一步要求全国性大中型银行必须尽快建立起中小企业专营机构，强化中小企业金融服务职能。这一切都为缓解中小企业融资难提供了更多新的解决思路和途径。扶持中小企业成长是实现富民强省的重大举措，是吉林省银行业金融机构不可推卸的责任，也是其提高市场份额、保持发展动力的选择。

银行业金融机构的信贷业务是企业解决融资问题的主要途径，也是其提高市场份额、维持自身生存与发展的关键。银行业金融机构应根据其自身特点与优势，大力发展中小企业的相关业务，为中小企业提供金融支持，以提高自身的利润空间。

吉林省金融机构应积极开展中小企业客户的营销工作，贯彻国家对中小企业的支持政策，调整自身经营理念及业务流程，形成以商业银行、担保公司、证券公司等为基础的多元化平台，促进中小企业的发展。

中小企业的发展不仅关系到一个省份的经济发展，也关系到社会的稳定。吉林省中小企业面临的融资难问题如何被缓解，使其在发展中走得更好，需要省内的金融机构的金融支持来实现。因此，推动中小企业加快发展是实现富民强省的重大举措。吉林省金融机构探索中小企业金融支持的途径具有相当深远的意义。

1.2　研究的意义

1.2.1　研究本课题的学术价值及理论意义

第一，研究吉林省中小金融机构是完善吉林省金融体系的理论前提。一个良好的金融体系必然存在不同形态的金融机构，在我省的金融体系建设中，中小金融机构更是不可或缺的成员，因此，研究吉林省中小金融机构可以为大力

发展不同形态、规模的金融机构提供理论支持。

第二，通过对吉林省经济增长与中小金融机构间相关性的实证研究，将进一步丰富金融发展和金融深化理论在区域金融中的应用，因此具有一定的理论意义。

第三，研究吉林省中小金融机构对中小企业的金融支持问题，证实中小金融机构与中小企业是天生的合作伙伴，从而在理论上支持了金融共生假说。

1.2.2 研究本课题的实践意义

研究吉林省中小金融机构的发展问题具有很强的实践意义。

第一，发展吉林省中小金融机构对于完善吉林省金融体系、成就良好金融布局具有重要的实践意义。调研吉林省中小金融机构的现状，全面摸清我省目前中小金融机构的生存情况，针对现状的成绩与问题，提供合理的发展建议，对于提高我省金融体系运行效率具有重要的实践意义。

第二，发展吉林省中小金融机构是地方经济发展的有力手段。中国经济发展的实践已经表明，区域经济增长的动力主要来源于区域内中小企业的发展，而中小企业的发展是以大量中小金融机构为其提供融资服务为前提的，因此，提高区域内中小金融机构的竞争力，实现中小金融机构发展的可持续性，可进一步缓解吉林省中小企业在创业与发展过程中融资难的问题，从而推动吉林省经济的快速发展。吉林省中小金融机构竞争力的提升对于吉林省经济的腾飞具有重要的实践意义。

首先，吉林省中小金融机构自身发展，要求其具有明确的市场定位，通过对中小金融机构与中小企业的联姻关系的研究，期望中小金融机构将中小企业作为重要的市场份额。其次，预期实现效益还体现在提出金融支持中小企业的方式，从而使得中小金融机构获得更好的经营成果。再次，中小金融机构提高服务中小企业的效率，所带来的效益是解决了中小企业融资难的问题，使其快速发展。最后，通过提出发展吉林省中小金融机构的相关建议，使其更加具有竞争力，从而更好地服务于中小企业、社区、三农经济，从而实现吉林省经济的有效增长。

1.3 国内外研究现状

1.3.1 国外研究状况

国外学者对中小金融机构的研究分析多集中在以下三方面：

第一，中小金融机构在金融体系中的作用。关于中小金融机构与金融体系的研究，具有代表性的人物有戈德·史密斯、兹维·博迪和罗伯特·默顿。戈德·史密斯（1993）关于经济发展水平与金融发展的相关性分析为中小金融机构及其发展奠定了理论基础。他认为金融机构具有的多种形态“体现着金融发展乃至经济增长的不同程度”。兹维·博迪和罗伯特·默顿（2000）提出一种新的金融体系考察方法——功能金融方法。这一新的观察角度从金融体系需要行使哪些功能等问题出发，寻找建立最能符合所需功能的组织结构和金融产品。功能金融分析方法探讨了中小金融机构对经济发展和金融体系的作用，从而为提出中小金融机构发展模式与策略等研究奠定了理论基础。

第二，银行规模经济与效率。1995 年以来，以 Berger（伯杰）、Roussakis（卢萨基斯）等为代表的经济学家，相继发表了关于银行规模经济与经营效率的研究成果。Berger（1995）通过对银行规模与银行赢利之间的关系的研究，认为规模并不能算作银行赢利的充分条件。Roussakis（1997）的研究表明银行成功的关键因素是“有效管理”而非规模，强调收入或经营效益更多的与成本管理和经营策略有关。

第三，信息优势理论。在现有的文献中，Berger（1995，2000）对中小银行信息优势的研究是最具有权威性的。他提出了解决中小企业融资难的“关系型”借贷，同时他认为中小银行具有与中小企业相平行的组织结构，更有利于发展银企间的“关系型”借贷业务，有利于中小企业提高贷款的可获得性，从而给中小企业提供较好的融资支持，“小银行优势”假说的提出奠定了中小金融机构的特殊经济作用。

1.3.2 国内研究状况

国内有关中小金融机构的研究与国外类似，主要有以下几方面：

第一，中小金融机构与经济增长间的关系。林毅夫（2006）的研究从金融发展和金融结构促进经济发展的角度出发，提出中国金融改革和金融结构调整的方向是：逐渐将以国有大银行为主导地位的金融体系调整为以主要面向中小企业的中小银行为主体的间接融资为主导地位的金融体系。

第二，中小金融机构规模与效率研究。李文军、王振山（2000）的研究证明许多大金融机构效率低下、运行状况差，而许多中小金融机构却表现优异；顾旋、刘都、刘炜（2000）从规模经济不等于规模效益出发，认为中小金融机构与国有大银行相比较，具有体制和管理上的灵活性，并在科技上有“后发优势”。

第三，中小金融机构与中小企业间的关系。林毅夫（2000，2001）提出中国目前解决中小企业融资困境的途径是大力发展中小金融机构。郭斌、刘曼路（2002）以温州为个案分析了民间中小金融机构对当地中小企业起飞所起的重要性，证实了中小金融机构的特殊经济作用。

第四，制约中小金融机构发展的因素研究。程惠霞（2003）指出中小银行生存发展关键是在价值链与竞争策略要素分析基础上确定适合的策略要素组合，寻找自己的生存运作空间。她认为中国银行制度渐进式改革既成就了中小银行发展，也形成了中小银行进一步发展的环境约束，监管机构有必要适当介入改善其外部经营环境，同时要求中小银行自身变革，并寻求恰当发展模式和发展策略。朱建武，李华晶（2004）以部分股份制银行为考察对象，对1999—2003年期间我国中小银行成长进行了分析。他们发现中小银行成长具有“两不”“两外”和“两小”的特点，即中小银行内外成长不均衡、个体成长不平衡；成长具有外生性、正的外部性；成长立足于小市场、成长的政策空间狭小。王柏楠等人（2005）也指出了国内中小金融机构存在的问题，受以往金融体制的影响，没有真正建立起现代公司制度，有关中小金融机构的法律法规还不健全以及缺少金融监管。

综合而论，国内外学者都肯定了中小金融机构在金融体系中的地位和作用，强调规模不等于规模经济，同时论证了中小金融机构对中小企业的融资支持，这些都为中小金融机构的生存与发展奠定了基础。

但是国内学者关于中小金融机构的研究尚存在一些不足之处。首先，现有的文献没有区别中小金融机构所在地区的区域经济发展程度，因此，其结论可能存在一定的非普遍性；其次，在策略研究方面，尚缺少针对中小金融机构发展模式的详细研究；最后，在研究方法上，对中小金融机构与地方经济发展及中小企业融资关系的模型建立方面还存在某种不完善的地方。

2　中小金融机构与中小企业相关理论

中小金融机构是一个动态发展的概念，但是它基本可定义为相对于大型金融机构而言，在资本规模、存贷款业务规模和从业人员数量等方面明显较小的金融企业。

2.1 中小金融机构的界定

提供各种金融服务的企业均可称为金融机构。金融机构提供的金融服务主要包括：一是将最终借款者的债务转换成更容易为投资者所接受的资产，形成自已的负债；二是代理业务，代客户买卖金融资产；三是自营业务，为自己的账户买卖金融资产；四是发行业务，协助发行人创造金融资产，并将这些金融资产销售出去；五是为客户提供投资咨询；六是管理其他市场参与者的投资组合。

随着各类金融企业的出现以及金融服务的多样化，我们有必要对金融机构进行分类研究。这种分类不仅有助于我们系统地认识和了解各种金融机构，而且也为我们深入分析这些金融机构在整个金融体系中的地位、作用以及对经济发展的影响奠定基础。金融机构根据不同的划分方法，可以有多种分类。例如，按照筹集资金的不同方式，可以把金融机构划分为存款性机构与非存款性机构两大类。存款性机构主要包括商业银行、储蓄机构以及信用合作社等，非存款性机构则主要包括保险公司、养老基金、投资基金、投资基金以及投资银行。按照其地位和功能划分，金融机构可以分为中央银行、商业银行、专业银行、非银行金融机构、外资银行。按照受雇人员的数量、资本、营业额的大小进行划分，又可以将金融机构分为大、中、小型。

顾名思义，中小金融机构是从规模角度来进行划分的，我们需要强调的是它是一个动态发展的概念，不同时期有不同的衡量标准，各国的具体划分标准也不一致。虽然中小金融机构一个动态发展的概念，但是它基本可定义为相对于大型金融机构而言，在资本规模、存贷款业务规模、从业人员规模等方面明显较小的金融企业。因此，从广义上，我国的中小金融机构是指在宏观调控能力、资产负债规模、信用担保体系、网络覆盖范围、机构整体机能以及服务手段、社会地位方面都明显低于国有大银行的中小型商业银行、中小型保险公司、信用合作社、财务公司、消费信用机构、邮政储蓄机构等。而通常意义上的中小金融机构是指以存贷业务为主的中小商业银行，即全国性或区域性股份制商业银行、城市商业银行、城乡信用合作社等。

2.2 中小金融机构的特殊性分析

中小金融机构与大银行一样具有商业银行的基本性质，以追求利润最大化为主要经营目标，遵循安全性、流动性与营利性原则的信用机构，是一种特殊的企业。

中小金融机构的特点在于规模小，分支机构少，有的甚至没有分支机构，经营地区范围狭小，经营业务范围狭窄，主要通过弥补大银行服务的空白领域，为当地居民和企业提供金融服务。另外，由于中小金融机构不能像大银行那样发行债券取得低成本资金，因此具有融资成本高的特点。

中小金融机构自身的特点又决定了它区别于大银行的特殊性：

第一，中小金融机构的经营机制比较灵活。由于自身规模较小，在应对不断变化的市场时，可以做到船小好掉头；在提供金融服务时，由于中间委托管理层较少，中小金融机构拥有较高的办事效率；在提供个性化服务方面也具有优势，比较适合居民和中小企业“小、频、急、特”的信贷需求。

第二，中小金融机构具有较强的地域优势。由于国家法律规定限制，或者资金实力不足，大多数中小金融机构经营区域有限，分支机构也限于在总部所在区域设立，但是这种特征也为中小金融机构获取区域优势奠定了基础。

首先，中小金融机构作为区域经济的组成部分，与当地的人文地理环境具有密切联系，很容易发展“关系型”联系。这种“关系型”联系有助于中小金融机构保持竞争优势，尤其当中小金融机构面临国内大银行和外资银行的双重夹击时，“关系型”联系可以在短期内帮助它们保持强势竞争力。

其次，中小金融机构与经营环境的密切性，使它们能够以正式或非正式途径了解的客户的资产、资信与经营状况，有助于降低贷款成本，并可以监督贷款使用，有效地避免因“信息不对称”导致的逆向选择与道德风险。

最后，中小金融机构的区域优势，使它们可以充分利用当地的人才和各种资源，有效地降低了工资、固定设施、信息等各种成本。

第三，中小金融机构在金融创新中起到“领头羊”的作用。由于资产与资本规模较小，中小金融机构的经营业务不具备全面性、综合性特点，但在传统银行存贷款业务外，它们都有各自的创新业务，如“一卡通”“电话银行”“24 小时自助银行”等，都是由中小金融机构首创的。

2.3 中小金融机构存在合理性的理论分析

2.3.1 规模经济理论分析

产业组织理论中的规模经济是指在给定技术的条件下，对于某一产品（无论是单一产品还是复合产品），如果在某些产量范围内平均成本是下降（或上升）的话，我们就认为存在着规模经济（或不经济），具体表现为“长期平均成本曲线”向下倾斜。从这种意义上说，长期平均成本曲线便是规模曲线，长期平均成本曲线上的最低点就是“最小最佳规模”。

根据上述定义，金融机构规模经济是指随着业务范围、人员数量、机构网点的扩大而发生的单位运营成本下降、单位收益上升的现象，它反映了金融机构经营规模与成本收益的变动关系。单纯从规模经济的理论上分析，金融机构的经营规模似乎越大越好。因为金融机构规模大了，其信誉能力增强，就越有可能吸收更多的资金，就越有条件对资金需求者进行选择，将资金投放于最有效益的行业或地区，以获得利润最大化。

但是，规模经济不能决定一切。规模扩张虽然会带来产量的增加，但成本也会随之发生由递减到递增的变化。就金融机构规模与赢利关系而言，规模经济并不能解释金融机构赢利能力与实际赢利效果。这一方面以 Berger（1995）的研究最为权威，他认为规模并不能算作银行赢利的充分条件。一味追求大规模只会导致市场的垄断，大银行借助市场垄断虽然可以提升银行利润，却无助于提升银行效率与社会效率。其他人的研究采用更为间接的研究方式，先假设对小规模银行而言，规模经济是不可得的，大银行能够充分利用规模经济，然后比较大银行是否比较小规模银行更能赢利。令规模经济者悲伤的是，多数研究结果得到的是 Boyd（博伊德）和 Graham（格林汉姆）早在 1991 年就得出的结论，即规模越大并不意味着利润率越高。Rose（罗斯）（1989）运用成本函数分析资料证实：达到规模经济的理想资产是 1 亿美元。Gropper（格罗珀）（1991）综合研究了 1979—1986 年规模经济数据结果后发现，规模经济在产出规模非常微小时就已经消失殆尽，他本人认为资产在 5 亿美元以上的银行具有规模经济，但产出是稳定的，不存在效益递增现象。

因此金融机构应该追求的是适度规模，适度规模即最优规模。在这个规模上，生产要素的增加和生产规模的扩张能正好使规模收益递增到最大点。金融机构只有处于适度规模时，管理费用才会降低，才会有赢利空间，真正实现规模经济。多数研究已表明 1 亿美元资产是银行获取规模经济的最佳规模；任何一家银行的资产一旦超过 2. 5 亿美元，其规模优势——规模经济就将消失；如果资产超过 10 亿美元，再扩大规模，单位成本反而会上升。从规模经济理论中，我们得出了中小金融机构生存的合理性。而在国际上，经营效率位居前列的银行，其规模大多属中等偏上型，也就是说不仅在理论上我们可以得到中小金融机构的存在合理性，事实也证明如此。

2.3.2 产权经济学角度分析

在新制度经济学中，产权是重要的变量之一，因为它提供了激励的原动力。

一种经营方式和经济运行机制只有与特定的经济组织结构，特别是产权结构相适应时才能产生效率。市场经济已经证明，股份制是最活跃、最具有生命力的形式，是扩大和优化资本，提高资产配置效益的基本途径。

从发达国家的股份制中小金融机构来看，主要有以下三个优势：

第一，在组织形式上采用的是股份有限公司和有限责任公司两种现代企业组织模式。产权关系明晰，所有权和经营权分离，所有者与经营者的利益、责任明确，法人的地位、权利、责任明确，并得到法律的确认和保护。

第二，在内部组织机构上设有股东大会、董事会、监事会和日常经营管理班子。股东大会为最高权力机构，经股东大会推选的董事会为最高决策机构，代表股东利益的监事会为监督机构，董事会聘用的经营班子为日常经营管理机构。四者的权利相对分离，相互制约，利益共享，风险分担，形成权、责、利、险协调统一的运行机制。

第三，在经营体制上实行自主经营、自求平衡、自负盈亏、自担风险、自求发展；实行各自的资金管理体制、授权管理体制、人事管理体制、薪金管理体制、财务管理体制。形成权利和责任相对称、激励与约束相协调的经营机制。它们能根据经营的经济环境、市场环境和法律环境，自身的经营目标、经营战略，以及自身所具有的资本优势、客户优势、人才优势、技术优势等，确定市场定位和经营特色，从而可以充分发挥优势，在激烈的市场竞争中取得优势地位。

我国新兴股份制商业银行也表现出很多优势，具体如下：

第一，股份制商业银行的公司治理结构，使银行和政府之间不再有行政隶属关系，而是一种资本关系，国家作为股东派其代表进入银行的股东大会，股东大会和董事会行使的权利在于保护股东的利益，而不是为政府的众多目标服务，更不会为政府的众多目标去干预银行的日常经营业务。实践证明，光大银行、华夏银行等新兴股份制银行，虽然它们的大部分股份也都是由地方政府或国有金融机构、国有大型企业持有，但由于采取股份制形式，实现了产权多元化，产权关系明晰，具有明确的、独立完整的法人财产权，它们可以打破行政区划设置分支机构，其经营活动也较少受到分支机构所在地政府的行政干预。

第二，股份制商业银行在开辟资本金来源渠道，提高资本充足比率以及分散经营风险上具有显著优势。这主要是因为新兴股份制商业银行采取股权多元化政策，股权趋于分散，股东大会由多个利益集团组成，可以开辟新的资本来源渠道，提高资本充足比率，从而分散银行的经营风险。

第三，股份制商业银行有利于形成股份制企业的经营机制。股份制企业形式之所以成为现代企业资本组织形式，在于其可以形成一整套有激励、有约束、高效率的企业经营机制。产权的多元化比产权的单一化更有利于将所有权与经营权分离，更有利于建立起经营决策、执行、监督相互制约的机制。即使是在国家控股的条件下，由于其他股东在股东大会、董事会、监事会中对企业经营影响的存在，特别是有权转让股份（用脚投票），这对企业的控股者（国家）、经营者仍然具有一定的约束力。

由此可见，以股份制商业银行为代表的中小金融机构，拥有产权明晰、责权明确的法人治理结构和现代金融企业体制，适应市场经济的要求。再从我国国有大银行进行股份制改造之后竞争力得到提升也可以看出，股改有利于提高银行经营效率，股改也是我国银行业未来的改革方向。因此，尽管目前我国中小金融机构的产权制度还有很多不尽如人意之处，各行、各地区的发展也很不均衡，但从长远来看，中小金融机构的产权制度适应了市场经济的要求，具有旺盛的生命力。

3 吉林省中小企业现状分析

3.1 中小企业已成为吉林省国民经济的重要组成部分

吉林省的中小企业和民营经济经过这些年的发展，特别是经过2007—2009年实施的民营经济腾飞计划和2009年开始实施的中小企业成长计划，全省民营经济的主营业务收入已经达到1.3万亿元，民营经济增加值占全省生产总值比重达到50%；上缴税金380亿元，占全口径财政收入的比重达到33%；从业人员424万人，占全省城镇就业人口总数的比重达到70%；民营企业和中小企业的户数11.5万户，个体工商户达到110万户；民营经济固定资产投资占全省城镇固定资产投资的比重达到68%。

到2010年年底，吉林省民营经济主营业务收入达到1.39万亿元，是2006年的3倍；民营经济增加值4219.9亿元，占全省生产总值的比重由2006年的

35%提高到49.2%；实缴税金412亿元，占全口径财政收入的比重由2006年的25.4%提高到34.1%；从业人员470万人，占全省城镇职工总数的比重由2006年的54%提高到70%。也就是说，中小企业和民营经济已经占据了半壁江山，为促进全省经济社会发展做出了重要贡献。

3.2 吉林省中小企业发挥的重要作用

在国家对中小企业的扶持政策下，在吉林省对支持中小企业的相关政策的大力落实下，吉林省中小企业得到了长足发展，对吉林省的各项事业发展也发挥了重要的作用。

吉林省中小企业在增加就业机会、方便群众生活、推进技术创新、推动吉林省经济发展和保持社会稳定等方面，发挥着越来越重要的和不可替代的作用。

第一，税收来源，增加财政收入。近年来，吉林省中小企业在一系列的政策扶持下，从起步逐渐走向成熟，经济效益有所增加，为吉林省的经济发展作出了相应的贡献。随着经营的成熟，效益的增加，为吉林省贡献了大量的财政收入。据统计，近年来，吉林省中小企业上缴的税收占吉林省总税收的近1/3，为吉林省加大基础设施建设、保障民生等奠定了坚实的资金基础。

第二，创造就业岗位，吸纳失业人员，确保社会稳定。一省中小企业的发展关乎着该省的经济发展，也关乎着该省的社会稳定。如今，如何吸纳城镇及农村失业人员，如何为其创造就业的机会和岗位，吉林省的中小企业给了我们很好的答案。发展中小企业，有利于失业人员的重新就业，有利于失业人员改善生活水平和质量，有利于失业人员的稳定发展，更有利于社会的稳定。

3.3 吉林省中小企业在发展中面临的问题

发展中小企业给吉林省带来了众多的好处，然而，虽然吉林省中小企业发展态势良好，但基础还较为薄弱。由于起步晚、底子薄、资本积累时间短，同发达省份和全国平均水平比，还有较大差距。吉林省中小企业对地区生产总值的贡献和对就业的贡献均低于全国10个百分点，对税收的贡献低于全国15个百分点。尤其在国际金融危机冲击考验下，吉林省中小企业自身也暴露出产品层次低、市场开拓能力弱、自主创新能力差、企业管理水平低等诸多问题。全省规模以上民营工业新产品产值率仅为5.8%，低于全国4个百分点；民营科技企业5200户，仅占全省企业户数的5.4%。因此，为促进吉林省中小企业的继续发展，我们需要对吉林省中小企业面临的问题进行深入的分析。

中小企业面临的主要问题是融资难，而融资难的根本原因是抵押难、担保难。商业银行可通过解决中小企业的担保问题而解决这一问题。

第一，中小企业自身原因。中小企业财务制度普遍不健全，财务管理水平不高，管理大部分仍停留在家族式管理层次，造成信息不透明。加之企业法人与自然人在人格上的分离，使不少中小企业经营者缺乏诚信意识，增加了银行对企业财务真实数据审查的难度，使银行等金融中介在收集、分析中小企业财务和经营状况问题上存在障碍。根据人民银行的一项调查，在中小企业申请贷款未获批准的原因中，企业信用问题高居首位，占到了总数的23.6%之多。无法准确判断借贷风险，必然会使银行慎贷、惜贷，进而增加了中小企业的贷款难度。

另外，在第一还款来源不确定性较大的情况下，抵押物则自然成了银行批准贷款的先决条件。但由于中小企业一般缺少足够的可抵押资产，难以实施信用增强，特别是高风险、高科技的中小企业，无形资产占的比重很大，能够作抵押的资产价值不足。这无疑进一步加大了中小企业获得银行融资的难度。

这其中既有中小企业自身的原因，如经营管理水平低、技术装备落后、创新能力不强、劳动力素质低下、自有资金不足、负债率偏高、抗风险能力弱、信用意识不强等，也有外部的环境原因，如融资市场体系发育不健全、银行数据积累不够、金融中介服务机构缺乏等，诸方面因素的共同作用，使得中小企业的融资需求没有得到很好的满足。

第二，中小企业难以在直接融资渠道中受益。现行上市融资、发行债券的法律法规和政策导向都对中小企业不利，中小企业很难通过债权和股权融资的渠道获得资金，只能望股市兴叹，同时，风险投资的规模也比较小，通过发行企业债券融资更是受到严格的限制。由于吉林省民营中小企业成长期较短，大多数并没有建立完整的财务与产权制度，达不到中小企业上市的要求，所以目前没有一家企业能够进入新开设的中小企业板块，更无法从中受益。

4 吉林省中小金融机构发展现状

随着国家振兴老工业基地口号的提出，吉林省的经济正在快速发展，而作为经济发展助推器的金融业也与经济发展同步日益壮大。

4.1 吉林省中小金融机构发展的环境分析

4.1.1 国际经济金融形势不容乐观

从国际金融危机爆发到当前的欧洲主权债务危机，国际经济金融环境一直动荡不安，导致全球经济金融体系的脆弱性不断增加，主要表现在以下五个方面：

一是欧洲主权债务危机继续深化。目前，主权债务危机不仅由边缘国家向核心国家溢出，还在向政治、金融以及社会等领域蔓延，市场对主权债务危机通过银行链条传染的担忧不断加剧。

二是美国实体经济持续疲软。根据联合国预测，发达国家失业率要恢复到金融危机前的水平至少还需要4~5年，高失业率和低迷的房地产市场使得消费难有起色。

三是新兴经济体通胀压力持续高企，经济增速放缓。受主要发达国家持续宽松货币政策影响，热钱流入和通胀成为新兴经济体面临的突出问题。在金融政策影响下，新兴经济体增长趋缓。

四是国际金融市场动荡加剧。全球经济复苏前景暗淡和主要发达国家政策的不确定性，导致投资者风险厌恶情绪弥漫，加上部分国家和国际组织对市场的干预行为，引发国际金融市场剧烈波动。国际资本大规模和高频度流动对各国金融体系的干扰和冲击也将进一步加大。

五是局部地区的军事冲突和局势动荡对全球经济的复苏造成不利影响。利比亚、叙利亚、伊朗等重要产油国的局势动荡很可能引发新一轮石油危机，进而导致能源价格大幅上涨，使本已十分脆弱的全球经济复苏重新陷入疲弱态势，全球经济存在进入较长衰退期的风险。

总的来看，当前国际政治经济形势存在很多不确定性，全球经济完全复苏并步入正轨的道路还很漫长，甚至可能进入较长衰退期。复杂的国际环境将给国内经济金融发展带来严峻的挑战：一是随着全球经济增长放缓和发达国家形势恶化，我国外需增长将面临较大压力；二是国际流动性依然充裕，输入型通胀压力持续存在；三是国际短期资本流动更加不确定，加剧了金融体系的不稳定性。

4.1.2 国内宏观经济发展面临挑战

当前，我国宏观经济仍然保持了平稳增长：一是工业、农业生产继续保持平稳增长；二是内需平稳增长；三是楼市有所降温；四是就业形势较为乐观。

然而，影响国内经济平稳较快增长的风险依然存在，导致保持经济平稳较快增长的难度加大。一是全球经济下滑风险对国内的影响不可低估，近年来，我国出口增速呈现逐月回落态势；二是国内部分企业和行业经营状况恶化，经济效益下滑，大量小微企业发展陷入困境，表现为成本上升，亏损增多，企业“三角债”抬头，去库存压力明显增大；三是CPI（居民消费价格指数）涨幅高位反复，走势仍有不确定性；四是热钱流入问题并没有得到有效解决。

受国际经济金融形势不断恶化的影响，国内经济发展也面临较大考验，在出口拉动乏力、通货膨胀高位徘徊、地产泡沫释放、经济结构调整滞后、节能减排目标提高、地方政府债务还款压力上升等因素的共同影响下，国内经济继续保持高速增长的势头难以为继，受经济增速放缓影响，金融业的发展也将面临业务结构调整、战略转型、金融创新等方面的严峻挑战。

4.1.3 国内金融发展环境压力凸显

（1）人民币国际化趋势明显

金融危机之后，随着国际经济形势的深刻变化，国际货币体系将会发生新的变革，以美元为主导的旧体系将面临较大挑战。当前，我国不断扩大与周边国家的货币互换规模，加快离岸金融中心建设，努力以关键区域的强势突破推动人民币国际化进程。一方面，伴随人民币国际化进程提速，东北地区对俄、日、韩、朝的国际结算业务规模将急剧增加；另一方面，伴随人民币汇率制度改革深入，汇率风险将成为银行业面临的重要风险。

（2）利率市场化改革步伐加快

国家“十二五”规划明确提出“稳步推进利率市场化改革”，近期中国人民银行多次公开表示要加快利率市场化改革步伐。利率市场化将导致银行业存贷利差收窄，赢利能力减弱，发展灵活度下降，而且城市商业银行在金融衍生产品创新、中间业务等领域与先进股份制商业银行存在差距，且难以在短期内取得突破，双重挤压下城市商业银行的生存发展面临严峻挑战。

（3）金融资源整合进一步加强

随着经济全球化、金融一体化的不断加深，综合经营成为金融业发展的必然趋势。我国金融业综合经营试点稳步推进，大中型商业银行纷纷通过产品和服务创新逐步向非银行金融业务领域拓展，积极探索综合经营，对于一些开展

综合经营步伐较慢的城市商业银行而言，未来如不能提高自身的综合经营水平，必然会进一步削弱相对竞争能力，也很可能成为一些金融控股集团等有实力的企业兼并重组的对象。

（4）金融开放程度扩大

一方面，非银行金融机构进入传统银行业务领域，并在该领域与商业银行展开竞争，如信托公司、融资租赁公司、消费金融公司、小额贷款公司等放贷主体日益增多；另一方面，伴随金融国际化进程加快，国外金融机构纷纷在我国设立机构，业务扩展速度将不断加快，很多外资银行已经被批准开展人民币相关业务，其利用产品优势、技术优势，在多个领域与本土金融机构抢夺客户、资源。随着金融开放程度的扩大，发展基础较差的城市商业银行将面临更为严峻的市场竞争形势，不仅是城市金融市场，即使是农村金融市场未来的竞争激烈程度也将大幅提高。

（5）金融"脱媒"日益突出

一是直接融资市场快速发展。随着国内资本市场的不断发展完善，银行贷款开始逐渐被直接融资所替代，特别是债券市场对银行贷款的替代作用日益明显。

二是"影子银行"规模不断壮大。大量私人理财机构和民间借贷机构的业务规模急剧扩张。

三是技术脱媒逐步显现。随着信息技术的不断升级，导致众多交易媒介的出现，如第三方支付平台、具备消费功能的公交 IC（集成电路）卡、具备金融功能的社会保障卡等交易媒介的出现，银行机构的部分功能被代替。

（6）房地产业宏观调控力度不减

在未来较长一段时间内，房地产行业将持续受到严格的政策调控。一旦房地产价格大幅下降，将导致房地产开发商资金链断裂，建筑业农民工失业返乡，上游钢材、水泥行业库存增加，住房按揭贷款违约上升，进而造成银行业资产质量恶化。

4.1.4 银行监管政策日趋严格

（1）贷款新规影响深远

银监会始终把推动落实"三个办法一个指引"贷款新规作为工作重点之一，督促银行业金融机构真正实现发展方式的转变，树立"实贷实付"理念，建立全流程的精细化信贷管理模式，注重从源头上控制信贷资金被挪用风险，

为贷款资金流向实体经济提供制度保障。根据贷款新规要求，商业银行必须强化贷款的全流程管理，根据企业提供的真实有效的合同，对大额贷款采用实贷实付和受托支付的原则，控制贷款资金流向，严格贷后管理，防止过度授信和贷款被挤占挪用。对企业而言，银行发放的贷款不再进企业的结算账户，而是直接支付给借款企业的交易对手，实现专款专用，与借款企业的自有资金严格区分。

“三个办法一个指引”将在今后很长一段时间内成为我国银行业开展信贷业务的最重要标尺，影响将非常深远：一是推动商业银行重构贷款流程，转变管理体制，强化业务管控能力；二是在提高管理规范性的同时，将提高商业银行系统开发、贷后管理等方面的经营成本；三是在一定程度上增加了商业银行开展业务的难度。

（2）资本监管约束趋严

巴塞尔协议Ⅲ按照资本监管和流动性监管并重、资本数量和质量同步提高、资本充足率与杠杆率并行、长期影响与短期效应统筹兼顾的总体要求，确立了国际银行业监管的新标杆。一是将商业银行核心一级资本的最低要求从原来的2%提高到4.5%，同时新增要求商业银行持有2.5%的资本留存超额资本作为应对将来可能出现困难的缓冲；二是银行资本监管的思路发生了改变，巴塞尔协议Ⅱ强调对分母——风险资产的计量，而巴塞尔协议Ⅲ则更加强调对分子——资本的计量；三是重新界定监管资本，强化监管资本基础。将原来核心资本和附属资本重新界定并区分为核心一级资本、其他一级资本和二级资本，并建立严格的合格标准，核心资本要求被大大提升，对资本扣减要求进一步严格。

中国版“巴塞尔协议Ⅲ”（《商业银行资本管理办法（征求意见稿）》）（以下简称《办法》）于2011年8月正式出台，全面提升了资本充足率、杠杆率、流动性、贷款损失准备等监管标准，改变了信用风险、操作风险和市场风险的计量口径，提高了对风险计量和控制的技术要求，明确了商业银行一级资本充足率最低应达到6%、资本充足率最低应达到10.50%。银监会要求各类银行自2012年1月1日开始实施新标准，原则上系统重要性银行应于2013年年底前达标，非系统重要性银行于2016年年底前达标，过渡期分别为2年和5年。

（3）平台贷款监管力度加强

2010 年 12 月 21 日，银监会出台融资平台贷款整肃新规，按照现金流覆盖程度，大幅调高了融资平台贷款的风险权重。同时，银监会针对平台贷款，明确要求采取贷款合同补正、调整贷款抵押担保措施、严格落实“四贷四不贷”要求等措施进行整改，以有效防范平台贷款风险。以上监管措施对于一些融资平台贷款占比较高且较为复杂的地方性商业银行而言，在清理平台贷款方面面临非常大的难度，平台贷款的清理不仅可能造成贷款质量急剧下降，不良贷款额、率双升。同时，也将直接导致资本充足率水平的显著下降。

（4）房地产贷款监管不断趋严

房地产贷款历来是银监会的监管重点，其中土地储备贷款和房地产开发贷款更是风险防控的关键领域。银监会要求商业银行做好房地产信贷风险防控工作，开展房地产贷款压力测试，要求按月度监测日均存贷款流动性水平。同时，银监会还特别加强了对房地产信托业务的监管，要求商业银行贯彻差别化住房信贷政策，严格执行贷款操作流程，进一步强化房地产开发贷款的风险管理，严格落实房地产开发贷款名单式管理、在建工程抵押、贷款成数控制及售楼售地款封闭管理等措施。

银监会对房地产贷款的严格限制，加剧了房地产开发商的融资困境，导致部分房地产企业资金链紧张甚至断裂，诱发房价进一步下跌。由于房地产开发贷款、土地储备贷款和住房按揭贷款是我国银行业的重要业务领域，房地产类贷款占比较高，因此，一旦房地产行业陷入困境，必然导致商业银行相关业务风险上升。

（5）城市商业银行跨区域发展停滞

城市商业银行通过跨区域发展，可以实现利用域外资金、人才、技术不断发展壮大自身的目标，尤其对于吉林银行这一处于经济欠发达地区的城市商业银行而言，更需要通过在发达地区设立分支机构实现自身发展壮大的目标。然而，2011 年城市商业银行系统内连续发生票据诈骗案、违规担保案、骗取贷款案以及国债违规交易案，银监会已暂停受理城市商业银行设立域外分行申请。跨区域发展停滞，将导致城市商业银行整体发展速度放缓，伴随众多股份制银行不断跨区增设网点，优质市场资源将会被进一步蚕食，城市商业银行未来发展面临极大考验。

（6）银行发行理财产品监管趋严

2011年，银监会频频整肃理财产品市场，并重点治理同业存款存放本行、购买他行理财产品、投向政府融资平台、绕过信托做信托受益权产品、委托贷款理财产品和票据资产投资理财产品。此后，银监会又相继下发了《商业银行理财产品销售管理办法》（银监发〔2011〕5号）和《中国银监会关于进一步加强商业银行理财业务风险管理有关问题的通知》（银监发〔2011〕91号），加强了对银行销售理财产品的监管力度。后来，银行一个月内理财产品被叫停，银监会对理财乱象再次提出警示。2011年11月11日，在2011年第四次经济金融形势通报分析会上，时任银监会主席尚福林强调严格执行存贷款指标日均考核要求，严禁通过发行短期理财产品变相高息揽储、规避监管要求、进行监管套利。

银监会加强对银行理财产品的风险管控与合规管理，一是将导致商业银行中间业务收入增长趋缓；二是使商业银行的综合服务能力受到影响，并进而导致高端客户的流失；三是影响商业银行理财业务与其他业务的协同发展，并将在一定程度上抑制金融创新。

（7）村镇银行监管政策收紧

2011年7月25日，银监会发布《关于调整村镇银行组建核准有关事项的通知》（银监发〔2011〕81号），规定村镇银行主发起人的监管评级须达二级，并将“银监会负责指标管理、银监局确定主发起行和地点并具体实施准入”的审批原则，调整为“由银监会确定主发起行及设立数量和地点，由银监局具体实施准入（已批筹机构可以按程序申请开业）”。从全国城市商业银行范围来看，2010年监管评级达到二级的城市商业银行数量为44家，绝大多数城市商业银行丧失了设立村镇银行的资格。村镇银行监管政策收紧，一是城市商业银行的市场空间将缩小，服务“三农”的能力受到影响；二是组建村镇银行子公司的难度加大，城市商业银行多元化发展进程将放缓；三是将对城市商业银行的业务发展、规模扩张产生不利影响。

4.1.5 银行同业竞争形势严峻

（1）市场争夺激烈

①网点争夺。2010年年末，省内银行业金融机构营业网点总数达到4854个，重点城市（如长春市）的银行营业网点已经较为密集，随着域外机构的不断进入，营业网点密度将继续加大，竞争形势将日趋激烈。另外，吉林省内

的多家股份制银行正在向长春以外的省内其他地市布局，这必然会对吉林银行的业务市场占比产生较大威胁。

②队伍争夺。2010 年年末，省内银行业金融机构共有从业人员 87596 人。陆续进入的股份制商业银行纷纷实施人员本地化战略，通过灵活的机制、优厚的待遇抢夺原有机构的优秀人才，导致人才竞争不断加剧，员工队伍流动加剧。

③资源争夺。2010 年年末，全省境内金融机构本外币存款余额 9702. 55 亿元，全省金融机构本外币贷款余额 7279. 62 亿元。相比有限的金融资源，金融机构数量不断增加。2010 年年末，省内共有商业银行 15 家（不含农村金融机构 67 家与财务公司 2 家），未来，省内同业机构数量还将不断增加（长春市计划明年引进 3 家域外银行）。同时，一些具备较强实力的大企业如某些金融控股集团，也一直希望通过兼并重组一些中小金融机构进入省内金融服务领域，未来省内金融资源的争夺将逐渐白热化。

总之，未来将有更多的金融机构与吉林银行展开竞争，省内多家银行将来都将以吉林银行为主要竞争对手，尤其在中小企业服务领域的竞争将更为激烈。未来，吉林银行的生存发展压力将更大，危机感、紧迫感也将更强。

（2）市场占比、排名发生变化

众多银行通过产品竞争、服务竞争、管理竞争抢夺有限的金融资源，竞争日趋激烈，假以时日，原有的市场占比、排名将发生颠覆性变化。

4. 1. 6　小结

面临日益复杂的国内外经济发展环境、日益严格的金融监管环境、日益激烈的同业竞争环境，银行业未来的发展将面临更多的挑战，尤其是发展基础较为薄弱的中小城市商业银行，未来发展的道路将更为艰难。

“十二五”期间，银行业的影响力会有所下降，但主流地位仍不会改变；银行业竞争不会减弱，深度广度会扩大；银行业的转型升级不会变慢，混业经营成为主趋势。预计“十二五”期间，金融业增加值占 GDP 比重将继续上升、直接融资比重将继续扩大、金融创新将继续提速、资产质量将继续改善。

4. 2　吉林省银行业金融机构总体情况

截至 2010 年，我省银行业金融机构共有 6 类，营业网点 4851 个，从业人员 87144 人，如表 1 所示。第一类为大型商业银行，主要包括中国工商银行、中国农业银行、中国建设银行、中国银行和交通银行，其在我省金融业中具有举足轻重的位置。第二类为股份制商业银行，包括光大银行、上海浦东发展银行、招商银行、中国民生银行、中信银行、兴业银行。近几年，随着各家股份制商业银行的相继入驻，我省的金融环境也发生了很大变化。第三类为城市商业银行，吉林银行自合并更名以来，不断地发展壮大，大连分行的设立更是使得吉林银行实现了跨区域发展。第四类为农村合作机构，我省农村合作机构不断地创新，已成为我省农村金融的主力军。第五类为中国邮政储蓄银行，凭借其网点资源优势，在我省的农村金融市场中占有重要份额。第六类为外资银行，2008 年韩国韩亚银行在我省长春设立了分行，是进入我省唯一的一家外资银行。

表 1　　2010 年银行业金融机构情况表

机构类别	营业网点			法人机构（个）
	机构个数（个）	从业人数（人）	资产总额（亿元）	
一、大型商业银行	1524	42594	5674	
二、国家开发银行及政策性银行	60	1832	2072	
三、股份制商业银行	30	1222	1173	
四、城市商业银行	356	8014	1478	1
五、城市信用社				
六、农村合作机构	1795	4899	21689	50
七、邮政储蓄银行	1062	8053	738	
八、外资银行	1	23	4	
九、农村新型机构	23	507	38	17
合计	4851	87144	12867	68

资料来源：根据中国人民银行长春中心支行 2010 年吉林省金融运行报告数据整理。

近十年，吉林省银行业金融机构不断发展壮大，其存款规模和贷款规模都在逐年的增长，如图 1 所示，2003—2010 年，吉林省金融机构各项存贷款复合增长率分别达到 16.62% 和 12.02%。金融业的发展为我省的经济增长提供了重要的支持。

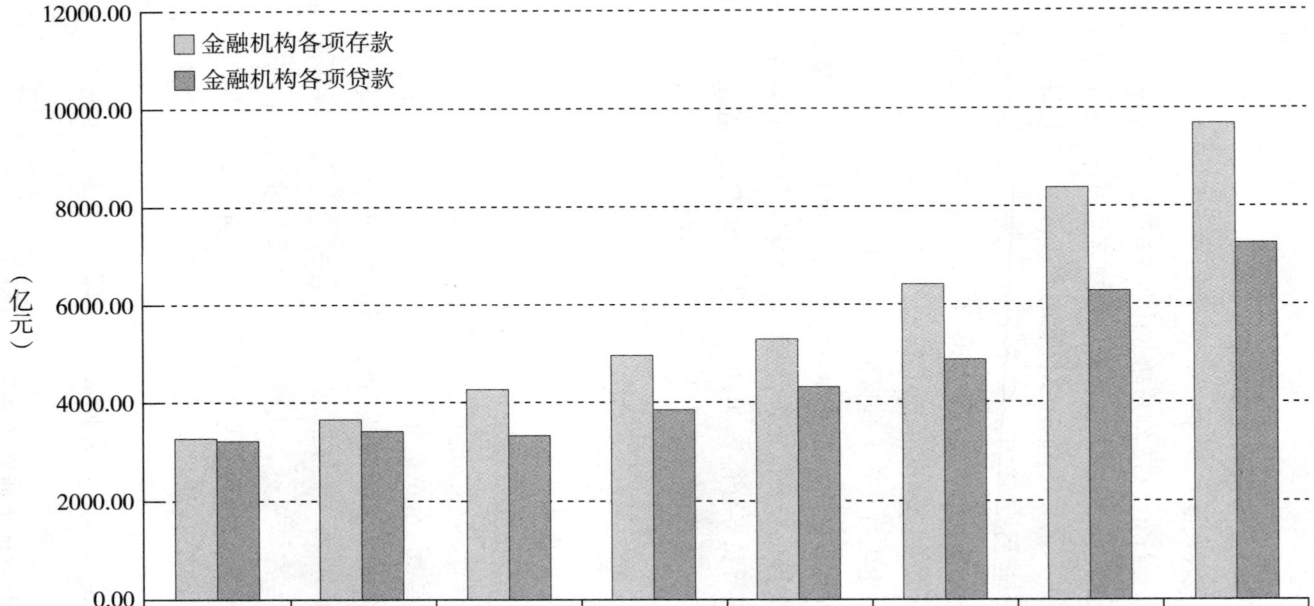

	2003	2004	2005	2006	2007	2008	2009	2010
金融机构各项存款	3307.20	3683.50	4270.50	4963.70	5318.60	6433.00	8406.00	9703.00
金融机构各项贷款	3288.90	3435.00	3332.90	3870.30	4306.00	4891.00	6300.00	7280.00

图 1　吉林省金融机构存贷款规模情况表(2003—2010 年)(年末余额)

资料来源:《吉林省统计年鉴(2010 年)》。

4.3 吉林省各类型中小金融机构发展概况

4.3.1 股份制商业银行的发展轨迹

交通银行吉林省分行在1987年筹建，1989年7月正式营业，是进入我省最早的股份制商业银行，已经成为吉林省股份制商业银行发展的龙头。中国光大银行长春分行于1995年8月18日在长春成立，目前在长春市设立9家对外营业网点，并正在积极筹建省内二级分行。上海浦东发展银行长春分行于2006年6月30日在长春市正式营业。2008年12月16日，招商银行吉林省分行在长春市正式对外营业。2009年2月18日，中国民生银行长春分行正式挂牌营业，这家中国民生银行在东北地区的省会城市中设立的第一家省级分行准备在未来的三年为吉林省的中小企业提供50亿元人民币的资金支持。2009年9月26日中信实业银行长春分行正式营业。2010年4月19日兴业银行长春分行对外营业。盛京银行长春分行于2011年4月27日正式开业运营，这是盛京银行继在天津、北京、上海设立分行后，在省会城市设立的首家分行。2011年8月，华夏银行长春分行挂牌营业。随着股份制商业银行的不断入驻，吉林省的金融体系不断完善。

4.3.2 城市商业银行的发展状况

在我省，长春市商业银行注册资本162912万元人民币，下辖19个直属支行，共103个营业网点，是长春市网点资源最为丰富的金融机构。吉林市商业银行各项存款36.6亿元，各项贷款23亿元，资产总额39.2亿元。为了提高吉林省地方性商业银行的整体竞争实力，中国银行业监督管理委员会于2007年10月10日批准成立了吉林银行股份有限公司，由长春市商业银行更名为吉林银行，吸收合并吉林市商业银行、辽源市城市信用社而设立的股份有限公司，注册资本34.22亿元。2008年11月、12月和2009年4月，吉林银行通过吸收合并白山等四个地区的城信社成立了白山、通化、四平、松原分行，新设立了延边分行、白城分行。2009年12月，大连分行成立，标志着吉林银行实现跨区域发展和成为区域性股份制商业银行。

4.3.3 吉林省农村合作机构的发展状况

2004年5月20日，吉林省农村信用社联社挂牌；2005年10月，吉林省公主岭市农村合作银行开业，这是东北地区首家县级农村合作银行；

2007年3月1日，第一批3家村镇银行开业，其中包括吉林省的东丰诚信村镇银行和磐石融丰村镇银行；2008年12月18日，作为东北首家农村商业银行的九台农村商业银行开业；2007年3月，全国第一家新型农村金融机构——吉林梨树县闫家村百信农村资金互助社诞生，填补了试点农村地区金融服务空白。长春农村商业银行股份有限公司前身为长春市农村信用合作社联合营业部，2009年7月29日正式改制，现拥有30个分支机构，截至2010年年底，存款余额100亿元，贷款余额68亿元，资产规模121亿元，市区内有4个网点获批筹建，自由大路支行和新民广场支行正式开业。域外有2家全资村镇银行和2家支行获批筹建，黑龙江兰西村镇银行和阿城村镇银行即将开业，肇东支行和大连普兰店支行正在筹建中，迈出了面向全国发展的第一步。

4.4 吉林省中小金融机构种类和数量不断增加

近几年，吉林省中小金融机构种类和数量出现了比较大的增长。

第一，各股份制商业银行相继入驻吉林省。2008年12月16日，招商银行长春分行在长春市正式对外营业；2009年2月18日，中国民生银行长春分行正式挂牌营业；2009年9月26日，中信实业银行长春分行正式营业；2010年4月19日，兴业银行长春分行对外营业；2011年4月27日，盛京银行长春分行正式运营；2011年8月，华夏银行长春分行挂牌营业。

第二，吉林省地方性商业银行的陆续组建。中国银监会于2007年10月10日批准成立了吉林银行股份有限公司，吉林银行是吉林省首个地方法人股份制商业银行；2008年12月18日，作为东北首家农村商业银行的九台农村商业银行开业；长春农村商业银行股份有限公司于2009年7月29日正式改制。

第三，吉林省各种新型中小金融机构相继出现。2005年10月，吉林省公主岭市农村合作银行开业，这是东北地区首家县级农村合作银行；2007年3月1日，吉林省东丰诚信村镇银行和磐石融丰村镇银行开业；2007年3月，全国第一家新型农村金融机构——吉林梨树县闫家村百信农村资金互助社诞生，填补了试点农村地区金融服务的空白。

吉林省中小金融机构数量的增长、类型的增加，使得吉林省的金融体系更加完善、金融资源更加丰富，为更好地满足吉林省中小企业融资需求奠定了良好的基础。

4.5 吉林省中小金融机构规模不断壮大

吉林省中小金融机构的发展不仅体现在数量的增加上，还体现在规模的不断壮大上。规模的壮大一方面体现在营业网点和分支机构的增加上，另一方面体现在资产和存贷款规模的增长上。

2008年开始，吉林银行加快了扩张的步伐，相继设立了白山、通化、四平、松原、延边、白城分行，2009年12月设立了大连分行，2011年5月设立了沈阳分行，标志着吉林银行成为区域性股份制商业银行。截至2011年6月，吉林银行资产规模达到1789亿元，比成立时增长248%，存款余额为1343亿元，比成立时增长199%，贷款余额为874亿元，比成立时增长174%。光大银行长春分行1995年成立时在长春市设立八家支行，之后几年没有再增设分支机构，而近几年也开始扩张网点规模，相继在长春市内增设了四家支行，2011年4月又成立了吉林市分行，实现了省内的跨区域发展。截至2010年年底，光大银行长春分行资产规模已达到306亿元。长春农商行自2009年成立以来迅速扩张，截至2011年8月，已拥有34个分支机构，其中长春市有30家营业网点，黑龙江阿城、兰西有2家全资域外村镇银行，大连普湾新区和黑龙江肇东有2家域外支行，同期资产规模达157亿元，存款余额105亿元，贷款余额71亿元。

吉林省中小金融机构的不断发展壮大使全省金融环境发生了深刻变化，为我省中小企业的发展带来了更多的契机。

4.6 吉林省中小金融机构贷款总量不断增加

如图2所示，吉林省中小金融机构贷款规模不断增加，从2009年6月的1212.29亿元增长到2011年3月的3250.37亿元，不到两年的时间，增长了192%。对于增幅不是很大的吉林省金融机构贷款总额，中小金融机构贷款增长速度明显快于大型金融机构。例如，2009年6月，中小金融机构贷款占全省贷款总额的比例为19.78%，2011年3月，该占比提高至33.64%。可见，相对于大型金融机构，中小金融机构更倾向于将信贷资金投放到吉林省的信贷市场中。

吉林省中小金融机构信贷规模的增加为吉林省中小企业获得银行贷款提供了可靠的来源。

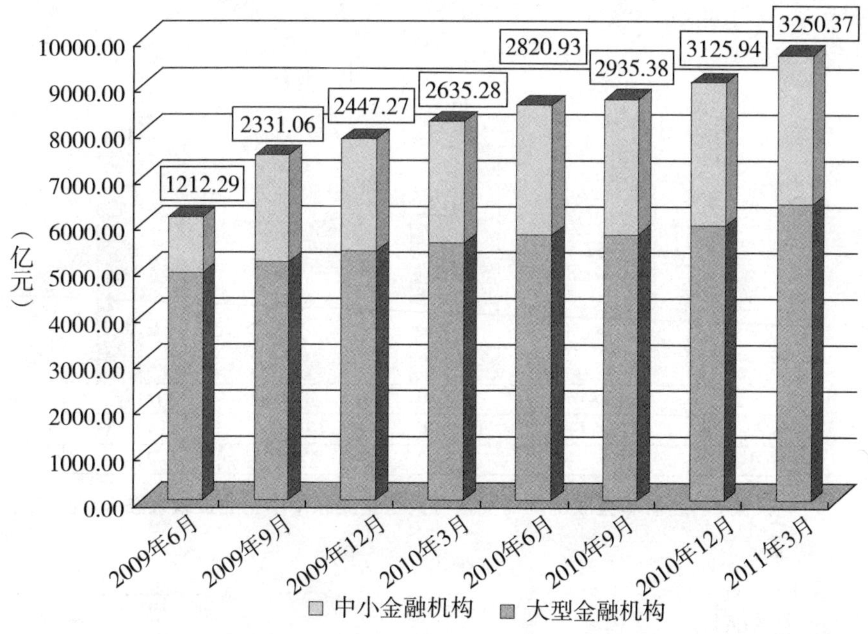

图2　吉林省大型金融机构和中小金融机构贷款规模

4.7　吉林省中小金融机构信贷资金更加倾向投放于中小企业

相较于大型银行，中小金融机构自身的特点决定了其在发展大客户方面不具有竞争力，其目标客户定位也更倾向于或越来越倾向于中小企业，而不是大型企业。信贷投向上，中小银行在大客户竞争上的先天劣势决定了其信贷投放更倾向于或越来越倾向中小企业。以吉林省某股份制商业银行为例，如图 3 所示，截至 2011 年 10 月末，该行中小企业贷款余额为 101 亿元，比 2008 年年底增长近 92%，而同期大型企业贷款余额增幅则仅为 34%。从占比看，该行中小企业贷款占比也由 2008 年的 33% 增长到 2011 年 10 月末的 41%。可见，相对于大型企业，该行信贷资金越来越多地投放到了中小企业，即中小企业获得了该股份制商业银行越来越多的信贷支持。

以吉林省某地方商业银行为例，该行中小企业贷款余额呈持续快速增长趋势。如图 4 所示，2008 年年底，该行中小企业贷款余额仅为 43. 28 亿元，2011 年 6 月末已增加到 91. 67 亿元，增幅达 112%，年均增幅达 18%。同时，该行中小企业贷款占全部贷款总额的比例同样呈逐年递增态势，2009 年年末比 2008 年年末提高 2. 3 个百分点，2010 年年末比 2009 年年末提高 3. 5 个百分点。

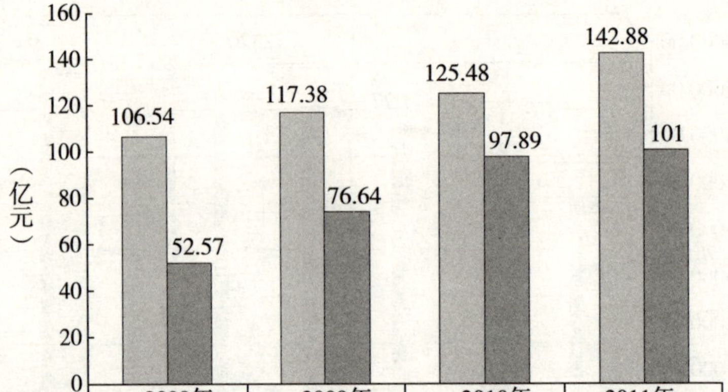

	2008年	2009年	2010年	2011年
大型企业	106.54	117.38	125.48	142.88
中小企业	52.57	74.64	97.89	101

图 3　吉林省某股份制商业银行大型企业和中小企业贷款余额

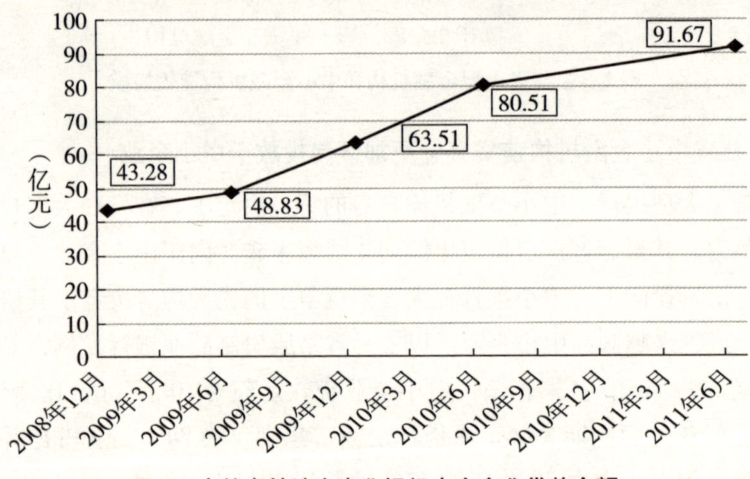

图 4　吉林省某地方商业银行中小企业贷款余额

5　吉林省中小金融机构支持中小企业发展存在的问题

5.1　吉林省金融生态环境的支撑能力不强

“金融生态环境”是由中国人民银行行长周小川在 2003 年提出的，它主要是指金融运行的外部环境，也就是金融运行的一些基础条件。良好的金融生态环境包括稳定的经济环境、完善的法制环境、良好的信用环境、协调的市场

环境以及规范的制度环境。

近几年，吉林省省委、省政府十分重视金融生态环境建设，重点企业融资需求基本得到满足，中小企业信贷投放有所增加，但金融生态环境仍存在"上热下冷"现象。

现行的以国有大型商业银行为主体的金融体系，主要服务于国有企业或大中型企业，银行对中小企业的风险状况缺乏有效的识别手段，1 亿元贷给上百家小企业与 1 亿元贷给一家国有企业相比，显然风险大得多，成本费用也高得多。加之中小企业信用等级低，有些信用差的中小企业甚至视银行贷款为"唐僧肉"，抱着能借则借、能逃则逃的态度，使银行信贷支持的信心和能力减弱，对中小企业的贷款需求"敬而远之"，存在"惜贷""惧贷"甚至"恐贷"的现象。严重破坏了银行与企业之间的诚信体系，造成中小企业融资难。

就像金融与经济是相互影响一样，中小金融机构与区域经济也是相互影响和相互作用的。一方面，中小金融机构通过提供独特的金融服务，可以完善区域金融体系，促进区域经济发展；另一方面，区域经济环境也决定了中小金融机构的发展规模、发展质量和发展特色。由于吉林省经济发展缓慢，经济总量较小，工业化程度较低，优质客户较少，因此金融业吸纳力和扩张力很弱，也就是说落后的区域经济很难支持吉林省中小金融机构的快速发展。

目前，吉林省有关中小金融机构的地方法规很不健全。首先，金融法治薄弱，对金融犯罪的打击力度不够，导致了吉林省中小金融机构的不良贷款率增长；其次，中小金融机构破产法规缺失，地方政府出于社会、金融安全考虑，对金融行业给予过度保护，致使经营不善乃至严重资不抵债的中小金融机构无法及时退出市场，从而不利于中小金融机构的健康发展。

现代市场经济是法制经济更是信用经济，目前，吉林省不但没有建立起一整套信用体系，而且信用环境恶劣，严重制约着中小金融机构的发展。

首先，信用环境不佳限制了吉林省中小金融机构业务拓展，如零售业务和网上资产业务的前提都强调企业与居民的信用意识。由于担心信用缺失可能导致的损失，吉林省中小金融机构基本放弃了一些零售业务和网上资产业务。近几年，一些中小企业常借资产重组、兼并收购、联营或实施破产等形式悬空银行债务，这种信用缺失的行为也使得以中小企业为主要服务对象的中小金融机构不良资产逐年上升。

其次，信用环境不佳也加重了社会对吉林省中小金融机构信用的怀疑。目前，吉林省中小金融机构普遍面临社会信任危机，一旦出现金融危机动向，社会首先就会怀疑中小金融机构的抗风险能力，甚至发生挤兑中小金融机构事件。

从现有的监管措施来看，吉林省金融监管部门对中小金融机构的监管力度是不够的，主要表现为监管内容缺失、监管手段单一、监管方式有限。首先，金融监管内容应包括市场准入、经营过程监管以及市场退出。但是目前缺乏严格的市场准入法则，使得吉林省一些中小金融机构先天不足，如资本金不足、人员素质低等。另外，现有监管体系也没有形成针对中小金融机构有效的风险预警系统和完善的市场退出机制。其次，金融监管手段有三种即行政监管、经济监管和法律监管，而现阶段吉林省金融监管部门对中小金融机构的监管，较多运用行政手段，采取严厉的行政干预措施，力度虽猛，但收效较差。最后，金融监管方式除了金融当局的外部监管以外，还应包括金融机构的自我管理以及社会监督。目前，吉林省监管职能仅由金融当局负责，势必会造成信息不通畅，监管效果不理想。

目前，除股份制商业银行分行以外，吉林省中小金融机构大多依托某种政府部门背景，自上而下组建起来。其内部管理制度及激励机制和国有大银行大同小异，高层经营管理人员的任命方式同国有大银行基本类似，即由地方政府通过各级选拔、考察、任命。这种地方政府主导的人事体制，可以保证城市商业银行等中小金融机构服务于地方政府的经济发展目标，支持区域经济发展。但是这种体制也使城市商业银行等中小金融机构内部管理的行政化倾向明显，本应追求股东利益最大化的经营班子却在“股东——地方政府”双重目标之间徘徊。政府主导的发展思路使吉林省中小金融机构“克隆”了国有大银行的常见弊端，中小金融机构高效、务实、灵活的优势不能充分发挥。

吉林省政府在中小金融机构发展过程中支持力度不够。比如在资本金补充上，中小金融机构无法发行金融次级债券或以其他方式补充资本金，只能依靠地方财政、企业和个人增资扩股；还有吉林省中小金融机构也没能在税收、项目开发等方面享受到更为优惠的政策，城市商业银行、城市信用社的呆坏账核销得不到地方财政的支持，保值贴补利息支出没有弥补。

5.2 银行难以对中小企业进行合适的风险评估和定价补偿

吉林省的金融体系是以银行间接融资为主的，企业获取资金的主要渠道是银行信贷，企业融资中 90% 以上通过银行配置，这就决定了中小企业对银行

贷款依赖性很强。相对于中小企业，个人客户的业务量更小，实力可能更弱，但其却是眼下几乎所有商业银行的重点拓展领域。深入对比中小企业与大企业和个人客户的异同，可以发现，中小企业既缺乏大企业的技术、市场、信息和资产规模优势，又缺乏个人客户的个人终身连带责任保障。因此，中小企业与银行间的信息不对称，银行难于对其进行合适的风险评估和定价补偿，使得中小企业较难获得银行的贷款。

5.3 金融机构多元化发展缓慢

吉林省中小企业获取资金的主要渠道是银行信贷，企业融资中 90% 以上通过银行配置，这就决定中小企业对银行贷款依赖性很强。吉林省金融体制改革滞后，金融机构多元化发展明显落后于其他地区，真正意义上的股份制银行少，外资银行和民营银行的发展也非常缓慢。吉林省中小金融机构情况，从资产总额来看，农村信用社占有较大的优势，从从业人员以及机构数量来看，农村信用社也占有较大的优势，股份制商业银行在我省数量较少，资产总额较低。但是，从 2006 年开始，韩亚银行、招商银行、民生银行先后进驻长春，丰富了我省股份制商业银行，促进了我省中小金融机构的多元化。

2007 年年初，吉林省为解决农村企业的融资问题，先后成立了三家村镇银行、一家农民资金互助合作社和一家贷款公司，为我省农村金融机构的多元性作出了贡献。但支持经济发展的金融机构主要还是国有商业银行、地方商业银行，这与经济发达的省份存在着较大差距，难以保证中小企业尤其是县级以下地域的中小企业发展的需要。因此，我省需要在丰富中小金融机构数量、增强中小金融机构实力方面加大力度。

大型金融机构天生不适合为中小企业服务，中小企业融资困难，而大型金融机构却难以完成贷款额度。长期以来，四大国有商业银行一直以服务国有大中型企业为主，授信及资信评估制度主要是针对国有大中型企业而制定，信贷资金倾向于大企业、大客户、大项目，导致众多中小企业因信用等级较低而难以得到贷款支持。中小企业数量多、分布广、资金力量薄弱，能向银行提供作为抵押的资产有限，而自身的限制又难以找到符合要求的资金担保机构为其贷款提供担保。一些地区虽有担保基金，但量少面窄，对解决中小企业贷款担保难并未起到根本性作用。加上信用担保制度不健全、担保服务体系不完善，使中小企业贷款难度加大。资金不足已被列为造成中小企业停产的首要原因。

5.4 吉林省银行资金投向及投量不利于中小企业

长期以来国有大型商业银行一直以服务国有大企业为主，授信及资信评估制度主要是针对国有大中型企业而制定的，信贷资金倾向于大企业、大客户、大项目，导致众多中小企业因信用等级较低而难以得到贷款支持。同时由于中小企业一般规模较小，资信度低，可供抵押的物品少，财务制度不健全、破产率高等，影响了国有银行对中小企业贷款的积极性。

近几年，商业银行为了加强风险管理，普遍上收和集中了信贷管理权限，最大限度地压缩风险资产的比重，国有银行普遍减少了县以下的分支机构并上收了县以下分支机构的贷款权，使对中小企业和县域经济的金融服务进一步减少，也造成了中小企业的融资困难。

吉林省中小企业以民营经济为主，呈快速增长趋势，近几年年增长率为30%左右。但吉林省国有大型商业银行全年信贷总额仅4000亿元，扣除对大中型国企的支持，支持中小企业的贷款资金寥寥无几。银行资金投量不足，加大了中小企业融资矛盾。中小企业固定资产投资所需资金的满足率不足50%；流动资金满足率不足70%；中小企业闲置的生产能力已达30%以上。银行信贷资金对中小企业投入不足，不仅造成融资结构与经济增长结构的不对称性，也极大地影响和限制了吉林省经济增长速度。

5.5 担保体系不健全

尽管担保机构在国家支持下在数量上有了较大发展，但目前仍存在很多问题。包括区域发展不均衡，结构不尽合理；行业监管体制不一，政出多门，职能交叉；风险分担机制尚未建立，银担合作不对等；政策不配套，征信系统不能共享，不利于识别和控制风险，有的地方涉及土地、房管等服务效率低、收费高、手续繁，有的甚至不予办理反担保登记等。担保体系的不健全使得银行向中小企业贷款更加的谨慎。

5.6 内部环境制约因素

5.6.1 公司治理结构不完善

建立先进的公司治理结构，是塑造现代金融企业，确保其在竞争中得以发展壮大的制度基础。公司治理结构是对公司进行管理和控制的组织以及制度体系，它明确规定了公司股东、董事会、经理层以及监事会等参与者的责任和权利，同时还规定公司决策所应遵循的规则和程序，以规范约束和监督各权利主体的行为。而目前，吉林省中小金融机构尚未建立有效的公司治理结构，股东大会、董事会、监事会和经营班子各方职责不明确，无法达到有效制衡。公司治理结构不健全，就会导致公司经营管理混乱，出现大量决策失误。据美国一家权威机构对1996年美国倒闭企业统计分析，85%以上的倒闭企业是由于决策失误造成的，而决策失误主要发生在治理结构不完善的企业。

5.6.2 内控制度不健全

当前，吉林省中小金融机构发展不均衡，股份制商业银行分行、农村信用社不良贷款比例偏高、管理不规范、人均利润低，若不及时解决这些问题，不仅拖累吉林省金融机构整体经营水平的提高，而且会助长潜在的金融风险。造成这些问题的主要原因是内控制度薄弱，主要表现为：一是风险意识淡薄，重经营、轻管理，自我防范、自我约束能力较差，结果是内部控制让位于业务发展需要，出现有章不循、违规操作，内部控制制度形同虚设，失去有效性；二是违章不究，尤其是对违规违纪问题缺乏一套明晰的奖惩制度，使内部控制制度失去应有的严肃性而难以发挥作用。

5.6.3 市场定位不准确

目前，吉林省中小金融机构缺乏自己稳定的客户和主业，股份制商业银行分行、城市商业银行、城乡信用社基本上都以存贷款业务为主，与国有大银行业务极为相似，但又无力与国有大银行竞争，一些非银行金融机构业务范围也不是那么明确。这些使得吉林省中小金融机构的发展相互牵制，后劲乏力。吉林省中小金融机构若不重新进行市场定位，积极进行金融制度创新和金融业务创新，很难有大的发展。

5.6.4 技术落后，人才缺失

随着高新技术的广泛应用，企业的电子化和网络化成为不可逆转的发展趋势，国外许多金融机构已经采用网络化建设和信息技术，大大提高了金融机构的工作效率，降低了交易成本和管理成本。但是，目前吉林省的中小金融机构在技术方面表现落后。同时，在人才竞争中吉林省中小金融机构也处于劣势，主要表现为：单一型、操作型的人员居多，而国际金融、财会、计算机等专业人士相对匮乏；一些业务能手被提拔到领导岗位，但是缺乏高层次、高素质的复合型、管理创新型人才。因此，吉林省中小金融机构现有的员工整体专业素质结构不能适应金融机构内决策、管理、营销、技术等不同层次的需求，以及竞争日益激烈、服务要求不断提高的需要。

6 发展吉林省中小金融机构的建议

国家发改委、财政部、工业与信息化部以及人民银行等相继出台了多项政策制度，旨在改善中小企业融资环境。作为银行的直接监管机构，银监会则进一步要求全国性大中型银行必须尽快建立起中小企业专营机构，强化中小企业金融服务职能。这一切都为缓解中小企业融资难提供了更多新的解决思路和途径。扶持中小企业成长是实现富民强省的重大举措，是吉林省银行业金融机构不可推卸的责任，也是其提高市场份额，保持发展动力的选择。

银行业金融机构的信贷业务是企业解决融资问题的主要途径，也是其提高市场份额，维持自身生存与发展的关键。银行业金融机构应根据其自身特点与优势，大力发展中小企业的相关业务，为中小企业提供金融支持，以提高自身的利润空间。

吉林省金融机构应积极开展中小企业客户的营销工作，贯彻国家对中小企业的支持政策，调整自身经营理念及业务流程，形成以商业银行、担保公司、证券公司等为基础的多元化平台，促进中小企业的发展。

中小企业的发展不仅关系到一个省份的经济发展，也关系到社会的稳定。吉林省中小企业面临的融资难问题如何被缓解，使其在发展中走得更好，需要省内的金融机构的金融支持来实现。因此，推动中小企业加快发展是实现富民强省的重大举措。吉林省金融机构探索中小企业金融支持的途径具有相当深远的意义。

商业银行的信贷业务是企业解决融资问题的主要途径，也是其提高市场份额，维持自身生存与发展的关键。商业银行根据其自身特点与优势，与中小企业有着千丝万缕的联系，发展中小企业的相关业务决定着商业银行的利润前景。因此，商业银行应千方百计地围绕着中小企业提供金融支持，以提高自身的利润空间。

6.1 搭建银企平台，充分了解中小企业需求

政府为融资搞好服务，鼓励金融机构为中小企业贷款应对全球金融危机影响，吉林省长春市日前制定出台了相关政策，加强对工业企业的资金支持力度，并鼓励金融机构加大对中小企业及项目的信贷支持。按照长春市的规定，金融机构对中小企业有信贷支持的，以上年中小企业贷款余额为基数，当年贷

款余额每净增1亿元，奖励相应金融机构的行长（总经理）20万元；中小工业企业贷款需要担保的，在担保费率上担保机构给予降低10%～20%的优惠；对担保机构使用国家开发银行软贷款的，政府对担保机构实际利息支出给予50%的补助。但是，这些还远远不够，政府应加大支持力度，使金融机构能更好地为中小企业提供融资服务。

总之，要解决中小企业融资难这一问题，需要全社会多方努力，创建一个融资渠道多样化、社会信用完善的社会经济环境，为中小企业的发展提供一个宽松的融资环境。

商业银行应选择时机搭建银行与企业之间的沟通互动平台，通过组织各类交流、研讨等活动，为商业银行创造了解、熟悉众多中小企业的机会。同时，借此平台，也使中小企业熟知各商业银行的业务特点与流程，真正为银行与企业之间沟通搭建一个良好的桥梁。

商业银行应转变营销理念，拓宽中小企业服务渠道，建立中小企业重点客户营销管理机制。通过事先对众多中小企业的筛选，选择业绩优良、发展前景好、具有上市潜力的中小企业，开展积极的上门营销活动，主动去了解中小企业的经营管理以及时下面临的实际资金需求情况，减少银企之间的信息不对称。抓住时机，及早介入，提供融资咨询服务，做好贷款前各项准备工作，从而增加对中小企业的授信投放。这有利于商业银行扩大授信客户数量，分散客户集中度风险，提升整体收益水平。

6.2 做大做强地方金融机构

加快地方金融机构增资扩股步伐，扩大资产规模，进一步完善法人治理结构，强化内部管理。加快城市信用社战略重组，建议将条件成熟的单一法人社发展成为吉林省中小企业发展银行，直接为中小企业发展提供融资服务。城乡两社积极申请开办外汇业务、承兑贴现业务、联行结算业务，尽快解决结算不便的问题。积极探索政策性银行、邮政银行存款转移，委托地方金融机构发放贷款。

中小企业面临的融资难问题，与中小企业信息不透明和信用不佳有着直接的关系。针对这一问题，商业银行应为潜在中小企业客户建立信用档案，这不仅将有利于商业银行把握授信风险，进行客户选择，而且也有利于中小企业真正树立起诚信观念，打造信用形象和信用品牌，主动争取商业银行的信赖和支持。

6.3 提高金融机构经营管理水平，改革业务流程

吉林省地方商业银行成立时间不长，基础比较薄弱，多数地方商业银行是由城市信用社改组而成，在经营管理中仍然存在很多制约发展的问题。如公司治理和内控制度不完善，缺乏自我发展、自我约束能力，资产质量不高，风险问题突出等。因此，应注意处理好以下几方面问题：一是把振兴吉林老工业基地与地方银行扭转经营困境结合在一起。立足银企共兴，使企业资金效益和提高银行资金效益紧密结合，地方商业银行特别应对“有市场、有效益、有信用”的中小企业积极提供资金支持，在满足中小企业金融服务的同时，不断壮大自身的实力。二是把解决中小企业资金困难与化解银行不良贷款结合在一起。目前东北地区金融机构不良贷款比率高于全国平均水平，因此，必须树立在满足中小企业发展资金需要的同时，防止产生新的不良贷款。三是把促进传统产业升级、资源合理利用、环境保护与银行调整信贷资金投向结合在一起。对符合国家产业政策却不符合国家行业发展规划、重复建设、资源浪费、效益低下的中小企业予以限制，以此推动吉林省产业、技术升级换代。四是把支持特色经济、支柱产业与促进吉林省经济结构调整结合在一起。

商业银行曾一度“抓大放小”，近年来随着对中小企业的重视，才转变业务发展思路。然而，目前银行的贷款业务流程仍多是针对大中型企业而设计的，讲求一户一策，而此特点并不适应中小企业用款“急、频、少、险”的特点。用它来处理小型企业贷款业务，操作成本必然很高。因此，有必要改革信贷业务流程，探索建立与中小企业贷款特点相适应的新的贷款发放与审批程序。通过多因素分解、数据模拟，建立类似个人信用评分卡的中小企业信用评价模型，将单个中小企业的信用风险融入到分行业、分地区的贷款组合中，有效分散风险，解决单个企业风险难以衡量的问题。商业银行应建立标准化的评分系统，流水线式的审批流程，既较好地对信用风险进行了量化，提高了审批质量和审批效率，也有效地避免了信贷人员因害怕承担损失责任而不愿意向小企业发放贷款的情况发生。

6.4 在信贷担保机构及利率方面给予优惠政策

为解决中小企业贷款难、担保难的问题，可成立以下几类信用担保机构。一类是中小企业贷款担保基金，可通过财政资金注入和向社会发行债券等多种形式筹集；一类是中小企业贷款担保机构，由地方政府、金融机构和企业共同

出资组建；一类是会员制的互助性担保机构，由中小企业作为会员，缴纳一定的保证金，发挥联保、互保的作用等。为促进东北区域中小企业信用体系的形成，更好地为地方中小企业融资提供担保服务，2008 年年初在长春成立了东北中小企业信用再担保公司，目前还有许多体制亟须完善。

商业银行应对信用记录较好、发展潜力较强的中小企业应采取鼓励贷款的激励机制，可采取无息、贴息、低息等各种方式支持中小企业自主开业，扩大对中小企业贷款，特别是信用保证贷款的利率幅度应该下浮，要简化中小企业贷款抵押手续和条件，允许固定资产和无形资产作为抵押物。

6.5 积极鼓励吉林省金融机构面向中小企业进行金融创新

目前，吉林省地方商业银行在经营过程中存在的明显不足是金融产品缺乏特色、业务单一、经营范围较为狭窄、金融服务不能充分满足中小企业的需要。因此，应积极鼓励地方商业银行实施金融产品和服务的创新，不断拓展融资渠道。

一是加快制度创新。调整信贷政策和信贷结构，改进对中小企业的资信评估制度，提高对中小企业的贷款比例，下放对中小企业的贷款审批权。二是积极发挥现有金融产品的效能。在中小企业中广泛推广应用银行承兑汇票、商业承兑汇票、票据贴现、信用证、保函等金融工具。三是加快金融产品创新。根据中小企业资金周转速度快、计划性差的特点，按照“一次授信、循环使用、逐年审核”的原则，开发循环贷款或账户透支，实现“随到随借，随有随还”，降低银行和企业的融资成本。四是加快服务理念创新。学习借鉴如渣打、深发展等先进银行的经验，把中小企业作为重要服务对象，积极开展产品创新服务。如借鉴深发展针对中小企业开发的“供应链金融”业务，采取银企三方协议的形式，围绕核心企业，开发应收账款或应收票据质押贷款。

商业银行服务中小企业，应加快金融创新步伐，主动转变发展方式和经营模式，推出更多适合中小企业多样化融资需求的金融产品和服务模式，积极探索解决小企业融资难题。商业银行应在有效控制风险的前提下，根据中小企业风险特征和信贷需求，积极推动对中小企业的金融服务创新和金融产品的创新，拓展对中小企业的信贷服务。

一是针对中小企业抵质押不足值的特点灵活创新担保方式，完善财产抵押制度和贷款抵押物认定办法，采取动产、应收账款、仓单、股权和知识产权质押等方式，缓解中小企业贷款抵质押不足的矛盾，可创新组合资产抵押等。二是发挥多元化创新优势，在客户定位、营销模式、专家顾问咨询、审批机制以及风险管理等方面积极创新，为客户提供全生命周期的金融服务，短期循环资金使用，延伸服务链条等创新产品。三是发挥多渠道优势，开办多种为中小企业服务的融资业务，积极提供资本市场融资服务，拓宽服务领域。

6.6 发展吉林省中小金融机构特有模式

6.6.1 中小金融机构发展模式的宏观经济基础

通过对国内外中小金融机构发展现状的考查，我们看到不同国家地区的中小金融机构都是以地区经济特点为基础来确定其具体的发展模式。

比如，美国作为一个成熟的市场经济体，其中小金融机构的发展模式是高度自由化和市场化，这也是金融机构的理想发展模式。但是这种模式存在一个突出的缺点，那就是金融机构稳定性较差，金融机构数量波动较大。而我国市场经济仍处于初级阶段，存款保险体系还不完善，再加上居民金融风险意识比较薄弱，对金融机构破产承受能力不足。因此，目前我国中小金融机构尚不具备条件走高度自由化发展模式。

国内发达省份地区的中小金融机构发展模式是结合区域经济特点所形成的。比如广东省就充分利用其作为我国改革开放前沿阵地的优势，大规模吸引外资，接收外部转移产业，整合内部资源，使得内部市场与国际市场密切联系，因此其中小金融机构走的就是以国际化为未来发展趋向的混业经营模式；而浙江省的中小金融机构根据区域内：民营经济发达，中小企业数量众多，民间资本充足，投资欲望强烈，走的是利用民间资本发展的专业化经营模式。

吉林省作为老工业基地之一，其国有经济痕迹很重，非国有经济相比浙江和广东发展缓慢，城市发展模式既不属于广东的外源性经济发展形式也不属于浙江省的内源性经济模式。因此，吉林省中小金融机构不可以采取与广东、浙江中小金融机构相类似的发展模式，而应立足于区域经济优势，充分挖掘资源，采取正确的发展策略，化解不利因素：针对区域经济落后，吉林省中小金融机构要善于转变观念，敢于打破地域限制，主动到经济金融相对运行环境较好的地区开拓投资领域；针对吉林省是农业大省，中小金融机构要定位于草根金融，树立扎根郊区、扎根社区的草根性，坚持为农业、农民和农村服务的方向；针对当地居民受区域经济影响，金融消费观念不强，而吉林省中小金融机构又存在资本金不足，公司治理结构尚未完善，缺乏业务拓展能力、产品研发能力、专业人才，内部控制管理水平有待提高，因此现阶段它们不适合从事多

样化经营，需要做的是广泛吸收中小企业资金，提高资本充足率，加强公司治理结构和内部控制管理水平，走特色经营道路。

6.6.2 吉林省中小金融机构的发展模式设想

在前面，我们已经分析过中小金融机构发展所遵循的原则：准确定位，重在做强不在做大；市场细分，不求齐全只求特色；经营目标，不在规模而在质量。因此，我们就以中小金融机构发展原则为基础，同时结合吉林省不同种类中小金融机构的具体情况，制定其发展模式。

（1）股份制商业银行分行——拓展服务范围，积极引进

目前，区域内的股份制商业银行发展潜力巨大，区域外的其他股份制商业银行又在不断推进服务创新，发展迅猛。根据股份制商业银行准入条件，拟设立股份制商业银行分支机构的城市应具有良好的经济发展前景和市场潜力，其国内生产总值应达到100亿元，各项存款余额应达到300亿元，长春市的经济指标已符合设立条件。因此，地方政府在鼓励现有的光大银行、浦发银行两家股份制商业银行在有条件的经济较为发达的区域中心城市设立分支机构，延伸金融服务的同时，有重点、有选择地引进华夏、民生、中信、兴业银行等全国性或区域性的股份制商业银行分支机构。

（2）城市商业银行——联合重组，加快上市进程

由于吉林省两家城市商业银行都具有资产规模较小、资产质量较好以及业务关联度较强的特点，从监管层来看，符合联合重组的要求，并且通过联合可以达到化解风险、优势互补和资源共享。因此，长春市商业银行和吉林市商业银行可以按照市场化原则实现相互之间的资本联合、市场联合和研发联合来增强系统的稳定性，提高抵御风险能力。同时两家城市商业银行也可以与其他省外城市商业银行之间开展多种形式的资本、资产联合或重组，以促进吉林省城市商业银行的总体发展和区域联合。城市商业银行在完成联合重组之后，需要做的就是逐步增资扩股，吸收各类资金参与，使资本金达到一定规模，进而上市，最终成为吉林省的地方金融“龙头”。

（3）非银行金融机构——加大扶持力度，引进外部投资者

吉林省的非银行金融机构对区域内国有大型企业以及区域经济的发展起着重要促进作用，但在经营管理上仍有待增强。因此，地方政府一方面要加大扶持力度：包括支持有条件的企业集团设立财务公司以及尽快处理信托投资公司的清理整顿工作，提出具体解决方案，进一步发挥信托投资公司对区

域经济的支持作用；另一方面地方政府也要给予一定的优惠政策，吸引战略投资者，通过换股的方式，使外部投资者和吉林省的财务公司、信托投资公司保持长期战略合作关系，这样不仅可以增强它们的实力，还可以完善它们的经营管理。

（4）城市信用社——并购重组，进行股份制改造

吉林省的城市信用社发展现状是资产规模小、资产质量差、资本金不足以及经营效率低，因此，目前要对城市信用社进行重大改革。首先，争取在三年的时间里，整顿和规范城市信用社，待各家城市信用社的资本充足率达到8%、不良贷款比率在15%以下之后，组建为城市商业银行。如果在三年的时间里，城市信用社达不到组建的标准，可以考虑由城市商业银行收购兼并；其次按照组建“单一法人社”的要求，对整顿后的城市信用社进行股份制改造，按照《公司法》和《股份制商业银行公司治理指引》，继续完善法人治理结构。

（5）农村信用社——简化贷款审批手续，规范和引导乡村资本

农村信用社是支持县域经济的主要力量，而吉林省又是农业大省，农民数量众多，农业贷款需求旺盛。因此，农村信用社的发展显得尤为重要。农村信用社要做好对农业、农村的各项金融服务工作，一定要加大农民小额信用贷款的推广力度、提高农业贷款的覆盖面。因此，首先要简化以前烦琐的贷款手续，最大限度地为农民贷款户提供方便，防止因贷款条件过于苛刻而将农民拒之门外的现象。其次要充分利用乡村资源，就地融资，将农民手中的资金合理集中起来，允许农民入股乡村信用社，或是允许农民成立自己的信用社。这样做，既有利于监管民间资金的信贷又有利于调动农民的还贷积极性。

6.7 资本市场应成为中小企业融资的补充来源

企业融资按融资形式可分为直接融资和间接融资，中小企业通过资本市场进行的融资，称为直接融资；通过银行等中介机构进行的融资形式则为间接融资。由于在资本市场上实现直接融资具有一定的要求与标准，因此，中小企业多是通过间接融资来解决实际资金需求问题。推动中小企业通过资本市场进行融资是解决中小企业融资问题的又一重要途径。

6.7.1 证券公司助力中小企业完成上市

证券公司等金融机构应向中小企业宣传上市融资的条件及流程，鼓励中小

企业发展以满足上市要求，并对拟上市的公司进行指导，提供综合金融服务，使中小企业充分了解掌握企业上市流程及其服务优势。允许中小企业以股票、债券等非信贷方式融资。要鼓励有条件的中小企业到深、沪两地上市，选择有条件的中小企业以共担风险方式联合发行企业债券等，国家应加快资本市场的发展。

利用IPO（首次公开募股）重启和创业板启动的有利时机，加大企业上市融资、再融资工作力度。通过“一事一议”的办法合力解决企业上市过程中遇到的困难和问题，支持已上市的企业通过增发新股实现再融资。积极发展股权投资基金、产业投资基金，扩大我省企业股权融资的渠道。二要支持企业通过债券市场融资。抓住国家扩大债券市场融资的有利时机，积极支持优质客户发行企业债、短期融资券和中期票据。引导企业通过短期融资券、中期票据、中小企业集合债券等方式进行融资，促进我省信贷结构调整，使金融机构腾出大企业信贷资金支持中小企业发展。

6.7.2 吉林省信托投资公司也应发挥应有的作用

与发达国家相比，我国中小企业通过债券市场进行直接融资比例较低，尚处于起步阶段。目前，我国中小企业债券融资主要有三种形式，包括中小企业集合债、中小企业集合票据和中小企业集合信托债权基金。三种形式在运作模式、发行期限和风险程度等方面各有不同。其中，集合债由几家企业联合以企业债券形式在债券市场发行，需经国家发改委审批，参与企业多为中型企业，发行期限一般为3～5年；集合票据以票据形式在银行间债券市场捆绑发行，发行期限一般分1年和3年，也以中型企业为主；集合信托债则以政府财政资金为引导，吸引社会资金有效参与，募集资金由信托公司以信托贷款形式直接投向产业政策扶持的特定行业的小企业群。

从工信部中小企业司调研的情况来看，目前，集合债和集合票据在各地酝酿多，发行少，受制于审批周期长、成本优势不明显等原因，成效尚不显著。而集合信托债由于具有手续简便，不受企业规模、所属行业等限制，在浙江实践2年来，已取得成功回收案例，且效果较好。

由信托公司为各地产业引导基金建立不同的信托账户，管理不同的信托基金，积极引导各类社会资金支持符合国家产业政策要求的小企业。

业内人士建议，由于集合信托具有高度的灵活性，各地应结合当地情况，在资金来源结构、资金使用方式、期限利率安排、选择企业类型等方面不断创新，依据企业特点量身定做。此外，还要进一步完善集合信托债中风险资本的增值和退出机制，可将创业板市场作为支持中小企业信托债中的风险资本的退出通道。同时，应加快发展产权交易市场，为参与支持中小企业的资金获得应有的风险回报创造条件。

吉林省银行业金融机构应贯彻国家对中小企业的支持政策，调整自身经营理念及业务流程，积极开展中小企业客户的营销工作，形成以银行业金融机构为基础的多元化平台，为中小企业的发展提供更多的金融支持。

参考文献

[1] 王宵，张捷．银行信贷配给与中小企业贷款——一个内生化抵押品和企业规模的理论模型［J］．经济研究，2003（7）．

[2] 余剑梅．以供应链金融缓解中小企业融资难问题［J］．经济纵横，2011（3）．

[3] 刘静，赵文霞．论吉林省金融机构对中小企业的金融支持［J］．长春金融高等专科学校学报，2009（2）．

[4] 吕静秋，董竹，孙婷．吉林省中小金融机构现状与发展对策［J］．当代经济，2009（8）．

[5] 梁冰．我国中小企业发展及融资状况调查报告［J］．金融研究，2005（5）．

[6] 康立．非对称信息条件下中小企业银行信贷融资研究［D］．上海：华东师范大学，2007.

[7] 林毅夫，姜烨．经济结构、银行业结构与经济发展——基于分省面板数据的实证分析［J］．金融研究，2006（1）．

[8] 王柏楠，覃睿敏．构建中小银行体系　促进中小企业发展［J］．西北工业大学学报：社会科学版，2005（3）．

[9] 董瑞丽．小企业贷款：中小商业银行可持续发展的现实选择［J］．财会通讯：理财版，2008（11）．

[10] 凌智勇．中小企业融资与中小民营银行［M］．长沙：湖南人民出版社，2008.

[11] 骆君生，王浩．我国中小企业融资现状与路径［J］．金融纵横，

2005（1）.

［12］杨娟. 中小企业融资结构：理论与中国经验［M］. 北京：中国经济出版社，2008.

［13］厉斌. 民营中小企业融资困境与选择［J］. 科学学与科学技术管理，2005（1）.

［14］王菁苋. 中小企业融资现状及对策［J］. 经济师，2005（4）.

下篇　论　文

吉林省农村微型金融发展问题研究

姜丽凡[1,2]

（1. 吉林省金融文化研究中心，吉林长春，130028；
2. 长春金融高等专科学校金融系，吉林长春，130028）

农村微型金融在我国刚刚兴起不久，农村微型金融的发展有助于完善我国农村金融体系，是农村扶贫工作深化的关键，也是我国农村金融组织转型和创新的方向所在。发展农村微型金融，一方面可以解决我国农村金融发展滞后的问题；另一方面以可持续的小额金融服务为主要形式的金融服务模式可以缓解广大农村特别是贫困农户难以获得金融服务的问题。

1　微型金融发展理论综述

1.1　微型金融的历史与发展综述

1. 国外微型金融发展综述

尽管很多人认为1976年孟加拉国的穆罕默德·尤努斯教授发起的乡村银行（也称格莱珉银行）项目是现代微型金融发展的开端，但实际上尤努斯的乡村银行只能算是历史上最负盛名的微型金融机构。

按照世界银行对微型金融的官方定义，微型金融真正的奠基者要久远得多。早在6个多世纪之前，欧洲罗马天主教方济会的僧侣就曾经开办过以服务社区穷人为宗旨的当铺，这些僧侣可以算是微型金融的启蒙者；而现代微型金融的开创者至少应该追溯到19世纪的两位先驱。一位是经济和金融理论家林萨德·斯普纳，正是他所做的开创性理论工作，使得人们有理由相信向微型企业家和农民提供小额贷款不仅能够帮助穷人脱贫，而且是有利可图的事业。另一位是欧洲信用社运动的奠基人、德国农村互助银行先驱——弗雷德里希·莱费森。莱费森的微型金融首创了要坚持“三自”原则——自助、自辖与自担其责，“三自”原则使莱费森创立的机构能够不再依赖私人捐助、政府资助或者放高利贷。在他之后世界上许多信用社和农村互助银行都以莱费森命名，以纪念他所创立的事业。

从20世纪50年代开始，很多发展中国家开始通过建立发展银行为低收入人群提供政府贴息贷款。但是这些项目对于应对贫困的效果并不理想，还贷率很低。如孟加拉的政府贴息贷款项目1980年的还贷率只有51.6%，1988—1989年更是因洪灾而下降到了18.8%（Morduch，1999）。

基于政府贴息贷款项目失败的教训，从20世纪70年代开始，一些发展中国家开始寻求通过专业的微型金融机构来解决低收入群体的贷款缺乏问题，把小额信贷当作一种全新的制度安排来发展。最早涉足微型金融领域的机构是拉丁美洲的ACCION，是一个美国非政府组织，创立于1961年一直致力于改善

下层人民生活状况。1973 年 ACCION 开始在巴西为微型企业提供贷款，该项目在 4 年的时间里取得了巨大的成功。ACCION 由此认识到，低收入人群对于微型金融服务同样有着巨大的需求，并通过在巴西的实践经验认为，微型金融有助于解决拉丁美洲下层工人的就业和福利问题。1976 年，尤纳斯教授在孟加拉成立了世界上第一个专门为穷人提供贷款的组织。后来这个组织发展壮大为一个全国性的银行，也就是后来的乡村银行。乡村银行是世界上运作最成功的微型金融机构之一，在很多国家设有分支机构，其小组贷款模式也被许多国家先后效仿和借鉴，用于本国的微型金融的实践。尤纳斯教授也因为在微型金融方面的突出贡献获得了 2006 年诺贝尔和平奖。

受乡村银行和 ACCION 取得成功的影响，20 世纪 80 年代，微型金融开始在发展中国家甚至发达国家兴起，20 世纪 90 年代以后更是发展迅速，成为许多发展中国家传统正规金融体系的一个有益的补充，也成为各国普遍认同的解决贫困问题的新型工具。

在微型金融发展过程中存在一个使命漂移理论受到广大学者的关注。当微型金融机构将目标定位于富裕客户的同时，剔除了相对贫困的客户，就产生了使命漂移。Mosley 和 Hulme（1998）认为，使命漂移是指微型金融机构为了追求自身的可持续发展，放弃需求小额信贷的穷人，而向富裕客户提供更大额度的贷款。Woller、Dunford 和 Woodworth（1999）指出，设立微型金融机构的初衷是服务穷人，当微型金融偏离这一目标时，即发生了使命漂移。Armendariz 和 Szafarz（2009）认为，使命漂移是一种既不是由渐进式贷款导致、也并非源于交叉补贴，而是由于微型金融向更为富裕的客户提供贷款而导致平均信贷规模扩张的现象。Hishigsuren（2007）指出，尽管规模扩大有助于向更多的客户提供金融服务，但是当微型金融机构扩大业务规模时，往往向富人提供更大额度的贷款，并采取更为严格的审贷流程，将高风险的贫困客户排除在外。世界银行扶贫协商小组（CGAP，1999）发现，为了自身的可持续发展，部分微型金融服务逐步向农村高收入阶层偏移。在拉美等地区，微型金融的赢利水平甚至超过商业银行。Coleman（2006）对泰国农村的调查表明，微型金融的真正受益者是富裕农户，普通农户因为缺少投资机会，得到的金融服务十分有限。Martin（2003）指出，机遇资金来源、自负盈亏以及规模经济等方面的压力，一些微型金融机构不得不选择财务可持续作为首要发展目标。Cull、Demirgü – Kunt 和 Morduch（2007）研究发现，无论给个人还是群体提供金融服务，他们都能从中获利，但赤贫群体从中享受到的金融服务质量很低。

2. 我国微型金融发展综述

农村微型金融在我国刚刚兴起不久，对其研究仍处于初级阶段。关于农村微型金融的概念，不同的学者有不同的理解。20 世纪 90 年代，农村微型金融曾出现两种持不同观点的阵营，即贫困借贷阵营和金融系统阵营。贫困借贷阵营强调的是微型金融的公益性，即通过由捐赠人、政府补贴或其他优惠资金资助的机构提供信贷和其他金融服务，目的是减少和消除贫困，目标人群是穷人，尤其是最底层的穷人，形式是小额贷款；金融系统阵营侧重的是在穷人借贷人和存款人之间建立商业化的金融中介，强调微型金融的商业化运作，目标群体是具有经济活力的穷人，而不是极端贫困的农户。但是两者的根本目标相同，即以可持续的方式向穷人提供小额金融服务，只是两者在目标手段、覆盖面和可持续性的权衡上存在分歧。

我国的农村微型金融在性质上可以划分为商业性和公益性。由于我国的农村微型金融是在国家扶贫系统的关注和推动下形成的，其主要的功能是扶贫和惠农。尤其是随着农业和农村经济的深入发展，扶贫开发工作正在从集中力量解决温饱逐步过渡到努力促进发展、实现脱贫致富的新阶段，农村微型金融在扶贫工作的地位和作用越来越凸显。我国农村微型金融主要包括小额信贷、社会发展基金、贫困地区村级互助资金和农村资金互助社形成的互助资金等。这些农村微型金融在运行的过程中也存在着比较突出的问题，如发展资金周期短，财政贴息有限；贷款周期短，不适应农村生产；缺乏自由资本和自我积累的经营机制，亏损主要依赖政府补贴；缺少常规法律依据，合法性出现问题；工作人员素质低，缺少相应的业务知识等，很难满足现阶段“三农”发展对金融多层次、多元化的要求。特别是贫困地区农村金融需求与供给上的巨大断裂，使得滞后的农村金融成为制约贫困地区发展的重要因素。当前，我国农业和农村已经总体上进入以工促农、以城带乡的发展阶段，进入加快改造传统农业、走中国特色农业现代化的关键时刻，提高发展能力、实现脱贫致富，使得农村微型金融的发展和创新意义更加重大。

我国的微型金融发端于 20 世纪 90 年代，20 年来正反两方面的经验教训兼而有之。2006 年乡村银行创始人尤努斯获得诺贝尔和平奖以来，微型金融在国内的影响力与日俱增。2006 年年末，我国启动了农村新型金融试点，初步确立了农村金融的准入机制。农村新型金融试点以来，我国金融服务空白乡

镇个数明显减少，偏远农村地区金融服务发生了历史性的变化，农村新型金融机构试点的鲶鱼效应初步显现。但我国农村小型金融机构的数量还远远不足，农村金融服务覆盖的深度和广度还亟待提高。从现有的农村小型金融机构来看，资金来源渠道仍不畅通，组织构架和治理机制有待完善，经营模式雷同，金融产品和服务种类单一，规模经济与范围经济尚未显现。

所以，只有系统研究微型金融发展规律、总结国内外的成功经验，广泛借鉴成功模式和经典案例，推进农村小型金融机构的组织构架、经营模式、金融产品创新，才能有效降低经营成本，提高经营效率，改善现阶段的金融排斥状况，扭转农村小型金融组织使命漂移等不利局面，以实现农村金融的持续协调发展。

1.2　微型金融的内涵和特点

微型金融是专门针对低收入群体和微型企业而建立的金融服务体系，主要包括小额信贷、储蓄、汇款和小额保险等。近年来，微型金融机构在全球迅速发展，成为许多发展中国家正规金融体系的有益补充。

早期微型金融机构的资金主要来源于社会捐赠和政府拨款，更强调扶贫功能和责任。但囿于资金规模，微型金融的扶贫效果并不理想。20 世纪 80 年代以来，私人投资者的引进、商业化以及追求可持续发展，逐渐成为微型金融发展的另一种发展模式。

由于发展目标与理念的不同，20 世纪 90 年代，微型金融逐步分化为制度主义和福利主义两大派系，Morduch（2000）将这一现象称为“微型金融的分裂”，原因在于对外延深度和金融自足的理解存在差异。

1. 制度主义模式

制度主义模式以印度尼西亚人民银行乡村信贷部（BRI – UD）为主要代表，他们强调微型金融机构应该能自给自足，即实现可持续发展。Morduch（2000）认为，与接受捐赠和政府补贴的微型金融相比，微型金融的商业化可以摆脱因政府干预而造成的低效率。Aghion 与 Morduch（2000）从微型金融还款机制设计视角出发，讨论了微型金融的可持续性。Patten、Rosengard 和 Johnston（2001）通过比较贷款的偿还率和会员的储蓄水平，发现印尼人民银行乡村信贷部（BRI – UD）比正规的商业银行表现更好。

2. 福利主义模式

福利主义模式以孟加拉乡村银行为代表，其资金主要来源于政府和国际慈善机构，资金成本较低，一度以较低的贷款利率实现了财务的可持续。福利主义者强调，微型金融的扶贫功能比商业化和可持续发展更为重要，坚持成本补偿和取消财政补贴会迫使微型金融抛弃穷人。Johnson 和 Rogaly（1997）指出，利率较高的商业化信贷机构增加了穷人的负担，微型金融追求财务的可持续性弊大于利。

相对而言，福利主义者更强调消除贫困和外延的深度（即服务于最穷的客户），而不是追求广度（即服务于客户的数量），更不能以牺牲深度为代价来提高广度。近年来，福利主义模式与制度主义模式出现了相互借鉴、互相融合的趋势，即混合主义模式。同时，普惠金融与金融宽化（对应于金融深化）等理念与研究范式都已诞生，并逐渐被社会各界所接受。

3. 混合主义

混合主义微型金融模式可看成是制度主义模式和福利主义模式的有机结合，发展到目前基本演变为普惠性金融制度安排。它以福利主义为宗旨、以制度主义为手段，其价值观在于确立社会个体享受金融服务的基本平等权利，强调要能有效、全方位地为社会所有阶层和群体提供服务，尤其要为目前金融体系还没有覆盖的社会人群提供服务。该模式认为只有将贫困群体融入金融体系的各个层面，才能根本改变其被排斥于金融服务之外的现实，因此贫困人口在服务主体中应处于中心地位，微型金融服务要能在规模上提供高质量的金融服务满足大范围贫困人口的金融需求，同时能以更高效率将金融服务向最需要金融支持的极端贫困人群延伸。

无论是制度主义模式、福利主义模式还是混合主义微型金融，都有其共同特点：

①以扶贫为主要宗旨，以贫困或低收入人群为目标客户。微型金融源于 20 世纪 70 年代为贫困人口提供以贷款为主的金融服务和非金融企业咨询服务的试验。消灭贫困、促进农村经济增长是发展微型金融的主要目的。穷人银行家尤努斯教授认为“穷人金融的基本理念”是：信贷是每个人所应该享有的权利，穷人是有信誉的。很多国家的微型金融机构自发展伊始，始终秉承这样的理念，根植于广大的农村地区，真正贴近穷困的主要人群，为低收入贫穷人群提供金融服务。

②单笔业务交易额小，服务方式灵活、快捷。微型金融服务的主要内容是为无法从正规金融体系中获得金融服务的小企业、穷人和贫困家庭发放微型信

贷和办理其他金融业务，帮助他们进行生产性活动或小本经营。所以，单笔交易额非常小，一般低于平均的人均 GDP 水平。有资料报道，非洲微型金融机构中，每个借款人加权平均的贷款余额是 307 美元，每个客户加权平均的储蓄余额仅为 137 美元。微型金融服务的方式也很方便、快捷，一般提供无抵押贷款，一些地方的微型金融业务还委托加油站、零售商办理。

③组织形式多种多样，有向商业性金融发展的趋势。在国外，提供微型金融服务的机构复杂多样，有正规金融机构如商业银行、非政府组织、成员制集体组织机构、合作金融机构，非正规金融中介机构如循环储蓄和联合信用贷款协会等。从近几年的发展趋势来看，追求赢利和可持续经营，以商业性的方式来支持贫困人群生产经营，逐渐成为微型金融的发展主流。

1.3 微型金融的可持续问题

作为经济体“毛细血管”的微型金融存在着监管错位、准入门槛偏高、融资渠道不畅等问题。发展微型金融必须立足于可持续性。可持续性是评价微型金融成功与否的标志。那些赢利的微型金融机构虽然数量有限，市场份额却相对较大。微型金融机构必须保证财务上的赢利，才能进行大量的推广，实行可持续发展。我国微型金融业务的覆盖面非常小，这需要定价的市场化和产品的多元化，需要通过增加覆盖面来实现其可持续性。

为了创造一个有序的竞争市场，必须建立和健全微型金融机构的市场准入、业务运作和市场退出的运行机制，促进农村金融市场的有序竞争。逐步放松对利率的控制，推进利率市场化，缓解农村金融服务抑制。农村金融市场要根据实际情况，有步骤地放开其贷款利率上限，使农村金融机构结合贷款风险、成本等因素进行差别定价，实现利率覆盖经营风险和成本，从而有利于约束农村信用供求双方的信用机制，支持农村经济发展。

由于微型金融的服务对象具有高风险、高成本的特点，因此需要政策上给予支持，鼓励新型金融组织的健康发展，予以它们适当的合法地位和身份。在财税政策方面，政府要通过拨付微型金融机构的开办费用，减免相关税收，以降低微型金融机构的营运成本。对微型信贷的借款者可直接给予补贴，提高借贷的偿还能力；并鼓励其他机构和个人提供资助。国家要加大农村金融政策支持力度，率先加快农村利率市场化改革，定向实行税收减免和费用补贴，引导更多信贷资金和社会资金投向农村。

为有效防范风险，应把微型贷款与保险有机结合，对农户人身及生产销售各个环节进行保险，并通过国家给予一定补贴降低保险费率，鼓励农民购买保险。要加快发展政策性农业保险，扩大中央财政对农业保险保费补贴范围，增加险种，建立有效应对农业自然灾害和市场波动的风险转移分散机制，鼓励在农村发展互助合作保险和商业保险业务，并探索建立农村信贷与农业保险相结合的银保互动机制，以鼓励新型农村金融机构的生存和发展。

2 吉林省农村微型金融现状分析

我国微型金融起步较晚，只是进行了一些类似微型金融的小额贷款等形式的农村金融的尝试，并非正规的农村微型金融，吉林省也不例外。

2.1 发展农村微型金融对解决三农问题的意义

农村微型金融在我国刚刚兴起不久，是对我国农村金融体系的完善和发展。农村微型金融是我国农村扶贫工作深化和转型的关键，也是我国农村金融体系完善和创新的方向所在。

2008 年，中共第十七届中央委员会三次会议通过《中共中央关于推进农村改革发展若干重大问题的决定》，提出加强监管，大力发展小额信贷，鼓励发展适合农村特点和需要的各种微型金融服务。《中国农村扶贫开发纲要(2011—2020 年)》提出了积极推动贫困地区金融产品和服务方式创新，鼓励开展小额信用贷款以及引导民间借贷规范发展，多方面拓宽贫困地区融资渠道等金融扶持政策。

1. 农村微型金融的发展和完善有利于金融体系构建的整体性

微型金融一方面可以解决我国农村金融发展滞后的问题，并补充完善我国金融体系；另一方面以可持续的小额金融服务为主要形式的金融服务模式来解决广大农村特别是贫困农户难以获得金融服务的问题。

2. 发展微型金融是普惠制金融的目标之一，有利于社会目标的实现

农村金融需求的分散性、单笔额度小，资金需求者常常无经济能力的特点，使得以赢利为目的的大型商业银行缺乏对农村金融提供服务的兴趣，也缺乏行之有效的运作模式。因此，引入灵活机动的农村微型金融，一方面可以盘活农村闲置劳动力，增加农民收入；另一方面鼓励农民进行农机改造，推进农业现代化，实现农业增产。因此，农村微型金融有利于促进“三农”问题的解决，具有十分重要的实践意义。

3. 微型金融对农村小微企业的融资可谓是“雪中送炭”

由于农村小微企业经营的不稳定性和不规范性特点，大银行基于成本、风险控制以及融资效率等考虑，很少给农村小微企业放贷，使农村小微企业发展长期缺乏资金支持。微型金融的发展，特别是小额贷款公司的广泛成立，对缓解农村小微企业融资难起到了积极作用，有利于解决农村小微企业发展的瓶颈问题。

4. 微型金融为农户脱贫致富提供了资金支持

集中连片贫困地区往往是生存条件恶劣地区，农民脱贫致富的最大障碍多是资金问题，由于缺少资金，农民无法进行扩大再生产，生产只能满足甚至不能满足基本生活需求，贫困状况一时很难改变。微型金融通过为农村低收入群体提供信贷服务和资金支持，有效促进了他们的自我发展，促进了贫困农户自我脱贫、致富发展。

5. 农村微型金融发展培育了新的农村金融主体，创造了竞争环境，推动了原有商业性金融机构的改革发展

农村微型金融的发展催生了村镇银行、农村资金互助合作社等农村经济主体，弥补了传统的农村信用合作社、邮政储蓄的不足并形成有效竞争，改变了农信社对农村基层的“惜贷”“慎贷”行为，也打破了邮政储蓄在农村只存不贷的局面，从而活跃了农村金融，对农村经济发展起到良好的推动作用。

2.2 我国及吉林省农村微型金融发展现状评价

微型金融的行业规模从1997年开始，以40%的速度迅猛发展，从1997年的618家机构、1300多万客户到2004年年底；全球已有3000家机构在为8000万名客户提供金融服务。

1. 我国微型金融的发展

财政部金融司副司长胡学好表示，中国的微型金融是随着金融体制的深化改革逐渐发展起来的。20世纪90年代，国有银行启动市场化改革后，中国开始进行微型金融的探索和尝试。

2000年以前处于初期的小额信贷尝试和经验借鉴扩展阶段；2000年以后，政府主导下全面试行并推广微型金融活动，管理部门开始鼓励民营和海外资本进入，试行商业性微型金融业务，拉开了我国微型金融创新发展的大幕。

2005年由国家开发银行支持，首先在包商银行开展以微贷为核心的微型金融项目，是我国第一次由正规金融机构实施的基于商业可持续原则的微型金

融业务。

2007 年年底微贷业务扩大到 12 家城市商业银行，覆盖全国各省的 100 个以上的城市。到 2010 年为止，基本形成了以农村信用社为主体、辅以近期发展起来的邮政储蓄银行、村镇银行、贷款公司、农村资金互助社、小额贷款公司等新型农村金融机构的发展格局。

目前，中国微型金融体系的基本框架已初步建立。胡学好称，现在供给主体实现多层次、多元化，越来越多的机构参与提供金融服务；技术创新不断发展，产品服务逐渐丰富，惠及对象越来越多；政策支持力度逐渐加大；信用建设初见成效，社会征信系统逐步覆盖农民和小微企业，微型金融的外部发展环境正在改善。刘克崮说，目前微型金融分层监管体系有所突破。在中央层面，针对小微企业金融及新型农村金融机构的差异化监管政策逐步丰富。在地方层面，目前绝大部分省份已建成省级地方金融办，对小贷公司、融资担保公司、典当行等非持牌地方金融类机构监管权责呈现由省级金融办向市（县）金融办延伸趋势，同时金融办之间的沟通交流机制初步形成。

尽管国内小微金融得到快速发展，但仍存在不少“软肋”，主要表现在总体认识不到位、机构建设不到位、服务创新不到位三个方面。少数金融机构对发展微型金融的重要性缺乏足够认识，仍然存在“做大不做小”的倾向。而目前基层金融机构的数量仍然难以满足“三农”和小微企业日益增加的金融需求；并且，金融机构提供的微型金融服务对财务信息和可抵押物的要求较高，未能很好地适应“三农”和小微企业的特点和需求。当前微型金融发展尚存在以下薄弱环节：一是组织推动力不够，中央层面缺乏对微型金融和草根经济的跨部门协调机制和主管城乡小微经济体发展的部门。二是微型金融监管能力不足，地方政府监管机构不够规范，特别是对民间金融的认识不足，对其存在的问题缺乏有效对策。三是基层金融主体能力弱，小额贷款公司等的资金来源问题突出。四是扶持政策有待加强，一些对小微金融机构的财税扶持政策未能适用到小额贷款公司等微型金融组织。五是小微金融机构发展所需的公共服务欠缺，金融基础设施建设滞后。

2. 吉林省微型金融的发展

吉林省在农村微型金融、村镇银行、小额贷款等方面做出了很多努力和尝试并在促进农村经济发展方面取得了一定的收获，然而也出现了很多问题。

银行网点覆盖率低，金融供给不足，竞争不充分，是当前我国农村金融现状的真实写照。农村经济的发展迫切希望得到金融服务，这也说明了农村金融市场是一个广阔而欠开发的市场。阻碍农村发展金融服务的主要原因首先是农民金融知识比较匮乏，认为金融服务主要是传统的“存、贷、汇”三个传统业务，普遍缺乏金融对农村经济具有促进作用的意识，更不用说利用未来的金融服务创新；其次是农民在存、取款过程中部分程序比较繁杂，自然认为金融的其他业务会更加复杂，因而更愿意选择民间借贷。

（1）微型金融服务机构整体水平不高

涉农的金融机构改革步伐较慢，虽然近几年来农村信用社的改革取得了一定成效，但是其合伙制的色彩没有改变，公司制的治理结构没有建立起来，处于灰色地带的非正规金融机构不断地侵蚀农村金融机构的业务范围，这就给监管机构增加了一定的难度：一方面要加强对农村微型金融机构的监管，以提高其服务水平；另一方面又要整治非正规金融机构的不规范操作，引导其为农村经济提供合理的金融服务。

（2）农村微型金融机构易脱离监管机构的监管

目前为止，我国已陆续建立了证监会、保监会和银会，加上中央银行的监管，监管体系不断趋于完善，然而分业监管、分工协作的监管体制不利于日趋混业经营的金融局面。金融监管机构众多，而监管手段匮乏。在金融监管效率与社会稳定之间进行选择时，往往发挥首先考虑稳定而牺牲效率，容易形成商业银行、农村金融机构对监管当局的倒逼机制。监管手段亟须创新。目前我国的尽管监管体制往往是借鉴发达国家的监管经验基础上建立起来的体系。在监管手段的施行上，没有具体考虑到我国的国情。特别是对于农村微型金融机构的监管上，存在着一刀切的执行方式，不利于“因材施教”地发展我国微型金融机构，对于农村金融机构的发展缺乏监管特色。对于农村金融机构合规性、审慎性监管的方式，没有考虑到其经营地区、经营业务等不同之处。我们需要建立针对农村微型金融机构的不同监管手段，因地制宜，分类监管，进行金融监管方式的创新。

（3）市场约束力较弱

市场约束是《巴塞尔协议》规定的“三大支柱”之一，要求发挥市场的自我调节作用，让“看不见的手”来约束金融市场及机构的各项活动。相对于全国性的商业银行建立了相对规范的报表体系而言，包括微型金融服务机构在内的地方性金融机构缺少规范、有效的报表体系，在对外信息的披露方面存在滞后性，市场约束对于微型金融机构的力度有限。

2.3　吉林省农村微型金融发展面临的主要矛盾与问题

吉林省村镇银行、小额信贷等促进农村经济发展已经推进了一段时间，具备一定的扶贫性质，受到国家和吉林省的高度重视，先后出台了各种扶贫开发优惠政策，使扶贫开发工作和农村经济取得了一定效果。但通过发展微型金融促进农村贫困地区发展的创新举措实施时间并不长，在实施和发展过程中也存在着很多问题。

1. 微型金融在发展过程中存在偏离初衷的现象

在农村发展小微型金融的初衷是为贫困人口、低收入家庭和自营业者提供金融服务，促进贫困地区经济发展。但吉林省个别微型金融组织在运营过程中只顾享受微型金融机构的优惠政策，根本无意“三农”业务，将目光放在贷款金额比较大的小企业主，偏离了成立的初衷。

2. 融资能力有限，后续发展资金缺乏

小额贷款公司只贷不存的政策使其资金来源十分有限，村镇银行由于发展时间短、规模小、网点少等原因，吸收存款数量有限，贫困村村级发展互助资金中农户入股资金数量也非常有限。

3. 服务对象特殊，运营成本较高

微型金融机构的服务对象主要是农村贫困人口及小微企业，金融机构在为客户提供金融服务特别是在审查贷款人信用状况时往往需要人员到现场工作，需要耗费的人工成本较大。同时，微型金融机构贷款主要是小额信贷，贷款业务数额小、频率高，无形中也增加了贷款的单位成本。

4. 信用体系不健全，运营风险较高

由于微型金融服务对象本身财产有限，贷款担保往往受限，加之农村担保体系比较落后，符合条件并愿意做第三方担保的人较难找。同时，有些微型金融机构不具有人民银行征信系统查询权限，无法对客户的信用状况和信贷风险进行有效甄别，这也增大了微型金融机构的经营风险。

5. 金融服务多元化发展滞后，产品结构单一

目前，微型金融服务产品主要是小额信贷，贷款期限和还款方式也比较固定，储蓄产品、保险产品和其他类产品很少，已经不能满足农村经济发展的多元化需求。

3 国内外发展微型金融的经验借鉴

3.1 微型金融发展主要模式

按照对微型金融的理解层次、地区文化相容性和政府的直接干预程度，本文列举了除中国之外的几个代表性经济体发展微型金融的国家战略。

1. 东南亚和东盟自由贸易区（印度、孟加拉、印尼等）

东南亚和东盟的广大发展中国家由于经济相对落后，金融体系建设比较滞后；同时，这些国家和地区社会发展也相对落后。因此，在制定微型金融发展战略时，这些国家除了考虑增加经济收入和促进国民就业之外，还将微型金融纳入社会发展战略，试图通过发展微型金融来改善民生，实现提高妇女社会地位、提升借款人子女营养状况和教育程度等社会目标。

（1）印尼——以给农村地区提供金融服务为主要目标，采取政府机构主导的模式

由于印尼本身农业人口占绝大多数，多种族且居住分散，印尼发展微型金融的战略始终以服务广大农村地区为主要目标。这种经济、地理和人文的特殊性决定了其实行以政府为主导、以银行来驱动的模式是最能够实现规模效应、最有效率的。最初在20世纪70年代左右，印尼的微型金融只是单纯服务于农业种植的信贷工作；到了20世纪80年代，以印尼人民银行小额信贷部(BRI－UD）为代表的机构，改变了以发放贴息贷款为主的模式，逐步被改造成按照商业规则运行的小额信贷机构，并且将服务农村地区和实现赢利最大化很好地结合起来。过去二十多年来，印尼人民银行小额信贷部（BRI－UD）一直是正规金融机构在小额信贷领域的典范。与孟加拉等国家强调微型金融的扶贫功能相比，印尼的微型金融发展战略强调的是以“经济上活跃”的穷人为服务对象，主张微型金融机构自负盈亏；在注重规模的同时，强调服务模式的可持续发展。

（2）印度——以微型金融促进经济发展为主、兼顾社会发展，采取非政府组织和政府合作模式

对于印度经济而言，数十万中小微企业具有基础性地位。正是这些企业能够容纳数以亿计的低技术劳动力，为其他企业、产业提供原材料、半成品和消费市场。印度发展微型信贷的战略从一开始就是要促进就业、发展经济，同时

兼顾社会发展。为此，印度在 2006 年通过了《中小微企业发展法案》，制定公共政策时引导金融资源向这一领域倾斜，实现微型金融均衡、可持续、公平性和包容性的增长。在微观机制上，印度采取了非政府微型信贷组织与正规银行相结合的银行联结项目，例如非正规农户自助组 SHG 与印度农业和农村发展银行合作开展 SHG—银行联结项目，为印度贫困妇女提供微型金融服务。

（3）孟加拉——以扶贫、社会公平和妇女地位为主要目标，采取非政府组织主导的模式。因为经济和社会环境的独特属性，孟加拉开展微型金融的宗旨与印度略有区别。其目标除了经济发展之外，更加注重社会目标的实现，尤其是区域扶贫和妇女社会地位的提升。微型金融的发展战略也主要依靠非政府组织的专业化水平。20 世纪 80 年代孟加拉通过了政府特别法案，鼓励一些组织开办微型信贷机构。大名鼎鼎的孟加拉乡村银行正是这一时期得以获批成立的。之后随着微型金融事业的不断发展，孟加拉政府逐渐放开了包括乡村银行等小额信贷机构的所有权，鼓励贷款者参股，2012 年 8 月之前乡村银行约 94% 的所有权都归属于贷款者。在监管方面，政府基本上采取市场化的原则，放开小额贷款机构的经营权，允许其自主创新贷款的产品、利率设计、吸储和参股，自行决定机构层级结构和会议制度。

2. 中北非经济圈（乌干达等）

广袤的非洲中北部地区虽然富有石油等资源，但经济和社会发展贫困落后，政治动荡、民族矛盾让一些政府更迭频繁。民众对于金融服务尤其是微型金融的需要极为迫切。在这种条件下，其国家发展微型金融的战略往往是通过开放国际社会资助、结合本地非政府组织的金融创新来实现经济发展、扶贫、医疗卫生以及其他目标。以乌干达为例，1984 年，John Hatch 在乌干达成立了国际社会资助基金会，致力于为当地低收入家庭提供小额信贷服务。这个微型金融机构最为知名的就是 John Hatch 首创的村银行，村银行实际上是团体担保和个人贷款模式的结合。20 多年来，村银行模式已被世界各国大约 3000 个组织广泛采用，成为国际小额信贷运动中的一种主要模式。

3. 北美贸易区（美国、加拿大）

在美国和加拿大，微型金融的宗旨是向那些信贷评级很低、无法被主流银行机构金融服务所覆盖的少数人口提供金融服务。目前，美国大约有 8% 的居民无法享受任何一种形式的正规银行服务，总人数约 900 万。为解决这部分人的金融需求，美国政府通过了微型金融相关法案，成立了小企业信贷局，允许

公立和私立机构为广大低收入者提供小额信贷服务。但对于小额信贷的规模和小额信贷机构的非赢利性质都作出了严格界定。在加拿大，政府制定的信贷机构监管法案中有针对小额信贷的专门法条，部分条款比美国还要严格。需要说明的是，美国和加拿大的金融体系相对先进，微型金融的战略地位只是作为金融体系的一个有益补充，不具备前面提到的广大发展中国家的那些广泛的经济和社会功能。

简单来说，美国和加拿大的微型金融战略目标只有一个，就是让某些人群在接受微型金融服务后能够提升其个人信贷评级，从而纳入到主流金融服务之中。

4. 拉丁美洲和加勒比海地区（秘鲁、巴西等）

与孟加拉乡村银行和乌干达的“村银行”等微型金融模式不同，拉丁美洲开展微型金融服务更注重小额信贷机构的财务指标和赢利能力。商业化导向和可持续发展是拉美地区微型金融战略最重要的特点。这个特点是在 20 世纪 80 年代席卷拉美的金融自由化改革浪潮中逐步发展起来的。由于历史原因，拉美地区的大部分信贷资金都流向了公共部门，私营部门很难获得正规信贷资金。信贷的缺失对拉美和加勒比海地区微型企业的可持续发展构成重要障碍，不断加剧着贫富差距和社会矛盾。在这个背景下，金融自由化改革大潮于 20 世纪 80 年代全面兴起，一直持续到 20 世纪 90 年代。改革旨在优化金融中介以改善非正规部门融资环境，最终成就了微型金融的发展。秘鲁和玻利维亚分别于 1980 年和 1995 年引入了专业小额信贷机构，随后这两国采取了特殊监管、取消了利率限制、开放小额信贷市场。随后巴西、萨尔瓦多、洪都拉斯、墨西哥、巴拿马和委内瑞拉也建立了专业机构。在微观机制上，拉美的小组贷款以团结小组模式为主，在互相承担联保责任基础上，小额信贷机构直接对小组成员（而非小组）放贷。

3.2 微型金融发展中存在的问题

金融危机爆发以及随之而来愈演愈烈的欧债危机使各国经济都经受了不同程度的影响。尽管微型金融具备一定的抵抗经济周期的能力，但微型金融的发展还是要依托于实体经济的发展。加之经济危机导致政府普遍实施削减预算措施，微型金融得到的支持和捐助也直线下降。曾经在世界范围内蓬勃发展的微型金融事业遭遇了相当程度的冲击，相对平衡的发展格局发生了比较大的变化，在中国等国家快速发展，另一些国家则历经收缩和衰退。总体来看，上一

波小额信贷的世界浪潮高峰已经过去，新一轮的包容性微型金融浪潮尚在酝酿之中。客观地讲，微型金融的发展确实因为金融危机的爆发而延缓了，但是更深层次的原因则缘于一些国家和地区微型金融的发展模式在新的环境下遭遇了新的挑战。

1. 孟加拉乡村银行模式遭遇瓶颈

久负盛名的乡村银行模式曾被寄予厚望，乐观者普遍认为这个模式能在世界范围内推广。但这一进程在危机爆发前后遭遇了阻碍。过去二十多年里，试图复制乡村银行传奇模式的国家表现参差不齐，既有获得成功的积极案例，也有完全失败的典型例子。失败的案例是否仅仅是因为学习者方法不当或者环境不同？这引起了学术界和金融界许多研究力量去关注乡村银行的深层机制。随着研究的深入，大家发现这个模式并不具备想象中的普及性，乡村银行本身的经验大有可商榷之处。J. A. Tucker 在一篇文献中就尖锐地指出了乡村银行模式中的许多问题。首先，乡村银行并未完全市场化运营，它依然接受联合国和美国各种捐助，还接受与政治有关的投资。其次，信息披露不畅，外部监管失位导致寻租。乡村银行不像其他银行一样接受外部监管，资产负债表又不能完全反映内部运营中的问题，这使得乡村银行寻租现象比较普遍，很多并非穷人的投机者利用乡村银行获取低息贷款。再次，利率设置僵化，对借款人的培训不能与时俱进。在世界经济下行的今天，乡村银行的借款人要出售自己的商品不再容易，偿还能力大打折扣。最后是信誉风险问题。乡村银行的偿还比例被夸大，而一些流传的成功故事是虚构的。现在看来，尤努斯的确指出了微型金融一个重要的发展方向，但其中的深层次问题还有待解决。

2. 乌干达村银行模式进展缓慢

乌干达村银行的微观模式与亚洲微型金融略有差异，是团体与个人贷款的结合体。从原理上说，这是在当地贫困条件下规避小额信贷风险的较好模式。但村银行模式本身存在固有缺陷。首先，村银行的自身造血能力弱，可持续发展能力不足，严重依赖国际组织的持续资助。这一弱点在后金融危机时代就凸显出来。其次，村银行模式发展依赖于金融基础设施和经济发展。乌干达自身高昂的物价和匮乏的金融设施严重制约了这种模式的进一步发展。最后，村银行模式推广时忽略了当地的文化风俗和制度变迁因素。北非地区毗邻西亚，而伊斯兰文化不能接受小额信贷的高利率的，所有银行都必须符合伊斯兰教规。这直接扭曲了小额信贷所依赖的利率水平，没有高额利率的小额信贷是很难开

展的，这让村银行模式在几乎所有伊斯兰国家都举步维艰。

3. 拉丁美洲、部分欧亚国家经历严重倒退

拉丁美洲的微型金融发展是拉美金融自由化改革的一个成果，有着深厚的政治经济和文化基础；加上拉美的微型金融机构一开始就注重商业化运营，并未背上严重的扶贫减困的社会负担，本应作为成功的范例。但早在金融危机之前，部分拉美国家就爆发了危机。1999 年，由于商业化导向引致了微型信贷的过度供给，玻利维亚的微型信贷行业全军覆没，这是拉美的微型金融第一次敲响警钟。危机爆发之后，拉美和加勒比地区的微型金融事业遭遇了严重倒退。2008 年，尼加拉瓜的微型金融机构也几乎完全崩盘。随着金融危机的不断深化，秘鲁和墨西哥也不幸加入了名单。拉美微型金融的倒退浪潮在最猛烈的时期，波及范围甚至超出了拉美，借助贸易渠道，传导到了亚洲的柬埔寨、巴基斯坦和东欧的波斯尼亚。如今，拉美自身积极调整经济结构，深化金融改革，规范金融市场，微型金融有逐步复苏的迹象。回顾这次微型金融危机，产生的根本原因有两点：一是过分商业化追求超高利率导致市场机制扭曲、资源配置失效；二是微型金融机构所在的行业本身抵抗风险能力薄弱。

3.3 微型金融亟待解决的问题

上文提到的几个微型金融发展模式所遭遇的问题是值得关注的，这些模式需要创新也是毫无疑问的。但是真正值得思考的不仅是微型金融某一个模式的成功和失败，而是影响整个微型金融发展的关键因素。在大量实践案例的基础上，微型金融的先驱们总结了发展微型金融时必须考虑的一些深层次问题。

1. 战略定位必须准确

微型金融要实现可持续发展，首要的问题就是有准确的战略定位：这个战略位置必须与国家的经济社会发展阶段相适应，与该国的金融要素禀赋相匹配。因为微型金融的服务对象通常不能或者极少能够纳入传统金融覆盖网之内。从这个角度看，微型金融本身并不是金融发展到今天的必然产物，它的存在和发展都需要适度引导。从不同的微型金融模式取得的经验和教训来看，只有清晰正确的定位才可能稳定发展。美国和加拿大就把微型金融作为完整金融体系的一种功能补充，目标是最后把所有人纳入正规金融体系，之后不再需要微型金融。从美国的数据看，每投入一笔小额信贷，就能够新增 2.4 个工作岗位。2/3 的借贷者实现增收，改善住房；大部分微型企业主最终从微型金融转移，纳入到传统金融的服务中。这是一种顺其自然、按照规律办事的模式。否

则，无视发展规律，只会欲速则不达。一些国家经历过微型金融的高速发展，但这是在经济和金融基础尚不充分具备的情况下强行实施的，必然在经济中造成一定程度的扭曲，本质上是与微型金融市场化的目标相悖的，事后也证明那是不可持续的。

2. 政策制定必须合理

政策制定者必须设立合理的政策目标，全面度量政策效应，审慎监控政策实施。根据丁伯根法则，政策目标和政策工具之间要有内在相容性。微型金融面临的最深刻问题，就是发展微型金融的宗旨和实现手段之间不相容的问题——社会化目标和市场化手段之间的矛盾。微型金融机构要想摆脱捐助实现自生能力、实现有效率的配置资源，就只能商业化运营。在市场经济全球化的今天，这必然导致两个结果：利率定价市场化与激励机制市场化。这两个结果不断发展，必然推高微型金融的门槛，最终导致微型金融机构在商业化与扶贫等社会目标之间进行抉择。如果战略层次的政策制定者无法在事前给予有效指导，结果必然伤害到微型金融机构，最后损害整个微型金融产业。实际上，如今已经有越来越多的有识之士支持将扶贫目标从微型金融的宗旨中剥离出来。这种建议可能只是现有条件下的一种次优选择、权宜之计，未必代表未来的发展方向。但是这个建议反映了微型金融整个行业希望客观审慎设定政策的需求。

3. 风险控制必须创新

如何摆脱高额利润对风控带来的不利影响、制约华尔街式的激励机制对风控的侵蚀，这不仅是当前整个金融业面临的深刻问题，同时也是微型金融机构面临的现实问题。相比于传统银行，微型金融机构的业务风险更高，风险类型更多，风险控制更难。仅在小额信贷的整个流程中，就涉及客户特征风险、自然风险、市场风险、经营性风险、机构和政策性风险以及宏观经济风险。这对微型金融机构的风控体系有着非常高的要求。一些国家在短期内实现了微型金融的高速发展，但是由于对风险机制认识不足或者风险体系建设迟缓，最终在外部世界性金融危机和内部系统性风险爆发的双重夹击之下，付出了惨痛的代价。除去不可抗因素，微型金融机构曾经取得巨大的成绩，而今又陷入发展瓶颈，恰恰说明微型金融机构赖以成功的风险控制体系亟待创新，如此才能够适应信息经济时代日新月异的环境，适应新型金融模式的不断涌现和新型金融市场的迅速崛起。

4 吉林省农村微型金融发展对策分析

4.1 吉林省政府在农村微型金融发展中的作用

1. 应适当放宽金融市场准入，鼓励小贷公司等小微金融机构的发展

以支持小微金融机构发展为突破口，推进利率市场化，探索小微金融机构可持续的商业模式，适当放松小贷公司从银行融资比例的限制。

2. 建立健全微型金融批发供资体系

国家开发银行、农业发展银行等数家政策性和商业银行可为小微金融机构提供批发性资金供应服务。对小贷公司外部融资比例实行差异化政策，依据小贷公司的经营规模和绩效优良程度，将其注册资本与融入资金的比例由现在的1:0.5分别提升到1:1、1:2和1:3。

3. 转变监管理念

我国农村金融监管体系建设具有复杂性和长期性，要在现代监管理念的基础上，立足于农村金融的实际情况，实现“三个转变”。一是由合规性监管转向合规监管与风险监管并重；二是完善监管制度建设，提高监管的预见性；三是强化金融机构的信息披露制度，提高市场约束力度。

4. 建立健全监管法律法规，提高监管规范性

我国对农村金融机构的监管法律尚不完善，监管部门应加快对于农村金融监管机构的专门立法，具有针对性地对农村金融机构进行监督管理。参照国际标准的情况下，具体分析我国农村金融机构的特点，做到既向国际经验靠拢也要符合我国国情，不仅符合标准，更要注重实用性、可操作性，建立科学、全面的监管法律制度体系。

4.2 扩宽农村微型金融机构的资金来源途径

微型金融往往带有一定的社会福利色彩，服务对象的特殊性也决定了其资金来源的有限性，所以必须放宽政策，尽可能地扩大其资金来源渠道，保证农村微型金融的可持续性。

1. 打破只贷不存模式，实现存贷结合，保障微型金融后续发展能力

只贷不存政策很大程度上限制了小额贷款公司的融资能力，给其发展带来了很大障碍。在资本金充足和风险管控系统不断完善的前提下，对经营时间长、规模大的小额信贷公司，可以尝试允许其开展存款业务，或者

允许其发行债券来补充信贷资金，从而有效解决其发展后续资金缺乏问题。

2. 积极引导商业银行进入农村微型领域，强化微型金融机构与银行机构的合作

商业银行进入微型金融领域，可以有效缓解农村微型金融发展资金不足的问题，通过与微型金融机构进行合作，可以进一步激发其发展活力。对一些资金需求比较大或者运作难度比较高的项目，可以由政策性银行或商业银行将部分贷款业务批发给微型金融机构，再由微型金融机构面对分散的资金需求者进行放贷，或者由微型金融机构按照商业原则向银行机构申请转贷，银行机构对其进行市场监管。

3. 不断创新金融服务产品，促进农村微型金融服务多元化发展

在不断发展和完善现有金融服务产品的基础上，试点发展农村青年创业小额贷款、农村妇女小额信贷等多样化的小额贷款产品，积极推动农村金融产品和服务方式创新，一方面努力满足贫困地区农户发展生产的资金需求，另一方面可通过创新的金融产品营销策略扩大资金来源，吸引社会闲置资金。

4. 吸引民营资本

微型金融由于刚刚起步，发展中存在很多制约因素和障碍，所以只有在政策、体制以及具体运作上有所突破，才能使微型金融服务在吉林省更好地发挥作用。尤其是在微型金融资金来源方面，可大力开发民营资金，来源于民，用之于民，而且民营资金更具活跃性，符合微型金融发展本质。当然，在吸引民营资本的同时，也要加强监控，降低风险。

5. 积极调整金融结构

培育多元化的融资渠道，促使不同的金融机构在小微金融服务中找到其定位，使其与小微企业的实际需要相匹配。

4.3 鼓励农村微型金融产品及服务创新

（1）积极发展农村保险事业，降低微型金融运营风险

积极引导保险机构在农村建立基层服务网点，完善农业保险保费补贴政策，针对吉林省特色主导产业，增加政策性农业保险险种，适当提高财政保险补助比例，建立贫困农户发展产业的担保基金。通过发展农村保险事业，解决农村信贷受农业风险影响较大的问题，为农村金融机构化解信贷风险提供机制保障。

（2）设计适合极端贫困家庭需求的微观金融服务项目，提高女性参与者的比例，增强微型金融的覆盖力

经济权利是公民权中的一项重要的权利，金融又是经济的核心，因此获得经济权利很大程度上取决于能否得到平等的金融支持。乡村银行创立者穆罕默德·尤努斯认为，如同人们在衣食住行上享有的权利一样，金融权利也是一种人权，也是一种人的基本生存权利。农民的金融权利便是一种应有的人权，从社会公平正义的角度来说，农民理应获得与其他社会群体平等的金融权利以满足自身发展的需要。贫困社会的穷人和极端贫困者之间也同样存在着社会隔离，这种歧视会将极端贫困者驱逐出微观金融项目，产生社会排斥。国外学者调查也充分说明，最贫困家庭的微观金融参与度要低于那些稍微富裕的家庭，对那些极端贫困的家庭，微观金融的促进作用并不明显。发展微观金融时要注意这种金融排斥现象，在满足极端贫困人群的基本生存需要基础上，与其建立知识共享，向其提供相应的培训，及时调整服务项目满足农户不同的需求，互动发展，真正融入农村特有的文化传统和生活方式中。

Mawa 认为，微观金融提高妇女参与程度，帮助妇女构建社会资本，提高女性的经济地位独立性和社会地位，从而有利于整个社会的贫困减少。伯格曼发现由于就业领域的性别歧视和女性承担的家庭负担，使得女性更易陷于贫困。国内外研究表明，微观金融对于女性参与者有正面溢出效应，微观金融通过使女性获得贷款的机会提高女性家庭决策的影响力，从而提高人力资本的形成比率，帮助女性贫困者脱贫。比如一项乌干达微型金融的案例表明，所有女性客户都报告了收入增长。在我国，不少农村往往是男性承担了外出打工或田间劳动，女性离土不离乡开店或经营其他小买卖，女性获得贷款有助于提高生活水平，改善家庭地位。

农村个体小工商户一般收入少，不稳定，受外部经济因素影响比较大。一旦其从事的行业有波动或者生活成本增加，他们就不得不转行以增加收入，其中大部分人转向了老乡和亲友经营得比较好的行业。根据一份 2009 年对农民经营与信贷状况的调查研究报告：由于农民薄弱的经济基础和较低的受教育水平，缺乏创业资金和较高的技术水平，很多农民只能投资资金需求小且风险低的行业，例如零售业、餐饮业、小地摊等。

佳和超市某女老板娘，之前在安徽老家种田，2004 年开始经弟弟介绍开超市；家中有负债情况，负债原因是开店借钱，开店成本5万~6万元，向亲朋好友借得；房租7000元/年，和老伴两人的生活成本是400~500元/月，还另收每月40元的垃圾费；一般不会出现资金周转不灵的情况，按现有的收入来进货，精打细算。

有一定数量的工商户具有贷款需求，但基本上是向亲友及同乡借贷，对向银行，以及其他贷款机构借贷的流程及相关信息不了解，且对向银行及其他贷款机构借贷有一定的抗拒心理。由于中国人长期缺乏个人信贷的意识，以及受亲缘关系的影响，无利息、无抵押、无担保的“三无”贷款成为亲友间拆借的最常见方式。如经营状况不稳定，进货时出现资金缺口，借贷需求比较高，但更多靠赊账进货缓解短期的资金周转困难。

某经营村口小炒饼摊店女性，开小炒店至今已经两三年，偶尔卖炸鸡腿，经朋友介绍从事该行业，因家中盖房子、孩子上学（一个大学，一个高中），经济拮据；小店的投资成本是1000元，向亲友借贷；小炒店税收150元/月，房租80~90元/月，在旺季经常会出现资金周转不灵，需借钱进货，待旺季后不定时还款。

政府应审查国家法律法规和体制框架，为生活在贫困之中的人，尤其是妇女，提供合理的信贷条件，以她们负担得起的信贷，促进她们去实现现实的目标；设立和加强组织化的信贷系统来为生活在贫困中的人和弱势群体提供信贷及相关服务的人提供奖励；依托现有的金融网络并逐渐扩大，形成有吸引力的储蓄机会并确保（弱势群体可以在）地方一级公平地获得信贷，满足其基本的生存条件及生活消费，提高农户收入水平，为真正实现现代化提供基础。

4.4 开放民营资本金融微型金融服务领域

近年来，我国一些村镇的微型金融、村镇银行等已出现了一些民间资本的介入，取得了一定的成效。

（1）促进了金融机构的多元化

多年来，银行业金融市场主要以中国工商银行、中国农业银行、中国银行、中国建设银行四大家为主，占领了金融市场存款和贷款，存贷结构不尽合理，并且服务对象以国有大型企业为主，使投资少、机制活、见效快的小型（微型）企业、个体工商户以和数万农户被拒之门外。担保公司、小额贷款公

司、村镇银行、农村资金互助社的成立，一方面弥补了县域金融机构撤并后县域金融服务的缺失，促进了金融机构的多元化；另一方面，这类金融组织对本地中小企业和农民的信息具有比较优势，有的机构还是专门为缓解小型企业和农村地区融资难而设立的，其主要业务对象是中小企业和农村，有效缓解了中小企业和农民等弱势群体的融资难问题。

（2）开拓了民间资本投资的新领域

金融市场投资渠道单一的制约因素，居民可选择的投资品种不多，严重制约了民间资本作用的发挥。民间资本介入微型金融领域，可以使大量民间储蓄资金完成向金融资本的转化，不仅增加了民间投资收益，还发挥了金融杠杆作用，避免了民间资本集中在股票、房地产市场。

（3）有效提升了地方性法人金融机构的工作效率

国有商业银行拒之门外的小型企业、微型企业和广大个体工商户、农户不得不求助于农信社、城信社，因此地方性法人金融机构具有充足的客户源，导致竞争意识淡薄，工作效率低下。在微型金融组织进入金融市场后，微型金融组织为了占领一席之地积极开拓市场，发展客户，优化服务。地方性法人金融机构在激烈的市场竞争压力下，不得不改进工作方法，提高工作效率和服务质量。

当然民间资本介入微型金融领域还会存在很多问题，需要规范发展和规范监督。

第一，资本的逐利性给金融稳定带来风险。调查显示，微型金融组织的资金主要来自民间，资金成本与经营风险较大，具有追求利益最大化的风险特征，甚至部分民间资本进入微型金融领域动机不纯，存在一定的金融风险隐患。个别股东在短期内收益较低的情况下会立马撤资，将资金投向别处，导致个别微型金融组织运营困难，给金融稳定带来一定风险。

第二，运营成本过高导致贷款利率较高。目前，小额贷款公司在公司性质上处于金融企业和工商企业之间的“边缘”企业，税务机关对其按工商企业对待，要负担5.6%的营业税，25%的企业所得税以及其他地方税赋，和正规金融机构相比赋税压力较大，机构和业务发展的成本较高，赢利空间有限。因此，小额贷款公司在以自有资金发放贷款，业务规模有限的情况下，综合考虑资金成本、营业费用、资金收益等因素，只能将利率上浮到国家政策允许的最高额度，以扩大收益。

第三，微型金融机构风险控制能力较弱。一是人才匮乏。很多从业人员都是通过临时招聘而来的，缺乏专门的风险分析管理人员，对公司生产经营风险难以识别，只能根据经验和决策层的意愿对业务开展做出决定，很难在决策前后做出较好的风险评价。二是制度管理不完善。调查显示，大多数担保公司和小额贷款公司没有建成良好的内控机制，组织管理规章制度只停留在字面上，未落实在实际工作中，在财务管理、业务流程设置、用工制度、风险防范、奖惩机制、信息化等方面缺乏健全的规章制度，这些都影响公司业务发展。

第四，微型金融机构监管主体不明。目前，我国民营金融还没有真正纳入监管体系，也没有法制化的准入、运营、退出及风险防范机制。从调查情况看，白银市融资担保公司的审批和监管主要由白银市政府工信委负责，而在实际工作当中政府部门也是重视机构的审批设立，轻视监管。这使得担保公司像普通公司一样完成工商注册就可以开业，从事着金融行业却游离于央行和银监会的监管之外。同样，小额贷款公司的组织形式被界定为一般工商企业，其设立由省政府金融办审批，而地市州金融办只是对其经营运行进行一般的风险警示，无法做到专业监管，小额贷款公司的外部监管体系任需进一步完善。

为促进民间资本介入微型金融领域健康发展，提出以下建议。

首先，鼓励民间资本介入微型金融领域谋求发展。

鼓励和引导民间资本进入金融服务领域，允许民间资本兴办金融机构。在加强有效监管、促进规范经营、防范金融风险的前提下，放宽对金融机构的股比限制。支持民间资本以入股方式参与商业银行的增资扩股，参与农村信用社、城市信用社的改制工作。鼓励民间资本发起或参与设立村镇银行、贷款公司、农村资金互助社等金融机构，放宽村镇银行或社区银行中法人银行最低出资比例的限制。允许小额贷款公司按规定改制设立为村镇银行，并适当放宽小额贷款公司单一投资者持股比例限制。鼓励民间资本发起设立金融中介服务机构，参与证券、保险等金融机构的改组改制。支持民间资本发起设立信用担保公司，并完善其风险补偿机制和风险分担机制。

其次，完善民间资本介入微型金融领域的配套扶持制度。

一是强化针对微型金融组织的财政税收支持。重视财政税收政策与金融政策的协调配合，加大对西部地区财政政策的支持力度，为微型金融组织发展创造有利条件。二是有条件地减征营业税、免征所得税、给予税前拨备优惠、实行梯次性税收减免等政策，如对小额贷款公司的涉农业务实行与农村信用社同

等的财政补贴政策。三是逐步放开微型金融领域的资金价格管制，赋予微型金融利率水平的决定权，保证其成本与收益的统一。四是拓宽微型金融组织的后续资金来源，保障其健康可持续发展。五是建立健全征信法律制度，完善社会信用担保体系，尽快出台完善《征信管理条例》及相关规程，为微型金融组织提供全面翔实的信息查询服务。

再次，提升民营微型金融组织自身素质和市场竞争力。

一是民营微型金融组织应当通过引进专业金融人才，开展专业培训等方式，提升从业人员业务素质，为提高业务水平提供坚实的人才基础，不断提高市场竞争力。二是民营微型金融组织应当按照《公司法》和《公司章程》的有关规定，建立董事会构成和股权构成的权、责、利相一致的现代企业制度，健全既相互制约又相互协调的法人治理结构和风险可控、收益可靠、措施得力、制约有序的风险管理控制体系，在追求短期收益的同时必须注重稳健经营和长远利益，从而确保经营管理的安全性和收益性。

最后，强化民间资本介入微型金融领域的市场监管。

一是明确微型金融机构的监管主体、监管职责、监管权利。合理调整微型金融机构的市场准入标准，严格高级管理人员的任职资格管理，明确规定禁止成为发起人或控股股东的各种情况，并审查微型金融组织经营管理者的信用程度和金融从业资格。二是建立起差异化的最低资本额调控机制，允许微型金融组织的注册资本根据各地经济发展程度而有所区别。三是对微型金融组织采取个性化处理，实行统一监管框架下的差别化分类监管。对吸储类微型金融组织采用审慎性监管，对非吸储类微型金融组织采用非审慎性监管。四是严禁民营资本借入股银行业机构从事关联交易，严格执行所有权、经营权分离，防范微型金融组织的经营风险。五是建立健全依法兼并、联合、重组以及强行清理、关闭等形式的民营金融机构市场退出机制。

4.5 构建农村微型金融风险防范的外部监管体系

1. 转变监管理念

我国农村金融监管体系建设具有复杂性和长期性，要在现代监管理念的基础上，立足于农村金融的实际情况，实现“三个转变”。一是由合规性监管转向合规监管与风险监管并重；二是完善监管制度建设，提高监管的预见性；三是强化金融机构的信息披露制度，提高市场约束力度。

2. 建立健全监管法律法规，提高监管规范性

我国对农村金融机构的监管法律尚不完善，监管部门应加快对于农村金融监管机构的专门立法，具有针对性地对农村金融机构进行监督管理。参照国际标准的情况下，具体分析我国农村金融机构的特点，做到既向国际经验靠拢也要符合我国国情，不仅符合标准，更要注重实用性、可操作性，建立科学、全面的监管法律制度体系。

3. 推动农村金融机构内控制度建设

金融机构内部控制是银行为实现经营目标，通过制定和实施一系列制度、程序和方法，通过三个方面的努力（即事前防范、事中控制、事后监督）对风险进行防范的机制。对于农村金融机构而言，内部控制制度的建立与完善尤为重要。内控机制不严的例子，如陕西棣花信用社储户存款被冒领、储户存款丢失等现象的发生，凸显了农村金融机构的混乱管理局面。监管部门在此方面，应严加惩处。规范和引导农村金融机构走向合理、科学的内部控制机制，使得农村金融机构懂得“良好的信用，永恒的财富”这句话的真正含义。

4. 加强信息披露制度

监管机构应建立更加明确的信息披露制度，强化其强制性与义务性。对于达不到要求或者虚假披露的机构给予严厉的惩罚，力求做到全面、及时、准确的信息披露。可以区分不同的金融机构主体的披露程度，可以根据区域、规模、业绩、发展阶段、定量与定性等要素或方面进行信息披露的程度划分，以体现其合理性与科学性。

5. 控制微型金融风险，防范农民的政策依赖行为，保证微观金融的可持续性

微型金融面向的是农村里更为弱势的贫困农民群体，其贷款和服务因而具有金额小、成本高、风险大的特点。微观金融机构在减少贫困和经济可持续性之间往往存在着两难选择。2003 年迪弗洛创建了贫困行为实验室，通过大规模的随机田野实验来评估各种减贫政策，发现由于农村地区的小额贷款债务常常因为政治因素而取消，在印度、孟加拉等国家，农民普遍有这样一种思维：如果欠债时间够长，那么这笔债务可能会由政府来偿还，这种情况下小额贷款公司贷款金融风险控制往往陷于困境。要达到降低交易成本，控制金融风险，实现盈亏平衡的可持续性目标，微型金融机构必须要有独特的技术和管理手段。金融机构在发展微型金融服务，应借鉴国内外经验，加强对风险的控制：

一是可以运用小组联保贷款、动态激励、分期还款等新型金融合约方式，较好地克服信息不对称障碍，保证较高贷款偿还率。二是引进运营效率评价的指标体系，用技术模型计算微型金融机构的服务覆盖率、资产收益率等指标，平衡扶贫目标和赢利目标。三是借鉴运用国外成功的经验，如会员制度、集体担保制度、项目考核制度、贷款期限管理制度等，提高资金风险管理能力和识别能力。

4.6 培养微型金融人才

广泛开展技能培训，提高贫困农户及小微企业自我发展能力。微型金融为贫困农户和小微企业发展提供了资金支持，提供了发展的机会，但借款人若无一技之长，没有好的技术和项目，也难以实现脱贫致富，所以要大力开展技能培训，提高贫困人口发展能力，只有这样才能使农村微型金融更好地发挥作用并且得到更好的发展。

（1）以服务新农村建设需要为目的，培养好农村小微型金融人才

政府要对农村经济、农村社会、农村金融认真调查和研究，了解把握现在农村小微型金融的表现和发展规律，构建农村小微型金融人才培养体系。首先，农村金融要树立开放的人才培养观念，加快小微型金融人才的知识、技能更新，跟上现代金融研究与发展的步伐，实现与社会资源的共享。其次，立足现有的农村金融从业人员，通过内部挖潜、岗位交流、轮换，培养一专多能的小微型金融人才；强化专业特长培养，特别是针对小微型金融服务的特色培养，将熟悉小微型金融服务的人才调到合适的工作岗位，做到人尽其才，才尽其用。最后，坚持人才选拔和系统培训相结合的原则。农村小微型金融机构不仅要对系统内现有员工进行培训教育，还要吸引优秀金融人才到农村工作，特别是引进既具备金融知识又熟悉农村小微型金融服务的高级管理人才。

（2）地方高等院校承担起农村小微型金融人才培养职责，加强产学研合作

地方高校要结合自身学生培养目标，为地方经济输送合适的人才；要加强与农村金融系统的合作，提供农村小微型金融人才培养教育，培训大批了解地方经济特点、熟悉农村小微型经济特色的高素质专业金融人才，保证为农村金融输送留得住、用得上、懂技术、善管理的实用小微型金融人才。有条件的高校可以按照农村金融需求开设相关专业课程，开展订单式教育培训，培养高素质、高技能的小微型金融人才。农村金融机构可以和高校合作，有计划地选拔

农村金融体系中的优秀员工到大学深造，为农村小微型金融发展培养骨干力量。高等院校的金融相关研究机构要做好服务农村金融的工作，主动开展为农村金融市场提供业务培训和技术服务等工作，特别是提供适用于小微型经济的金融服务。鼓励高校的金融专业教师为农村金融体系提供小微型金融服务新业务和新金融产品的研发与论证，提供金融机构的咨询和培训等服务工作与技术支持。

（3）创造良好信用氛围，改善农村金融环境

政府作为农村金融制度和政策的制定者，是良好农村金融环境的主导者。政府要明确相关技术的基准，建立与完善和诚信相关的法律法规。在政府的有效管理和引导下，努力建设以道德为支柱、产权为基石、法律为保证的新型信用制度。相关政府部门许诺的牵涉农村金融方面的各项政策，要认真落到实处，积极打造“信誉”政府。健全金融机构信用体系，使农村金融机构从业人员具备基本的职业道德和职业能力，提升信用服务质量。加强农村金融机构诚信的企业文化建设，增强农村金融服务新农村的主人翁意识。农村金融机构对农业、农村和农民承诺的贷款及金融优惠，要贯彻落实执行，逐步建立起农村金融机构诚信体系。认真引导农村小微型企业和个人诚实守信，合法利用现代化的信息技术，对各类客户的经济情况、收入来源、守信状况等重要信息做出及时有效的记录。

（4）丰富农村小微型金融人才的培训方法

农村小微型金融服务要在政府的主导下，依托高校的培养优势，结合农村实际，因时因地开展培训。在培训内容方面，通过认真开展农村小微型金融人才使用状况调查，根据农村金融系统的个性化需求和小微型经济的金融服务要求，合理设置培训内容。突破培训空间上的限制，深入各农村金融机构举办培训班进行小微型金融人才培训。通过区分不同培训对象设定培训内容，对不同的小微型金融服务进行个性化培训。这样既可以节省培训费用，又能确保参加培训人员的有效学习。另外，在不定期的调研和培训过程中，对在实际中遇到的各种问题，认真分析并及时反馈解决方案等信息，让全体农村金融系统共享成果。

随着农村经济的发展，对农村微型金融服务机构提出了更高的要求，这需要我国的微型金融机构跟上时代的步伐，在不断进行农村金融服务更新的同时，加高服务的质量与效率，做到有效服务、科学服务；同时，加强金融监管

部门的监管，对于已经涉及的领域进一步完善，对于还没有涉足的领域，不断地进行法律法规的补充，完善农村金融监管机制。随着我国金融体系的不断完善，农村经济这一广阔的市场必将被激活，发挥其应有的生命活力。微型金融机构的不断发展与完善，民间金融的合理引导，农村金融服务水平会不断得以提高，农村经济的发展也会随之更上一层楼。

关于在抚松县万良镇仁义村成立小额贷款公司的探讨

齐浩志[1,2]

（1. 吉林省金融文化研究中心，吉林长春，130028；
2. 长春金融高等专科学校金融系，吉林长春，130028）

2014 年 7 月 27 日，长春金融高等专科学校师生对抚松县进行了深入的调研，经过深度访谈和事后整理，我们建议在抚松县仁义村成立抚松县仁义小额贷款公司。

1 成立仁义小额贷款公司的地理优势

抚松县是全国的“人参之乡”和国家100个特产县之一，以人参为主的中药材生产已经是支柱产业，人参产量占吉林省人参总产量的46.7%，占全国人参总产量的22.8%，万良镇人参栽培面积及产量居全县之首，被国内外誉为“参乡明珠”。现有镇、村参场23处，人参生产专业户1246户，占总户数的26%。人参以支头大、质量好而畅销国内外。

抚松县万良镇内有亚洲第一、全国最大的人参专业市场——万良长白山人参市场。人参制品远销8个国家和全国36个省市。而小镇其他林下资源也特别丰富，有山芹菜、猴桃、原蘑等绿色食品，有五味子、天麻等珍贵滋补品，还有梅花鹿、林蛙等野生经济动物。是全国小城建设500个试点镇之一，2004年被评为省级“环境优美镇。”万良长白山人参市场立足资源优势，以“创品牌、塑精品”为宗旨，在人参销售旺季（每年的8月至次年的4月），每天参加市场交易的人员达2.5万人次，市场年销售鲜参3200万千克，干品850万千克，市场全年交易额达25亿元。

抚松县万良镇仁义村位于万良长白山人参市场旁，该村270户农户以人参深加工为主要收入来源，因此资金需求较大。另外，该村为吉林省信用村，该村目前未发生过不良贷款，信用状况良好。

2 成立仁义小额贷款公司的必要性

经过调研发现，仁义村村民目前的融资现状存在以下几个特点。

1. 经营具有季节性，资金需求较短

人参销售旺季为每年的8月至次年的4月，据白山市金融办介绍2013年8月至次年4月的销售额为20亿元左右，销售量可观。调研组到仁义村实地调研发现，该村资金需求月份主要集中在每年7月至次年4月，其他月份资金可

以自给，因此季节性需求明显。

2. 经营周期性一定，利润由资金量决定

农户主要经营方式为人参深加工，主要以洗参、晾晒、烘干为主，工序时间是一定的；另外，产成品销售为供方市场，需求大于供给，无滞销现象发生。根据以上两点，可以确定原材料采购是农户资金需求主要原因。因此，在加工时间一定、市场需大于求的情况下，用于采购原材料的资金越多，加工利润也就越大。

3. 金融机构信贷产品无法满足农户需求

经调研，目前金融机构信贷产品可归纳为抵押和保证两种方式。抵押类贷款目前无法满足农户需求，主要原因是农户无法提供有效抵押物。保证类贷款只能满足一小部分农户需求，无法满足大多数农户。目前保证类贷款分为信用和联保贷款，其中信用贷款最高额度为 5 万元（目前金融机构正研究上限为 30 万元的信贷产品）无法满足农户生产需求；联保类贷款，虽然上限可做到 20 万元，也无法满足农户生产需求。与此同时，联保类贷款还存在联保风险。如果参价下降时其中一个联保户无法偿还，会影响整个联保体，增加联保人负担。因此以上两种产品满足不了农户资金需求。

4. 民间借贷资金量较大，且不规范，易发生风险

经调研，目前仁义村民间资金活动较为活跃。

首先，资金成本较高。目前该村民间借贷的融资成本在月利率 3% ~5% 之间（年化利率为 36% ~60%），而农户利润率仅为 30% 左右，因此高利贷行业谋取了农户大部分利润。

其次，该村民间资金来源主要为经济条件较好的个人，因此为非法集资创造了条件。因为个人投入资金在 5 万 ~50 万元，均为个人积蓄；而农户所需资金一般在 50 万元以上，因此农户至少需要在两个以上的投资人处借款。为了减少借贷手续、中间人员和借贷风险，会出现资金中介者。资金中介者为资金供给方和需求方提供桥梁，最终促使资金中介者向资金供给方融资，向资金需求方贷款，形成一个多点对一点、一点对多点的借贷关系。

最后，若参价发生波动，极易引起规模性偿债风险。目前参行价格处于上行期，所有农户尚无亏损情况发生。倘若参行出现下行，会导致农户出现损失，如果价格波动较为剧烈会导致农户无法按时偿还民间借款。当民间借款无收入来源可以偿还时，利息成本会导致农户雪上加霜，最终形成规模性偿债

风险。

因此，目前仁义村及周边地区的民间借贷正处于风险潜伏期，缺乏有效的引导和规范。此种民间借贷因其缺乏监控、体外运行，也可以定性为影子银行中的一种，极易引发风险。

3　成立仁义小额贷款公司的可行性

国家政策支持小额贷款行业。第一，经济发展要求政府支持小贷公司。从理论上来说，金融抑制问题是政府支持小额贷款公司的主要因素。因为我国目前金融发展不足且效率低下，从而导致整个社会投资机会不能够充分发挥，最终造成了我国结构性经济问题的出现，全社会经济发展受到抑制。即便资金供给具有充分保障，也不能改变现状。政府目前正在通过推动小额信贷制度的创新来打破传统金融体制和制度模式，小额贷款公司的发展对于孵化和构建中国特色的金融体制具有重要战略意义。第二，金融稳定需要小额贷款公司。仁义村目前这种高利贷现象已经成为我国经济发展过程中的常态，为了促进金融稳定，政府想利用小额贷款公司的特殊性，将多年来难以管理的民间借贷纳入合法、规范的轨道，促进民间金融合法化进程。第三，可以有效引导和监管民间资本、降低农户融资成本。小贷公司的成立有利于引导民间资本合理借贷，同时通过小贷公司规范经营降低风险，从而降低融资成本。

以直接融资促间接融资发展

徐伟川[1,2]

(1. 吉林省金融文化研究中心，吉林长春，130028；

2. 长春金融高等专科学校金融系，吉林长春，130028)

2014 年 7 月，我们到通化市做“普惠金融”发展状况的调研，并与当地政府及金融机构的有关人员座谈。在座谈中，通化金融办主任牛斯文的介绍给我留下了比较深刻的印象。

1　对于普惠金融的理解

通常人们对普惠的金融的理解是：为广大中、低收入阶层甚至是贫困人口提供机会，为贫困、低收入人口和微小企业提供可得性金融服务。因此普惠金融工作的重点放在扩大金融机构的覆盖网点、开展业务创新，为中低收入人群、农民和小微企业提供贷款、进行金融知识宣传等方面，目的是为更多的人提供金融服务。而牛主任认为，将普惠金融仅仅理解为银行为中低收入人群和小微企业提供贷款等金融服务过于狭隘。

牛主任认为，对于普惠金融的理解我们不妨换个角度考虑，普惠金融我们可以理解为让更多人从金融中获益，而这种获益最直接的表现就是利用金融获取收益，简单说就是让老百姓可以利用金融让自己的腰包鼓起来。因此，通化市普惠金融的特点就是“反弹琵琶——以直接金融促进间接金融”。通化市金融办将主要精力放到直接融资上、放到公司上市上，通过直接融资带来增量资产，进而拉动或带动间接融资。同时，还可以通过资本运营惠及老百姓，比如通过通化东宝、通化金马、通葡股份等公司的上市已经为通化市打造了上千个百万元户。

根据牛主任的介绍，通化全市有股东人数在200人以上的股份公司53家，市金融办准备在未来的1~2年内使其中的20~30户走向资本市场，这样金融办可以在未来的3~5年内为通化市带来200亿元的增量资产。其中100亿元是通过公司上市为企业直接融资获得，另外100亿元是老百姓手中的30亿元股票上市后，市值将超过100亿元。这样百姓富裕起来后就会有消费、投资、存款，就可以用直接融资带动间接融资。

2　利用资本市场解决小微企业融资难的问题

小微企业融资难的问题，是当前我国经济面临的一个主要问题，也是普惠

金融要解决的问题之一。通化市解决小微企业融资难的做法是更多地利用资本市场融资，这与当前主流的解决渠道正好相反。

目前企业融资的模式主要有两种，一种是以美欧为代表的西方模式，在这种模式中直接融资占80%左右；另一种是以日韩为代表的东方模式，在这种模式中直接融资占30%左右。东方模式的优点是可以集中全国之力扶持某一个或几个企业快速发展，缺点是风险集中于国家层面上，金融系统一旦出现问题，对社会经济的影响较大，解决较为困难。两种融资模式可以说各有利弊，但我国的直接融资只占全国融资总量的7%～8%，相对于两种模式来说，直接融资所占比重都过低，因此，从金融长期、稳定、安全的角度来看，我们应该增加直接融资比重。中国的资本市场才刚刚起步，发展空间很大，因此直接融资的发展将越来越大。

资本市场是一个多层次的市场，不仅要有为大中型企业融资提供服务的主板市场，还要有为小微企业提供融资服务的三板市场。国务院提出要发展多层次的资本市场、资本市场要为实体经济服务、为小微企业服务、为现代农业服务。目前，我国为小微企业提供融资服务的资本市场主要有两个：一个是全国中小企业股份转让系统；另一个是区域性资本市场，比如上海股权托管交易中心。因此，利用资本市场解决小微企业融资难的途径有两个：一个是利用现有资本市场进行融资，另一个是发展自己的区域性资本市场。

通化市选择利用现有的资本市场为本地小微企业进行融资。为此，通化市国有资产经营公司于2012年投资设立国有独资公司——通化双基证券咨询有限公司，该公司的主营业务是企业上市指导、策划、推荐、股权转让、股权投资、企业并购、重组咨询等。2012年7月通化双基证券与上海股权托管交易中心正式签约，成为其会员，拥有向其推荐公司挂牌的资格，是目前东三省唯一一家和上海股权托管交易中心合作的企业。目前，通化双基证券已经推荐6家企业在上海股权托管中心挂牌。通化市政府通过通化双基证券作为企业上市融资平台，为当地企业利用资本市场融资提供便利。公司计划在未来1～2年可以实现2～3家企业IPO上市；3～5年内可以使30家企业在新三板上市并使其中的5～6家企业实现转板上市。公司还密切关注互联网金融，谋划在上海自贸区注册互联网证券公司，利用自贸区本外币可自由兑换的有利条件，为通化融入更多资金。

3 通化普惠金融发展的启示

牛斯文主任对通化市普惠金融发展情况的介绍，给了我很大的启发，主要有以下三点。

1. 对普惠金融内涵的理解，不能局限于银行

金融是一个大的概念，不仅包括银行，还包括证券、保险、信托等方面。因此，对普惠金融中提到的为贫困、低收入人口和微小企业提供可得性金融服务不应该仅仅局限于银行提供的金融服务，还应该包括非银行金融机构提供的金融服务。

在这次普惠金融的调研过程中，各地相关负责人对于普惠金融发展情况的介绍都是集中于当地的银行类金融机构做了哪些工作，参加座谈的机构也同样只来自银行，似乎普惠金融就是银行的工作。而从我们调研了解到的结果来看，百姓对于金融服务的需求不仅仅局限于银行提供的金融服务，还包括其他金融服务。比如，我们在农村调研时，很多农民都表示农业保险缺失。现有的农业保险只能按照土地面积做固定金额的保险，保额很低，无法满足农民的需要，一旦发生灾情，根本无法弥补农民的损失。再比如，农村担保机构不足，无法给有需要的农户提供足够担保，使得他们无法获得足够的银行贷款。这些情况都说明百姓需要的不仅仅是银行提供的存取款、贷款、支付等金融服务，还需要其他金融机构提供相应的金融服务。

2. 利用直接融资解决小微企业融资难的问题

小微企业融资难的问题，是我国当前经济发展需要解决的一个重要问题，也是普惠金融发展核心问题。受限于我国资本市场发展的实际情况，我们更多的是从间接融资的角度考虑解决这一问题的方法。通化市利用资本市场，以直接融资促进间接融资发展的思路无疑给我们提供了一个解决小微企业融资难的新途径。利用资本市场为小微企业融资，不仅可以在一定程度上直接满足小微企业对资金的需求，而且通过自身财务状况的改善也能够更容易获得银行贷款，进一步满足小微企业的资金需求。这种做法一是可以促进我国小微企业的发展，促进市场经济体系的完善；二是可以促进我国多层次资本市场的发展，促进我国资本市场的完善；三是可以将风险分散于全社会，在一定程度上避免风险过度集中于银行系统而给我国经济带来的潜在风险。

3. 因地制宜发展普惠金融

“解放思想、实事求是”是我们一贯坚持的方针，在发展普惠金融的过程中，我们也应该坚持这一方针。通化市“反弹琵琶——以直接金融促进间接金融发展”的思路取得了成功，对其他地区普惠金融发展起到了很好的示范作用，但这并不意味着其他地区也要盲目照搬，将精力放在推动企业利用资本市场直接融资进而促进普惠金融发展这条道路上。我们应该根据各地的实际情况，按照各地不同的经济特色，解放思想，发展各具特色的普惠金融发展之路。

4 对通化市普惠金融发展的建议

通化市普惠金融的发展走出了具有自己特色的道路，但其中仍然存在一些不足，对此笔者提出以下几点建议。

1. 发展直接融资的同时，重视其他金融机构的发展

前面笔者所提到的，农业保险缺失、农村担保机构不足等问题，在通化市同样存在，因此我们在发展直接融资的同时，也要重视保险、担保、信托等其他金融机构在普惠金融发展过程中的作用。推动金融体系整体的发展为更多有需要的百姓提供足够的金融服务。

2. 警惕资本市场存在的潜在风险

资本市场的风险是普遍存在的，尤其对于小微企业所在的三板市场来说，其风险更大。因此，我们在发展直接融资的同时，不能忽视资本市场存在的潜在风险。我们应该加强对投资者的教育工作，使他们充分认识到资本市场的风险性，并指导他们做好应对风险的准备。同时，政府也应该制定相应的风险防范及善后措施，以便在风险发生时可以从容应对。

3. “走出去”与“引进来”相结合，吸引外地资金投资

通过现有的资本市场进行直接融资，因为其融资成本相对较高，可以说是一种无奈的选择。因此，我们在“走出去”的同时，还应该加大引入资金的力度，通过加大宣传力度、制定地方性的优惠政策等方法，吸引风险投资基金、股权投资基金等资金进入通化市场进行投资。现有的已经走向资本市场的企业就是很好的宣传品牌，可以为外地资金的进入起到很好的示范作用。我们可以利用这些成功案例的示范作用，加大宣传力度，使更多的资金拥有者更好地了解通化、了解通化的企业，为本地企业的发展提供更好的融资平台。

蒙古现代银行业发展情况综述

王　帅

（1. 吉林省金融文化研究中心，吉林长春，130028；

2. 长春金融高等专科学校科研处，吉林长春，130028）

摘　要：蒙古在经济转轨以前所有金融业务均由国家银行控制，自1991年开始，蒙古把单一银行系统改为二级制，划分出一家中央银行及数家商业银行，此后，随着相关法规之修订与开放，许多民间商业银行纷纷出现。

关键词：蒙古　现代　银行业

1　银行业现状

蒙古在经济转轨前，所有金融业务均由国家银行控制。由于当时有关银行成立细则、银行运作及管理等相关法规并不成熟，致使1996—1999年爆发严重的银行危机，当时造成很多银行破产倒闭。不过，蒙古政府在危机中也吸取了教训，并且自开始之初即努力改善经营环境，加强银行监督工作，另一方面持续银行私有化的政策，减少政府对银行的干涉。

目前，蒙古国内商品与服务价格稳定，各种形式的金融服务与商品被引进，这些因素助长经济的成长。2002年年底，蒙古银行外汇储备达2.2587亿美元，较2001年增加了41.2%，足够应付17个星期的进口支付。银行活动与金融指标已趋稳定，2002年年底，被银行归类为拖欠还款的金额为1660万蒙币，占总借款额的7.2%，比过去各年度下降。银行资产额较2001年增长了48.2%，达4930亿蒙币，占蒙古GDP的40%。基于信用环境的改善，国内银行系统的存放款升至蒙古银行金融业历史上的最高点。2002年年底，个人与公司存款达2824亿蒙币，较上年同期增长了61.5%。虽然蒙古近数年来一直发生多种自然灾害，严重打击了蒙古畜牧业与国家经济的发展，但相形之下，蒙古金融与财经领域在这一年却取得显著的发展。2006年蒙古国银行业总体状况得到了较大的改善。蒙古银行业的总资产量和贷款量与2000年相比分别增加了9倍和16.5倍，坏债比例2000年为22%，而2006年则降到了6.1%。存款量在2000年年底为1280亿图，2006年8月达到了12000亿图，增长了9.2倍。此外，蒙古银行开始向黄金开采者购买黄金，蒙古外汇储备达到4.67亿美元，达到了2003年12月偿还俄罗斯债务前的水平。目前蒙古国的外汇储备能够满足国家17个星期的进口需求，为蒙古国历史上的外汇储备最高点。由此可见，蒙古中央银行很好地执行了对商业银行监督的任务，2000年以来没有任何商业银行倒闭，并且财政能力没有下降。

2 银行面临的竞争

由于银行产业急促发展，也加剧了银行间的竞争，目前蒙古商业银行共有16 家，透过分布在全国各地的 550 家分支机构进行服务。由于近两年增长了两倍，16 家银行的总资产值达到 4800 亿蒙币，各银行为扩张其业务，竞争激烈。因此除了宣传和调整利率的传统方式来吸纳客户外，引进各种新型式的服务成为各银行在竞争中运用的最显著手段之一。自 2002 年 Capitron、Golomt 等银行开始引进网上银行与电话银行等电子银行新服务，VISA（维萨）、MasterCard（万事达卡）等信用卡服务用户也大幅成长。贸易发展银行与 Golomt 银行（最早引入国内与国际信用卡服务的银行），2001 年年底时持卡总人数约为 3000 人，到 2002 年年底贸易发展银行光在乌兰巴托市的持卡客户就突破了 1 万名，另在鄂尔浑省也有 6000 名。一些商业银行也一改保守态度开始向牧区及中低收入客户提供特殊贷款服务。

表 1　　　蒙古银行与非银行金融机构放款利息（年息）比较

商业银行	放款平均利息（%）		非银行金融机构	放款利息（%）
	蒙币	外币		
Golomt Bank	33.2	21.8	Altai Bayanbogd	48.0 ~ 96.0
Capital Bank（Innovation Bank）	47.6	—	Gobiin ehlel	46.2 ~ 48.0
Savings Bank	26.0	—	Credit Mongolia	24.0 ~ 48.0
Agricultural Bank	34.3	—	Net Mon	24.0 ~ 42.0
Trade & Development Bank	29.7	16.7	ChinggisKhan	12.0 ~ 14.4
Post Bank	38.8	16.9	San Credit	60.0 ~ 84.0
Transport & Dev. Bank	43.0	—	Transcapital	48.0 ~ 72.0
Erel Bank	34.6	33.6	Delger Express	60.0 ~ 84.0
Credit Bank	35.6	29.0	Mon – Arvis	36.0 ~ 72.0
Ulaanbaatar City Bank	35.8	—		
Zoos Bank	44.1	27.6		
Anod Bank	38.8	20.5		

续 表

商业银行	放款平均利息（%）		非银行金融机构	放款利息（%）
	蒙币	外币		
Inter Bank	21.9	24.8		
Capitron Bank	39.3	24.8		
Khas Bank	48.5	—		
Menaten Bank	—	—		

资料来源：www.taiwantrade.mn/report/rp－04020。

蒙古银行制度除分为中央银行与商业银行二级制外，也允许非银行金融机构（前身为信用合作社）从事信贷服务，因此，16 家商业银行除了应付来自同业的竞争外，也要应付来自这类金融机构的压力，截至 2005 年 8 月，取得批准书的单位数量增长了 17%。目前蒙古国共有 133 家非银行金融机构，非银行金融机构总资本额达 300 多亿蒙图，其中 164 亿蒙图为贷款，占贷款总额的 50%，比 2004 年增长了 0.2%。

3 主要银行发展趋势

根据蒙古中央银行法规定，蒙古银行负责执行稳定该国货币图格里克的基本目标。该行系在该国国家大呼拉尔管辖下进行活动的国家机构。该行在自身基本目标范围内，通过稳定金融市场和银行结构，支持本国发展经济。蒙古银行虽是非营利性商业机构，但在法律允许情况下，因自身业务的特点和性质而获得收入，并上交国家预算，从而为该国经济做出了一定贡献。银行过渡到两级结构后（中央银行和商业银行两级，蒙古银行为该国中央银行，16 家商业银行现已均为私有银行），蒙古银行近年所获收益和上交预算数额之高过去从未有过。2000—2002 年，该行净收入达 436 亿图格里克（约 3.3 亿多元人民币），上交国家预算 267 亿图格里克（约 2 亿元人民币），最近决定上交 66 亿图格里克（约 5000 多万元人民币）。蒙古银行根据中央银行法和国际会计和统计标准预先建立了“防止不良贷款资产损失基金会”（社会发展基金会），对本国的国家外汇储备所换算的资产、贵金属和基金进行重新评估，并由该基金会平衡所产生的差额。根据国家大呼拉尔决议，蒙古银行建立之初的注册资金总额规模于2001年增加了40亿图格里克，现注册资金总额已达50亿图格里克（约3800多万元人民币）。蒙古银行在业务范围内产生的纯收入的计算和分配等事宜均根据蒙古国中央银行法和国家会计和统计标准协调，行长依法享有制定管理协调中央银行在执行国家货币政策范围内进行活动所需预算的权力。另外，1997年以来，蒙古银行的业务报告和统计报告均经国际上普遍认可的知名审计公司审计，受到社会各界好评。

3.1 贸易发展银行

蒙古贸易发展银行成立于1990年，是商业银行中的老字号，原系蒙古最大的国有商业银行之一，资产在蒙古现有16家商业银行中高居首位。目前该银行资本额的76%股权为瑞士的BancaCommerciale Lugano和美国的Gerald Metals Inc联合持有，另外的24%股份则为银行员工及公众所有，资产总值1310亿蒙币。

贸易发展银行以现代的经营手法投入蒙古财经市场多年，累积了丰富经验。在机构银行服务、黄金和外汇买卖、货币市场交易、银行卡等方面都处于领先地位。截至2006年9月，该银行的总资产达到了38 350万美元，自有资产4 790万美元，共有18个分行开展业务。贸易开发银行财政活动的一大部分与贸易融资有关。

贸易开发银行对各种经济成分的支持进出口融资方面发挥着重要作用。该行是国际银行注册的会员，目前与世界上140余家银行有往来关系，进行快速的收付服务，不仅是蒙古第一家从事国际通汇的银行，其开具之信用状也受到国际的认可与信任，而且也是蒙古首家单独投入国际外汇市场的银行。

在汇兑服务方面，该行与蒙古邮政和Capitron两家银行合作开办MoneyGram国际汇兑服务，使其服务范围可涵盖全国，也与中国农业银行合作开办人民币汇兑服务，以应付日益增长的中蒙经贸往来。为了对不动产、贵重物品交易提供保障，设置了保管账户与保管箱服务。

该行自1991年起即已引进了美国运通、VISA、Master Card、JCB（吉士美卡或日购卡）等信用卡付费服务，目前并设有10台ATM提款机提供现金提款服务。对该行在蒙古推广信用卡业务所取得的优异成绩，VISA国际机构在2001年给该行颁赠了优秀市场开拓者奖，并在2002年授予其优秀市场经营者奖。与其他商业银行比较，该行相对提供较低的放款利息，并提供三种放款形式。一是以从事生产与服务的企业单位用于周转的贷款，蒙币贷款月息

1.6% ~2.7%，美元贷款月息1.0% ~2.4%，采取固定利息制；二是来自世界银行的贷款，协助增强目前生产服务的能力，更新生产机器设备，改建与装潢工作场所等为目的的贷款，蒙币年息18.25%，美元为9.5%，还有来自德国KFW的援助中小企业低利贷款，年息7.75%，只接受美元贷款；三是提供给私人或公司生意上周转的小额贷款，月息2.1% ~4%。此外，该行最近宣布，自今年开始将推出消费性及房屋贷款。目前该行在Orhon、Darhan – Uul、Domod、Selenge等省份设有分处，在Zamyn – Uud、Darhan、Altanbulag等县设有收付中心。

3.2 Capitron银行

Capitron为蒙古一家较新的银行，但却在众多竞争者中脱颖而出，被评选为2002年度蒙古发展最迅速的优秀银行。Capitron银行最初是以30亿蒙币资本额成立，之后一年多资产总值就累积到190亿蒙币，以一年6倍或每月42%的速度成长，是所有银行中成长速度最快的。目前该行也提供客户网络银行信息服务，客户透过手机或上网而不必到银行即可享受转账、余额查询等服务。该行存款利息大致与其他对手相同，其政策是不以价格来竞争，而以其他各种奖励方式来吸引客户，如举行免费海外旅行、现金、房车等抽奖活动等。最近该行调整了经营方针，转向重视援助中小型企业的放款业务，不久前并把利率平均下降0.3 ~0.5%。该银行的最大目标是以完全西方式的营销管理面貌在蒙古出现。

3.3 Golomt银行

以技术领先，引进最新服务著称蒙古各银行竞争激烈，这种现象可从每天报纸上充斥的银行价格战广告中呈现出来。Golomt银行表示，目前银行间大多只以价格作为竞争手段，Golomt银行的政策则是希望能拿出质量与服务来吸引客户，商业银行是以吸收存款和放款为手段去赚取利润的企业，因此，要不断提供和引进新的服务来满足客户的需求才是制胜之道。Golomt银行除从事一般的银行性业务外，向客户提供了Golomt Master_ am和VISA两款信用卡，以及Western Union的汇兑服务。最近，更进一步引进新系统，推出利用电话或国际网络的24小时Online服务。Mastercard和VISA卡的持卡人，可以享受利用手机进行查询余款等SMS525新服务，企业单位可直接将员工薪资拨入员工的信用卡账户，免去以现金发放薪资的不便。此外，该行现也向客户提供国际标

准的贵重财物保管箱服务。

该银行提供四种贷款服务，例如，为企业单位而设的短期周转贷款月息2% ~3.5%，世界银行的私有化发展放款年息18%，亚洲发展银行的扶助就业机会贷款月息2.2%。

目前该银行的资本总额约有800亿蒙币，其中借款部分占312亿蒙币。除总行外，目前在乌兰巴托有8个收付中心，1个储蓄部门，在Darhan - Uul省和Orhon省各设有一个支行。Golomt银行目前与Credit Suisse，Dresdner，Bank of New York等20余家国际知名银行有直接合作关系。

3.4 Haan银行

Haan银行的全称为牧区产业银行，英译为Agricultural Bank，成立于1991年，自始一直处于亏损状态，并曾面临倒闭，直到2000年8月由美国外援署一组美国银行管理专家接管后，经营才获得改善，2001年第一季开始转亏为盈，2002年年底为止，税前赢利达到20亿蒙币，获利高居同业中的第二位。同时，该银行也是蒙古服务区域最广、客户人数最多的银行，现在更以管理完善、制度健全著称。该行另一特色是服务对象面向全国广大牧民，对帮助偏远传统牧业经济步入市场经济大环境做出了一定的贡献。该银行在国有资产私有化的过程中，2002年年初被日本的H. S. Securities公司以高出底价近一倍的685万美元购得。该银行目前资产总额为500亿蒙币，在全国有355个分支机构，工作人员1500多名。银行新主人表示，将继续与国际货币基金会和亚洲发展银行保持合作，力争在2~3年之后在日本设立分支机构。

3.5 邮电银行

1993年蒙古邮政银行向蒙古中央银行取得许可，当时以5000万蒙币的资本额与11名行员之基础下开展了业务。到2002年第三季度，该银行的资产已达21亿蒙币，另外在全国21省开设了48所服务中心，员工350人，累积利润4.77亿蒙币。

2001年时邮电银行以引进新技术，服务可靠迅速等受到好评，被蒙古商工总会评选为2001年度优秀企业。

3.6 Capital银行

Capital银行的前身为Innovation银行，成立于1991年，亦为蒙古在改制后第一家成立的商业银行。目前该行资产总额达140亿蒙币，其中国家占股

14%，其余股份为大众所持有，存款客户约4000户，除乌兰巴托有四个服务中心外，其他省市也已开设了两个分支部门。最近该行正式把Innovation旧名改为现在的名称，并在经营政策上表现得较前积极，如对个人推出长期房屋贷款，以及对企业界推出以减少进口为目的的长期工商贷款等服务。

3.7 Erel银行

Erel银行于1997年依据蒙古国银行法相关法律成立，目前资产额达26亿蒙币。Erel银行业务除一般往来及存款户外，主要还有为矿业、农业、电力、建筑、科技等事业部门发展提供贷款。1998—2002年透过亚洲发展银行的“增加就业机会”扶助中小型企业发展计划，共向客户借出了189.04亿蒙币。

Erel银行在乌兰巴托市有一家总行和分行，在达尔汗市有两家分行。自1997年成立至2002年，金额往来为8 089亿蒙币，获利12.27亿蒙币，缴付国家所得税高达4.06亿蒙币。

3.8 蒙古储蓄银行

蒙古储蓄银行成立于1996年，是百分百的国有银行。成立初期主要从事居民储蓄、退休金养老金发放、收取使用者住房使用费等业务，经过几年的发展该银行扩大了服务范围、增加了服务种类，已能提供商业银行提供的所有服务。

根据国家大呼拉尔2005年48号决议通过的“2005—2008年国有资产私有化改制基本方针”以及政府2005年8月24日176号决议，蒙古国有资产委员会曾邀请国内外战略投资者参加竞标。后政府宣布无限期推迟储蓄银行投标申请接收日期。直到2006年7月5日蒙古政府会议决定，将储蓄银行改制为有限责任公司，通过国际公开招标的方式进行私有化。蒙古国有资产委员会将通过国内外媒体公布私有化选拔信息。政府确定的最低标价为120亿图格里克。此后，来自蒙古国内、日本、美国、俄罗斯的10家银行、财团投了标。在预审阶段，俄罗斯“对外贸易银行”因其98%的股份归国家所有而被排除。2006年10月25日蒙古国家资产委员会接受了参与储蓄银行私有化招标的五家单位的标书。其中包括资本银行财团、成吉思汗银行财团、“阿诺德—毛尼斯”有限责任公司财团、贸易发展银行、俄罗斯“联盟”银行。通过技术预审，资本银行被排除。而贸易发展银行自动退出。因此，2006年11月2日蒙古国资委向公众揭了剩余三家银行的价格标，分别为：“成吉思汗银行、兄弟

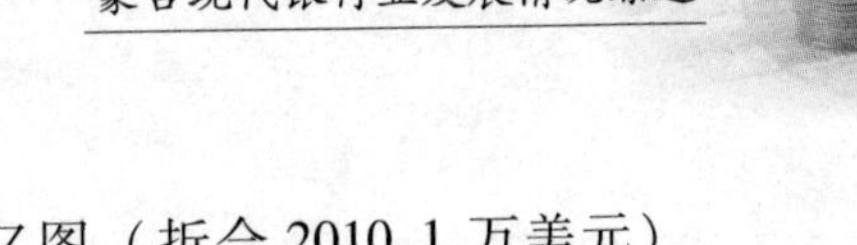

人民银行、蒙古保险”有限责任公司财团234亿图（折合2010.1万美元）、“阿诺德－毛尼斯”财团218亿图、联盟银行1800万美元。最终俄罗斯“成吉思汗银行、兄弟人民银行、蒙古保险”有限责任公司财团以234亿图购买了储蓄银行。蒙古储蓄银行总资产570亿图，评估价125亿图。

参考文献

[1] 于潇．蒙古国经济发展现状评析［J］．亚太经济，2008（6）．

[2] 曲伟，宋魁．东北亚三国经济史［M］．哈尔滨：黑龙江教育出版社，2006.

战后日本金融改革的思考

刘　静

（长春金融高等专科学校　金融文化研究中心，吉林　长春 130022）

摘　要：战后日本金融业在促进经济发展过程中发挥了举足轻重的作用。无论是战后经济高速发展的奇迹，还是失去的15年的磨难，日本金融体制都扮演了非常重要的角色。改革使日本金融体制不断完善，不断促进经济的发展，但同时也存在着一些弊端。

关键词：金融改革　金融大爆炸　不良资产

第二次世界大战以后，日本的金融业主要进行了两次大的改革：第一次是战后经济复苏时期的金融改革；第二次是金融危机发生后的日式“金融大爆炸”改革。这两次大的改革使日本的金融体制不断完善，在很大程度上促进了日本经济的发展。

1　战后经济复苏时期的金融改革

1.1　战后金融体制的特征

战后日本经济处于极端衰败之中，资金十分缺乏，远远不能满足经济恢复和发展的需求。在这种情况下，日本政府为了促进国内经济增长，一方面通过国内国际各种渠道筹措资金，另一方面对国内金融实行严格的金融限制，从而形成了日本的限制型金融体制。

1. 间接金融占主导地位

战后在日本金融中，间接金融占据主导地位。如表1所示，在经济高速增长期的1965—1974年年平均18.8万亿日元的资金中介中，91.7%是通过间接金融完成的；只有剩余的8.3%的资金中介是通过直接金融完成的；在1975—1984年年平均52.2万亿日元的资金中介中，89.7%是通过间接金融完成的，只有剩余的10.3%是通过直接金融完成的。可见，在战后经济复苏时期，日本绝大多数的资金中介是通过间接融资的方式进行的，间接金融的优势引人注目。

表1　　**广义金融市场的资金中介**

单位：万亿日元，%

供应途径	1965—1974年年平均		1975—1984年年平均	
	金额	%	金额	%
国内金融机构	17.2	91.7	46.8	89.7
其中：				
贷款	14.3	76.2	32.0	61.3
有价证券	2.9	15.5	14.8	28.4
国内证券市场	1.0	5.3	3.9	7.5
外资市场	0.6	3.0	1.5	2.8
合计	18.8	100.0	52.2	100.0

资料来源：根据《日本银行月报》各期编制。

2. 金融行政

(1) 金融业务领域的限制

日本的银行业务范围实行严格的分业管制，主要体现在以下方面：长短融资业务分离、银行业与信托业分离、银行业与证券业分离。这是日本独具的特色，在主要发达国家中实属罕见。分业管制也称为行业界限问题，指在各个业务领域之间设置界限，以防其他金融机构参与进来。日本存在着如此根深蒂固的管制措施，是因为其背后存在着日本特有的、以主办银行制度为代表的金融交易惯例。

(2) 利率限制

即对银行存款利率最高限度以及一些贷款利率进行限制。从1970年开始，日本当局对建立在《临时利率调整法》基础上的存款利率上限进行了调整，改为由日本银行政策委员会参照《临时利率调整法》制定并公布的“存款利率指导细则”的上限来确定。[1]与市场利率相比，该上限利率被控制在一个较低的水平上，因此，指导利率本身实际上就是银行提供给存款人的存款利率。

(3) 外汇管制

即对资金的流出流入进行限制，旨在切断国内外金融市场的联系。日本是实行外汇管制比较早的国家之一。1932年7月，日本制定《防止资本逃避法》，实行外汇管理。但是，因其中不完备之处很多，资本继续流向海外，所以，日本参照德国的外汇管制于1933年3月制定了《外汇管理法》，全面实行了外汇管制。《外汇管理法》不仅完全统制资本交易，而且对经常交易也实行管制。在第二次世界大战中，外汇管制进一步加强，直到战后的1947年才部分地放松了对民间贸易的限制。1949年12月，又制定了《外汇及外国贸易管理法》。该法令在当时原则上全面禁止对外交易，其限制色彩很强。这种限制国内与海外的资金交易，分割内外市场的限制，保护了上述的业务领域限制和利率限制这些国内金融市场上的限制，并使其有效地发挥了作用。

3. 主银行制度

在经济高速增长期，主银行制度的优点被明显地反映出来。主银行是对各企业的主要往来银行，具体而言至少符合下列其中一项的银行，可以称之为主银行或主要往来银行。一是在公司的借款中占有比重最高的银行；二是公司最大股东的银行；三是向公司派遣一些人才的银行。在日本，大的企业集团一般都有主银行，就连独立的企业、中小企业一般也具有这样的主要往来银行。[2]

主要往来银行与企业之间的关系是一种互惠互利的关系。对企业而言，可以得到主要往来银行资金上的支持；对于银行而言，对企业的经营活动进行监督，银行在有效、安全地运用资金的同时，也可从企业经营利润中获得良好的回报。主银行制度在英、美等国也出现过，日本的主银行制度对经济的高速增长起到了很大的推动作用。

1.2 改革的效果

尽管日本在经受第二次世界大战的摧残之后往日威风不再，但是战后日本金融体制的改革，极大地促进了日本经济的发展，日本经济很快又重新得以恢复并获得了巨大的发展，最终走出了低迷状态。到了20世纪50年代，日本所有的经济指标全面恢复和超过战前水平，这标志着日本从战争的废墟上自立，为其日后迈入经济强国的行列奠定了坚实的基础。

在1955—1972年这短短的十几年之内，日本每年的经济增长率高达9%，创造了世界经济史上的一个奇迹。据统计，1953年，日本的人均国民生产总值是3600美元；到了1970年，日本人均国民生产总值已经达到了11500美元，这是在世界上其他任何一个国家都没有出现过的增长速度。但在战后的经济发展中，日本政府一直把维持金融稳定作为金融行政的主要目标。围绕这一目标的各种管制林林总总，其中分业管制、利率管制、内外分离管制在确保金融体系稳定的同时，制约资本市场发展、削弱银行竞争力等负面影响不可低估。

第二次世界大战之后，日本长期实行严格的金融管制，对外交易也受到了严格的限制。随着日本经济环境发生变化，经济从高速增长阶段向稳定增长阶段过渡，经济模式由投资过剩型向储蓄过剩型转变，国际化进程开始起步。在这样的背景下，利率自由化以及放松对银行、证券等金融机构的业务管制已成为日本金融发展的必然趋势，其他各种管制也要随之逐步放宽。要实现日本金融的国际化，就必须打破原来的这套封闭和隔离式的金融制度，所以，放松或取消对金融体系管理的金融自由化本身，也就是金融国际化的内容。

2 日式“金融大爆炸”改革

日本从1993年开始推行金融制度改革，为了金融秩序的稳定，在改革进程中采取了循序渐进的方针。但当时世界范围的金融自由化、全球化发展势头

非常迅猛，为了预防日本被世界大潮所淘汰，进一步提高日本金融市场与资本市场的活力，有效运用1200万亿日元个人金融资产，就必须大胆放松并废除金融、证券交易中的各种限制。于是，日本政府于1996年1月表示，将以2001年为最后期限，彻底进行金融制度改革，这一金融制度改革被称为日本式“金融大爆炸”改革。日本式“金融大爆炸”改革的目标，是要在2001年3月底之前，将东京市场建设成为与纽约和伦敦并驾齐驱的、自由、公平以及国际化的国际金融市场。

2.1 改革的内容

以自由化、公正化、全球化为原则的日本“金融大爆炸”改革共分为三个阶段：第一阶段是对部分不需修改法律的领域或金融商品先行解禁，实施1997年度通过的改革法案；第二阶段是进一步扩大金融改革业务范围和增加金融商品数量，分步实施“金融体系改革法案”；第三阶段是实现银行、证券、保险等金融机构在业务领域相互准入，这是改革的最后阶段。[3]

日本式“金融大爆炸”中倡导的放松并废除金融、证券交易的管制措施如表2所示，内容包罗万象，除了全面实现国内外资本账户的自由化、改革证券市场以外，还包括进一步放松对银行业的管制等内容。这一改革还表明，日本以往放松并废除金融交易管制的速度过于缓慢。这些改革措施多半是与证券市场有关，如从证券公司的营业执照制度发展到登记注册制度，引进证券综合账户等。以上措施大都在1998年12月底之前付诸实施。另外，从1999年10月起，日本政府放开了股票委托交易的手续费，废除了对各行业子公司的业务限制，日本式“金融大爆炸”改革基本大功告成。

2.2 改革的效果

从1997年开始，截至2004年，日本政府对金融市场进行了一系列的改革，对一些金融机构进行了大规模的重组，同时也对金融系统进行了结构性调整。经过一番重组和改造，日本银行获得了一定程度的发展，改革取得了重大的成功：到2003年年底，已经有将近十年没有盈利的银行首次扭亏为盈；2002年，日本银行部门的不良资产比率为8%，到了2005年，这种不良资产比率降低至3%，平均每年下降了两个百分点；2002年，日本银行部门不良资产余额为43万亿日元，经过一番改革后，到了2005年，这种不良资产余额减少到15万亿日元。不良资产余额和不良资产比率的急剧下降极大地减轻了日本银行业的负担，从此，商业银行背负的沉重包袱被扔进了历史的垃圾桶里，这为商业银行增强其货币创造能力和盈利能力创造了良好的条件。截至2005年8月，日本银行贷款在近十年以来首次呈现出正增长的趋势，日本银行等金融集团的经营利润总和达到了1.7万亿日元，这种增长之趋势正式宣告了不良资产问题的彻底解决，从而为日本经济的复苏奠定了良好的基础。1997—2004年的这场金融体制改革，深刻地改变了日本金融行业的命运，使原本趋向崩溃的日本金融体制重新恢复了活力。[4]以此为契机，日本的金融制度必将在信息化、全球化的大潮中，构筑出与国际标准接轨、具有极高透明度的金融交易框架。

表2　日本金融大改革的主要内容

项目	内容
银行业务	允许银行交叉经营证券、保险等所有金融业务； 允许银行在“窗口”买卖股票和各种投资信托商品； 设立金融控股公司
证券交易	将证券行业的许可制度改为注册制； 允许上市公司股票的场外交易； 引进证券综合账户； 证券公司必须公布总资产中的自有资本比例； 严格实施客户资产和自有资产的分别管理； 设立“投资者保护基金”； 在1999年之前实现股票买卖手续费的完全自由化
保险业务	设立“投保者保护机构”； 实施各种保险费的自由化； 损失保险费率将在1998年7月完全放开； 1998年3月结算期开始，公布显示各公司支付保险金能力的数据
会计制度	引进金融商品交易的时价会计制度； 引进养老金会计制度
外汇交易	修改《外汇及外贸法》
管制、监督体制	修改《日本银行法》

2004年，日本政府公布了一项关于金融改革计划的文件，这项文件明确了以后金融体制发展方向，明确日本政府将改变以往那种过渡注重稳定的金融市场，将以后的金融市场改变成为一个既稳定、又充满活力的金融市场。这标志着日本金融改革进入到一个新的阶段。这种改革的第一要务，便是减少政府对金融市场的过多干预，将以“官”为主的金融市场改变成为以“民”为主导的金融市场。日本政府主管人员认为，最为理想的金融体系应当是任何人在任何地方都可以以合适的价格得到最为优质的服务。要达到这一理想的模式，除了需要转变政府职能之外，还需要改变这种管理金融市场的思维方式，最终实现“金融服务立国”。

参考文献

［1］戴晓芙，刘舫．日本金融改革的性质及其效果分析［J］．现代日本经济，2011（3）．

［2］蔡笑腾．日本金融改革原因探析［J］．日本问题研究，2006（1）．

［3］赵浩．一本书读通金融史［M］．北京：石油工业出版社，2011.

［4］鹿野嘉昭．日本的金融制度［M］．北京：中国金融出版社，2003.